河南评论家文丛

新力量的崛起
新时代文学论稿

何弘 著

河南大学出版社
·郑州·

图书在版编目(CIP)数据

新力量的崛起：新时代文学论稿 / 何弘著. -- 郑州：河南大学出版社，2019.9
ISBN 978-7-5649-3718-8

Ⅰ.①新… Ⅱ.①何… Ⅲ.①中国文学－当代文学－文学评论 Ⅳ.①I206.7

中国版本图书馆CIP数据核字(2019)第140245号

责任编辑	侯若愚
责任校对	韩　露　廖尚可
封面设计	侯一言
出版发行	河南大学出版社
	地址：郑州市郑东新区商务外环中华大厦2401号 邮编：450046
	电话：0371-86059701(营销部)　网址：hupress.henu.edu.cn
排　版	河南大学出版社设计排版部
印　刷	河南博雅彩印有限公司
版　次	2019年9月第1版　印次　2019年9月第1次印刷
开　本	890 mm×1240 mm　1/32　印张　14.5
字　数	262千字　定价　72.00元

版权所有·侵权必究
本书如有印装质量问题，请与河南大学出版社营销部联系调换。

前　言

　　2012年11月8日,中国共产党第十八次全国代表大会胜利召开,这是中国特色社会主义发展进程中一个具有标志性意义的重要时刻。2017年10月18日,党的十九大胜利召开,大会提出了"中国特色社会主义进入了新时代"的重要论断。这对党和国家各项事业的开展都具有重要的指导意义,文学自然也不例外。

　　党的十八大以来,习近平总书记继主持召开文艺工作座谈会并发表重要讲话后,又在文联十大、作协九大开幕式上发表重要讲话。习近平总书记针对文艺工作的系列讲话,深刻阐述了文艺和文艺工作的地位、作用和重大使命,创造性地回答了事关文艺繁荣发展的一系列带有根本性、方向性的重大问题,对在新的历史条件下做好文艺工作作出了全面部署。坚持以人民为中心的创作导向,努力创作出优秀的文艺作品,实现由"高原"到"高峰"的跨越,成为广大作家的自觉追求。

从2013年到2017年,我的大量精力都花在了组织工作上,比如组织河南文学界学习习近平文艺思想,"深入生活,扎根人民",自觉地以人民为中心,搞好现实题材创作等。同时,我自己也积极深入生活,和吴元成一起走遍了从湖北长江边到北京、天津整个南水北调中线工程的移民安置点和工程全线,创作了长篇报告文学《命脉》。

当然,文学评论还是我的主业。五年来,我写了一些理论探讨性以及对当前文艺形势认识与理解的文章,还有一些对中国文学、河南文学进行总体性研究、评估的文章,自然还有不少对作家作品进行研究评论的文章。这些文章都写作、发表于2013年到2018年初这段时间内,可以说都是中国进入新时代后写的文章。

同之前的《探险者》《我看》《超越还是重复》类似,这本集子是对自己评论工作阶段性的小结。"新力量的崛起"是所收文章中一篇的标题,我以之作为全书的书名;副标题"新时代文学论稿"除具有时间的标识外,更是对文章内容和思想导向的标注。文章大致分为观察综论、学习理解和阅读评论三个部分,基本以发表的时间先后进行排列。

特此说明。

目　录

前言//1

观察

中原作家群:关注现实,厚重大气//3

新世纪中国文学地理版图中的中原作家群//10

新力量的崛起
　　——中原作家群青年作家综述//23

华文网络文学发展概论//36

短篇小说:以短见长//58

网络文学的模式转变和精神担当//62

茅奖评奖记//72

乡土小说:中国新文学百年的标志性文体//77

中华美学精神的当代建构//83

中原作家群新论//102

传统的文人书法与文人的书法传统//115

叙事文艺作品英雄主题的流变//120

在文学现场、社会现实到灵魂探险的路上//140

河南文学:厚重而多元//150

网络时代之文学//157

我看中国网络文学20年//160

理解

用优秀作品引领时代风气//169

在河之洲//175

行走太行,感悟丹江//179

不负时代著好文//185

说"杜奖",话大势//189

怎样写好中国式童年//193

以身体之,全力行之//197

战战兢兢,敬慎以待//201

立心铸魂,筑就高峰//207

我与时代同步走//210

评论

坚忍的探索者和深刻的思想者
　　——李佩甫论//217

儿童小说的轻中之重//246

程乃珊和她的"蓝屋"//251

亦农:勤奋的有心人//254

换个角度看世界
　　——简评《水瓶座》//259

在自我书写中体现价值
　　——评《箕山小吏》//263

还原尘封历史中的真实青春
　　——评《青海长云》//267

诗人当下的现实书写经验
　　——从杨炳麟《尘世》谈起//272

悠然见南山
　　——序张荻玲诗集《城外有南山》//275

会它千顷澄碧
　　——电视连续剧《焦裕禄》简评//289

马尔克斯与中国作家//294

造有我之境

　　——《秦淮水骨》序//297

基层科学家的精神丰碑

　　——评长篇报告文学《玉米人》//302

"说古今"的冯杰//305

说的是宋朝书家那些有意思的事儿

　　——张晓林和他的《书法菩提》//309

焦述和他的创作//315

哈尼梯田里的中国梦

　　——评网络小说《哈尼梯田的幸福之歌》//326

以理想主义精神书写爱的传奇

　　——简评胡昌国的长篇小说《爱如山水》//331

文人精神的传奇表达

　　——《夷门民国书法人物》序//335

向诗词创作的坚守者和开拓者致敬

　　——《知时斋说诗》序//339

"背着土地"的中国如何行走

　　——评长篇电视连续剧《乡里彩虹城里雨》//344

新时期文坛的一张硬弓

　　——张一弓和他的创作//349

泄露天机的人//356

送一个灵魂高贵的人远行
　　——悼南丁老师//362

职业看书,业余学书//369

牛人李仲党//375

以情警世的劝善之作
　　——简评《平安夜的玫瑰花》//381

周大新论//385

生命主题的童话表达
　　——评《通往蓝天的梯子》//412

艰苦环境里,依然有花朵盛开//417

弘扬中国精神,砥砺国人志气
　　——我看《中国红旗渠》//420

《黄河飞歌》序//425

写不尽的黄河
　　——读高旭旺长诗《河之书》//432

全方位记录时代经验
　　——从"平原三部曲"到《平原客》//439

道在俗世间
　　——从冯骥才小说集《俗世奇人》谈起//445

观察

中原作家群:关注现实,厚重大气

提起中原作家群,每一个对中国当代文学有一定了解的人都会数出一大堆作家来,特别是进入新时期以来,张一弓、田中禾、二月河、李佩甫、郑彦英、张宇、邵丽、乔叶以及在北京发展的周大新、刘震云、刘庆邦、朱秀海、阎连科、柳建伟、李洱等等,都在全国文坛有着相当的影响。应该说,在中国新文学发展史上,中原作家群的兴起与壮大是一个重要的文学现象,中原作家群作为目前活跃在中国文坛上的一个重要创作群体,其成就、实力、影响之巨大,鲜有地域性创作群体能与之匹敌。但是,说到河南文学的特点,恐怕很难用一个词做出准确的概括,正如河南的饮食、文化甚至自然、地理一样,它似乎包含着各种元素,却很难归结出一个突出的特点,以至于有人说,无特点就是它最大的特点。无特点大概缘于它的中庸、内敛及由此形成的厚重、大气,这可以说就是河南文学的特点。

河南文学曾有过光辉灿烂的历史,中原作家群可以说是一个绵延数千年的庞大群体。从作为口头文学的神话传说到文字的形成,从《诗》的采集到历史散文、诸子散文的辉煌,中原这片热土为中国文学奠定了坚实的基础。在魏晋南北朝时期,正是在这里,中国文学走向自觉,并开启了唐宋文学无比的辉煌。可以说,宋以前的河南文学史,基本上就是大半部中国文学史。谈到河南文学我总会想到嵩山。嵩山居五岳之中,历史上也曾声名显赫,但现在为世人所知的,主要是作为武林圣地的少林寺,鲜有人为一览中岳胜景而登临嵩山。其实,嵩山之美需要深入才能发现,其雄险奇绝、层峦叠翠之景色,颇有可观处,列居五岳绝非浪得虚名。但单就某一方面论,则雄浑不及泰山,险峻当让华山,秀丽稍逊衡山,奇绝略输恒山。所谓"泰山如坐""华山如立""恒山如行""衡山如飞""嵩山如卧"。这个"卧"字其实已说明了嵩山的特征:内敛,绝不张扬。在嵩山的怀抱中,少林寺是禅宗祖庭,中岳庙是五岳中最大的道观,嵩阳书院是宋代四大书院之一,儒、释、道在此得以和谐相处,甚至多有融合。所以,嵩山很有包容性,意蕴丰富而中庸。一言以蔽之,中庸、内敛、包容、丰富,这是嵩山的特征,也正是河南文学的特征。

黄河冲积形成了中原的千里沃野,孕育了中华文明,也带来了无穷的水患。生活在这片土地上的人民,需要一个强有力的统一组织来全盘处理水患问题。今天的河南及其周围地区,正处在黄河走出群山,奔向一望无际开阔平原的重要地段。因整治黄河的内在因素而促成的王朝政府当然会建立在这一带。正是在这片土地上,自夏、商、周至战国混战,中国的集权政府不断成长壮大,经唐的鼎盛而至宋建立起历史上最完备的文官政府。所以,这片土地理所当然地成为中华文明的发祥地,中华文化的核心正是在这里形成的,这里也长期处于中国政治、经济、文化的中心地位。但是,宋室南迁也成了中原文化由强盛走向衰弱的一道分水岭。外族的入侵也许只是表面原因。此时,统一的中央集权政府及其文官制度早已建立并走向成熟,黄河的泛滥成为一国之都的城市发展的不利因素。而宋以后汉民族与北方游牧民族的拉锯争夺也使政治中心向北偏移,南方则因较少经受战火和自然灾害而出现了经济文化的繁荣。于是,中原从文化中心退居文化边缘。在逐渐边缘化的过程中,自然灾害和连绵的战火不断蹂躏着中原大地,苦难成为中原人最基本的人生体验。这种情况在20世纪上半叶更为突出。这样一种历史传统决定了河南文学的基调必然是关注现实、尊重历史、追求意义。于是,河南新文学创作的基本母题就是对苦难的抗争和对造成这种苦难的中原文化的反思。从徐玉诺、师陀、姚雪垠到李準、张一弓、乔典运、田中禾、李佩甫、张宇以及周大新、刘庆邦、阎连科、刘震云等都是如此。

具有深厚的乡土文学传统是河南文学的一个重要特征。中原的乡土文学传统,基本包含以下内涵:与苦难抗争的乡土生活现实,乡土的变革,乡土文化中的人。纵观河南新文学,特别是当代文学的发展历程,可以看到,上世纪五六十年代河南乡土题材文学作品表达的是革命主题,上世纪80年代则转向了乡土文化主题。同时随着作家眼界的不断开阔,他们的作品也不断向历史的深处和社会的广处开掘。比如,张一弓从改革开放之初写乡土社会历史变革,进一步走向历史深处,创作了《远去的驿站》《阅读姨父》;田中禾则完成了反思知识分子在20世纪革命大潮中命运的长篇小说《父亲和她们》及《十七岁》;李佩甫的《李氏家族》从描写转型期农民的生活与性格转向深沉的历史表达,到《羊的门》《城的灯》以及最近的《生命册》,则把描写的重点放在了中原文化土壤上"人"的生长;张宇则从《活鬼》等作品重点表现农民生存智慧,走向了《疼痛与抚摸》《软弱》中对人物心理的深度开掘。而走出河南的豫籍作家,也不约而同地把中原乡土生活放在更深远的历史背景中来表现,周大新从《走出盆地》对盆地中女性个人命运的书写,转向更为宏大的"史诗"性的《第二十幕》;阎连科的《日光流年》则通过一个村长39年的人生历程,写出了中国农村这几十年的历史;刘震云的"故乡系列"则对中原也是中国的历史与现实做了新的解读,《一句顶一万句》《我不是潘金莲》是深入中国乡村社会人物心理的全新表达。随着经历的丰富、视野的开阔,中原作家群各作家在深入开掘乡土资源的同时,题材范围也日益拓宽,而中原作家群的人员构成的多元化也带来了作品题材的多元化。河南的历史文化传统则为历史题材创作奠定了坚实的基础,中原作家群中,远有姚雪垠,近有二月河,都取得了突出的成就,带动一大批河南作家创作历史题材文学作品,使河南成为历史题材的文学重镇。

以关注现实为基础,扎实进行艺术创新,是中原作家的一个优秀传统。在创作题材和作品主题不断走向多元的同时,中原作家群在艺术创新方面也不断进行着扎实的探索,使作品的表现手法也更趋多元化。一向以内容扎实厚重取胜的中原作家,对文学的形式探索也从未停滞。比如阎连科《日光流年》那种编年史的写法,周大新史诗式的体例,朱秀海《音乐会》等作品对军事题材作品的突破,刘震云不断变化的叙事方式,李佩甫不动声色对叙事方式的探索,张斌《一岁等于一生》的多视角叙事,这些都说明了中原作家群在艺术创新上有着积极主动的追求。但是,从中也可以清楚地看到,中原作家群的艺术创新与那些迷醉于形式实验的作家显然有着很大的区别。中原作家群的创作,无论是题材范围的拓展、作品主题的深化,还是表达方式的创新,基本是在保证作品内容厚度和思想深度的前提下,进行有限度的创新。即使像李洱《花腔》这样在叙事探索上走得很远的作品,也可以清楚地看到作者对意义追求和对现实关切的强烈愿望。同样处理乡土题材,李洱的《石榴树上结樱桃》就有重要突破,首届"华语图书传媒大奖"给《石榴树上结樱桃》的授奖词说:"李洱自觉地质疑了现代文学以来的乡土叙事传统,掉转方向,使乡土由想象和言说的对象变为想象和言说的主体,恢复了乡土中国的喧哗、混杂,恢复了它难以界定的、包孕无穷可能性的真实境遇。"梁鸿也关注当下中国农村的现实,她以非虚构的方式完成了《中国在梁庄》,通过对一个村庄变迁史的书写,直面了当下农村让人刺痛的现实;《出梁庄记》则表达了遍布全国的打工者的生存现实,引起了很大反响。乔叶的《拆楼记》、邵丽的"挂职"系列小说,也都在关注当下农村的现实,但都呈现出了与前辈作家不同的表现手法和风格特点。总体上说,中原作家群的创作是稳扎稳打不断进步的,这一切都是因为中原作家群坚定地立足于中原大地,从而获得了丰沛的资源和坚实的基础。中原作家群这种稳扎稳打逐步推进的做法可以说是一种沉稳的大气。

孙荪在《文学豫军论》中对中原作家群的这种特点用"根""生长""天空"三个主题词来概括,是很有道理的。他说:"豫军是有根的,他们过去的作品不离故乡的乡土,是在那种特定的土壤中生长出来的。不仅具有乡土的'根'性,而且具有'生长性'。"中原作家群这种踏实的特点容易使作品缺少一些特异和锐利。正如自然环境,中原处于中国之中,生存环境不似西北那般严酷,又不如江南那般滋润,所以,河南人没有西北人那样的坚韧执着,也没有江南水乡人那样灵动机敏。反映在文学创作中,河南作家厚重执着不如陕山作家,灵动飘逸不如江浙作家,但因此形成了包容、丰富、沉稳、大气的品格。

中原作家群作为自先秦绵延至今的庞大创作群体,深厚的传统为今天创作奠定了坚实的基础。在全球化、网络化的背景下,中原作家群的创作也更趋丰富多样。所谓风格特点,也是就整体而言的,其实不同地区、不同个体的创作也都分别具有各自的特色,如南阳形成了以注重艺术探索为特色的小说创作群体,周口形成了以关注乡土和农村变迁为特色的小说创作群体,新乡形成了具有南太行特色的创作群体,信阳、平顶山形成了以诗歌写作为主的创作群体,等等。这进一步表明,中原作家群在坚持传统的基础上,体裁、题材、风格、语言等都更趋多元化,一个更加开放、包容、丰富、多彩的创作群体正在以自己的创作实绩,书写中国文学的新辉煌。

(原载《人民日报》2013年4月26日24版,略有改动)

新世纪中国文学地理版图中的中原作家群

进入21世纪,对文学来说,不只是历法意义上的年代更替,而是的的确确产生了完成自身革命的内在需求。超越"新时期",接受全球化网络化的挑战,是中国当代文学在新世纪面临的重要使命和重大课题。按理说,全球化所带来的经验的同质化,网络化对地理局限的消除,会使文学的地域差异渐趋消弭。但事实是,在学术层面对文学地理的深入研究,在政治社会层面对区域作家群的宣传关注,却在新世纪呈方兴未艾之势,在进入21世纪10年之后,《光明日报》《人民日报》先后开辟专栏,刊登探讨区域作家群的系列文章,使区域作家群超越文学界,成为一个在更广泛的范围内被关注的话题。

任何地域的文学总是与其自然环境、文化传统、民风民俗有着密不可分的关系,这些因素潜在地影响着作家的创作,促使地域作家群总体风格的形成。同时,地域的自然与文化又影响着人们对该地域文学的总体想象,强化了某些突出的风格特征。汪政、晓华在谈到江苏作家群时即表达了这样的观点:"人们对江苏文学有着大体一致的想象,这种想象是江苏文化自然的延伸,它与烟雨江南,与曲径通幽的私家园林,与'好一朵茉莉花'或'拔根芦柴花',与昆曲、苏绣、《二泉映月》,处于相同的维度,精致、唯美,充满灵性。"很自然地,他们对江苏文学做出了与大家的想象基本一致的描述,"历史、感伤、怀旧""女性、女人、凄艳、温婉""智慧、理性、沉潜与生活的哲学""精致、丽辞、唯美与书卷气""厚重、批判、异质、复调"是几组他们用以概括江苏文学的关键词。① 而与江苏有着相似自然环境的上海,作为一个现代化的大都市,在文化上有自己的特点,文学也表现出了自身的特征:"上海文学的优势在于能及时而敏锐地呼应中国文学的整体推进。几乎每次新的文学浪潮起来,都能看到上海作家的身影。"上海文学固然以其国际都市化的背景、小资情调等呈现出鲜明的"海派文学"特征,但郜元宝所说的显然更多缘于其作为中国文化中心的地位。事实上,"可能因为上海都市生活流动性太大,不利于情感认识的积淀,上海文学也有不足:流动有余而不够沉稳,尖新有余而不够宽厚(也不敢或不能走向真正的尖利深刻),爆发力有

---

① 汪政、晓华:《文学江苏:六朝风骨百般红紫》,《人民日报》2013 年 4 月 9 日第 23 版。

余而持久性不足,开放性有余而内敛性欠缺,滑稽感有余却还够不上幽默,分寸感和功利意识有余但难见不计利害、挥洒通透的赤子之心。另外,如何协调上海文学一直沉溺其中的'怀旧风'与一直不够泼辣爽快地对当下都市生活的直面和介入,如何处理上海地域方言与现代汉语共同语的民族性与世界性的关系,越来越成为摆在上海作家面前、值得认真思考的问题"[①]。与上海类似,北京在其"京味"的本色之外,也具有如下特征:"地理,显然不只是一方水土或天文气象,也不只是旧墙遗址或人文景观,对于当代北京来说尤其如此;它的地理意义在于它不仅是政治文化汇集之处,也是当代中国社会剧烈变动的原创地。因此,作为社会变革的最为敏锐直接的反映,北京文学的文化地理特征由此显现无遗。新中国成立后中国社会政治文化的变革,都在文学中表现出来。而当文学具备了自主行为能力时,北京这个地界上的文学以它独有的招式预示着社会的动向、情感的期盼、思想的志趣、言语的更新——这或许是新北京文学的特质。"[②]同样作为经济发达的省份,广东的文学则表现出不同的特点,"那就是以日常性为标志的软性文化的兴盛。在当代中国,这种市民文化、软性文

---

① 郜元宝:《近二十年上海文学:七路沪军成一股》,《人民日报》2013年4月23日第23版。

② 陈晓明、丛治辰:《文学新北京:三十年无法归拢的"新京派"》,《人民日报》2013年6月21日第23版。

化,正日益显示出它的魅力,并渐渐成为文化世界中越来越重要的一元。比如,广州就是一个初具规模的市民社会,这是它区别于北京、上海等城市的重要标志之一。广州不像北京,以政治文化、主流文化为主导,她也无法像北京那样获得政治领导权和文化领导权;广州也不像上海,有那么辉煌的中西交融的文化传统和貌似高雅的生活习气,她无法将自己的文化传统有效地延续到日常生活中去,并使之成为国人模仿的样板。广州最为显著的特点就是市民生活、务实精神,以及对人性的尊重。这是一个柔软的城市,是一个自由、松弛,能让你的身体彻底放松的城市,一个适合生活但未必适合思考的城市。这样的城市,出现在作家笔下,他们描绘的重点就日益集中在以下几个方面:一、书写物质生活的全面崛起;二、表现边缘人群的生存状态;三、呈现具有现代特征变化中的岭南精神"①。

而与河南相邻的几个省份,如陕西、山西、河北、山东等,作为中华文化最重要的发源地,有着悠久的文化传统,同时也都是农业大省,在这里,对乡土的持续书写已成为其共同的文学传统。邢小利把陕西文学的特征概括为"农村生活,现实主义,史诗意识,厚重大气"②。傅书华则认为山西文学的独特

---

① 谢有顺:《文学广东:谁在建构真正健全的岭南》,《人民日报》2013年6月14日第24版。
② 邢小利:《文学陕西:也曾灿烂也有迷茫》,《人民日报》2013年5月3日第24版。

性在于"立足于民间性的个体的日常生存;坚定地站在上述立足点上,审视历史风云、时代变幻,审视社会思潮、文化形态,审视冲突的发生,追问意义的形成,或歌颂或批判,或缅怀或抛弃,等等"。但在相似的文学传统中,我们仍然可以读出它们相互之间明显的不同:"读陕西文学,你会感受到一种'皇家气象',《创业史》《白鹿原》为天地作史的雄心令人感佩;读山东文学,你会感受到传统文化气象,那种对正统的传统文化的坚守与对其即将失去的悲凉,只有山东文学写得最酣畅淋漓;读河南文学,你能感受到中原文化那特有的动荡、离乱以及其中顽强的生存意志;读江苏文学,你又能感受到感官、欲望层面的细腻诱惑。"①

相对于目前处于文化中心地位的省市和历史上处于中心地位的几个文学大省,东北、西北、西南一些相对偏远的省份,这些年来也不断有非常突出的作家和作品涌现。孟繁华对东北文学的这段描述其实也适用于其他很多地区:"文学的大东北逐渐形成了多样的风格和文体完备的'北国风光'。更重要的是,东北作家作为中国文学积极、健康的力量,在全国产生了越来越深远和广泛的影响。作为一个现代工业发达的地区,东北不仅有丰厚的历史文化资源,同时也拥有中原文化、

---

① 傅书华:《文学山西:瞩望提振"山药蛋派"》,《人民日报》2013年5月17日第24版。

工业文化、红色文化等多种文化资源。但是,独特的现实环境和复杂多样的社会生活,也对东北作家的创作提出了新的挑战。我们应该承认,东北文学的特征还在构建过程中,它与北京、上海、陕西、山西、河南、江苏、浙江、山东等有悠久历史文化传统和文学传统的地区大不相同。这些地区的地缘文化或文学特征及其承传是有谱系的,它们的历史文化资源可以如数家珍并特色鲜明。这些优势东北没有或者非常稀缺。但是,东北的文学家们也在以他们的方式,实现建设中的大东北文学的宏伟梦想。东北地方性或边缘性的文学经验,也一定会为中国文学实践提供新的经验和认知可能。"[1]孟繁华的这个说法非常中肯,应该说,尽管现在各地都在纷纷宣传自己的作家群,但很多地域作家群并不具有文学上的意义,刘川鄂称:"所谓当代湖北作家群这个概念其行政区域意义大于文学风格含义。"[2]我以为这个说法同样适用于很多省份。

当我们对当前整个中国文学的地理版图有了个大概的了解之后,再来看中原作家群,就会有一个更为清晰的认识。

提起中原作家群,每一个对中国当代文学有一定了解的人都会数出一大堆作家来。特别是进入新时期以来,张一弓、

---

[1] 孟繁华:《文学大东北:地缘的建构与想象》,《人民日报》2013年6月18日第14版。

[2] 刘川鄂:《屈原的"楚殇"盛李白的"楚狂"衰——新世纪湖北作家群创作概观》,《光明日报》2012年4月19日第10版。

田中禾、二月河、李佩甫、郑彦英、张宇、邵丽、乔叶以及在北京发展的周大新、刘震云、刘庆邦、朱秀海、阎连科、柳建伟、李洱等等,都在全国文坛有着相当的影响。应该说,在中国新文学发展史上,中原作家群的兴起与壮大是一个重要的文学现象,中原作家群作为活跃在中国文坛上的一个重要创作群体,其成就、实力、影响之巨大,鲜有地域性创作群体能与之匹敌。

说到河南文学的特点,其实很难用一个词做出准确的概括,正如河南的饮食、文化甚至自然、地理一样,它似乎包含着各种元素,却很难归结出一个突出的特点,以至于有人说,无特点就是它最大的特点。无特点大概缘于它的中庸、内敛及由此形成的厚重、大气,这可以说就是河南文学的特点。

作为华夏文明的重要发祥地,中华文化的核心正是在中原形成的。当我们说到东夷、东北、北方、西北、西南、岭南这些概念的时候,实际已经肯定了中原的中心地位,这不仅是地理上的,也是对其政治、经济、文化中心地位的认可。但是,宋以后汉民族与北方游牧民族的拉锯争夺也使政治中心向北偏移,南方则因较少经受战火和自然灾害而出现了经济文化的繁荣。于是,中原从文化中心退居文化边缘。在逐渐边缘化的过程中,自然灾害和连绵的战火不断蹂躏着中原大地,苦难成为中原人最基本的人生体验。这种情况在20世纪上半叶更为突出。这样一种历史传统决定了河南文学的基调必然是关注现实、尊重历史、追求意义。于是,河南新文学创作的基本母题就是对苦难的抗争和对造成这种苦难的中原文化的反思。从徐玉诺、师陀、姚雪垠到李準、张一弓、乔典运、田中禾、李佩甫、张宇以及周大新、刘庆邦、阎连科、刘震云等都是如此。

因此,当我们说到中原的乡土文学传统时,基本包含以下内涵:与苦难抗争的乡土生活现实,乡土的变革,乡土文化中的人。纵观河南新文学特别是当代文学的发展历程,可以看到,上世纪五六十年代,河南乡土题材文学作品表达的是革命主题,上世纪80年代则转向了乡土文化主题。同时随着作家眼界的不断开阔,他们的作品也不断向历史的深处和社会的广处开掘。比如张一弓从改革开放之初写乡土社会历史变革,进一步走向历史深处,创作了《远去的驿站》《阅读姨父》;田中禾则完成了反思知识分子在20世纪革命大潮中命运的长篇小说《父亲和她们》及《十七岁》;李佩甫的《李氏家族》从描写转型期农民的生活与性格,转向深沉的历史表达,到《羊的门》《城的灯》以及最近的《生命册》,把描写的重点放在了中原文化土壤上"人"的生长;张宇则从《活鬼》等作品重点表现农民生存智慧,走向了《疼痛与抚摸》《软弱》中对人物心理的深度开掘。而走出河南的豫籍作家,也不约而同地把中原乡土生活放在更深远的历史背景中来表现。周大新从《走出盆地》对盆地中女性个人命运的书写,转向更为宏大的"史诗"性的《第二十幕》;阎连科的《日光流年》则通过一个村长39年的人生历程,写出了中国农村这几十年的历史;刘震云的"故乡系列"则对中原也是中国的历史与现实做了新的解读,《一句顶一万句》《我不是潘金莲》则是深入中国乡村社会人物心理的全新表达。随着经历的丰富、视野的开阔,中原作家群各作家在深入开掘乡土资源的同时,题材范围也日益拓宽,而中原作家群的人员构成的多元化也带来了作品题材的多元化。河南的历史文化传统则为历史题材创作奠定了坚实的基础,中原作家群中,远有姚雪垠,近有二月河,都取得了突出的成就,带动一大批河南作家创作历史题材文学作品,使河南成为历史题材的文学重镇。

  以关注现实为基础,扎实进行艺术创新是中原作家的一个优秀传统。在创作题材和作品主题不断走向多元的同时,中原作家群在艺术创新方面也不断进行着扎实的探索,使作品的表现手法更趋多元化。对于一向以内容扎实厚重取胜的中原作家而言,对文学的形式探索也从未停滞,比如阎连科《日光流年》那种编年史的写法,周大新史诗式的体例,朱秀海《音乐会》等作品对军事题材作品的突破,刘震云不断变化的叙事方式,李佩甫不动声色对叙事方式的探索,张斌《一岁等于一生》的多视角叙事,都显示了中原作家群在艺术创新上积极主动的追求。但是,从中也可以清楚地看到,中原作家群的艺术创新与那些迷醉于形式实验的作家显然有着很大的区别。中原作家群的创作,无论是题材范围的拓展、作品主题的深化,还是表达方式的创新,基本是在保证作品内容厚度和思想深度的前提下,进行有限度的创新。即使像李洱《花腔》这样在叙事探索上走得很远的作品,也可以清楚地看到作者对意义追求和对现实关切的强烈愿望。同样处理乡土题材,李洱的《石榴树上结樱桃》就有重要突破。首届"华语图书传媒大奖"给《石榴树上结樱桃》的授奖词说:"李洱自觉地质疑了现代文学以来的乡土叙事传统,掉转方向,使乡土由想象和言说的对象变为想象和言说的主体,恢复了乡土中国的喧哗、混杂,恢复了它难以界定的、包孕无穷可能性的真实境遇。"梁鸿也关注当下中国农村的现实,她以非虚构的方式完成了《中国在梁庄》,通过对一个村庄变迁史的书写,直面了当下农村让人刺痛的现实;《出梁庄记》则表达了遍布全国的打工者的生存现实,引起了很大反响。乔叶的《拆楼记》、邵丽的"挂职"系列小说,也都在关注当下农村的现实,但都呈现出了与前辈作家不同的表现手法和风格特点。中原作家群这种踏实的特点容易使作品缺少一些特异和锐利。正如自然环境,中原处于中国之中,生存环境不似西北那般严酷,又不如江南那般滋润,所以,河南人没有西北人那样的坚韧执着,也没有江南水乡人那样灵动机敏。反映在文学创作中,河南作家厚重执着不如陕山作家,灵动飘逸不如江浙作家,但中原作家群稳扎稳打、不断进步的创作,使中原作家群能够坚定地立足于中原大地,从而获得了丰沛的资源和坚实的基础,并因此形成了包容、丰富、沉稳、大气的品格。

在全球化、网络化的背景下,中原作家群的创作也更趋丰富多样。所谓风格特点,也是就整体而言的,其实不同地区、不同个体的创作也都分别具有各自的特色,如南阳形成了以注重艺术探索为特色的小说创作群体,周口形成了以关注乡土和农村变迁为特色的小说创作群体,新乡形成了具有南太行特色的创作群体,信阳、平顶山形成了以诗歌写作为主的创作群体,等等。这进一步表明,中原作家群在坚持传统的基础上,体裁、题材、风格、语言等都更趋多元化,一个更加开放、包容、丰富、多彩的创作群体正在以自己的创作实绩,书写中国文学的新辉煌。

当然,问题同样摆在我们面前:在全球化背景下,我们熟悉的乡土经验不仅与过往的经验存在很大差异,同时表达也面临新的挑战;在网络化背景下,文学传播方式的变化必然导致写作和欣赏习惯的变化,文学创作必须寻找新的突破方向。因此,如何以人类的视野、用普世的价值观来观照我们的历史经验?如何对当下的经验进行准确的书写并给予有见地的解释？这是当代作家应该重视的问题。这些问题处理不好，作品就会缺乏精神气势和思想力量。

而对于当下中国的文学来说，我们还面临着特殊的困难。百年来，我们放弃了延续数千年的传统文化体系，接受了无神的观念，西方以宗教为背景的价值观念又不可能被我们认同。在此背景下，如何建立我们的核心价值体系，确实是一个难题，但解决这个难题对我们而言又是迫切而必要的。这是中国目前的文化处境，它对文学的发展影响很大。这种文化处境导致作者和读者缺乏可以共同依凭的精神资源，共同信仰的缺乏使人物的行为失去了依据。目前，中国的文学作品，相当大一部分前半部分写得很好，后半部分则很差；现实写得很好，写到人物、社会发展的方向时，就不能让人信服了。原因就在于叙事的走向和历史的走向无法达成一致，社会没有为人物未来理想的发展提供一个明确的走向，作家凭空想象的人物走向无法得到读者的认可，觉得作品内容不可信，没有办法读下去。也就是说，目前缺乏一种共同的精神信念，让作家相信、读者也相信，这个信念可以支撑人物沿着这样一条道路走下去。当前文学面临的困难，从表面上看是作家叙事的难题，其实是文化的难题，是社会的难题。尽管如此，作家有责任通过自身的努力，建立起这样一种精神信念，这种精神信念也就是我们的核心价值观。

文学的每一次重大变革都是由媒体的变化推动的,网络的兴起必然带来文学新的变革。网络文学毫无疑问代表着文学发展的新方向,网络写作肯定会带来全新的文学样式。虽然目前网络小说、网络写作还处于初级阶段,但是网络文学的发展一定会像词、曲,经历一段过程之后,最终成为一个时代主流的文学样式。对中国当代文学来说,适应传播方式带来的写作方式、阅读方式以至审美习惯的改变,积极介入网络文学,使之具有现实关怀,能对人生产生积极的意义,已成为摆在我们面前的一项迫切任务,中原作家群的作家应该从现在开始就具有这样的自觉,这对保持中原作家群持续的繁荣,具有重要现实意义和深远历史意义。

(原载《中原文化研究》2013年第6期)

新力量的崛起

——中原作家群青年作家综述

在中国新文学发展史中,"中原作家群"的兴起与壮大是一个重要的文学现象。自新文学发端到新时期,中原作家群渐趋走强,影响一直持续至今,其成就、实力、影响之巨大,鲜有地域性创作群体能与之匹敌。就河南新文学的整体发展来看,中原作家群是在改革开放的30多年间真正崛起的,其主要标志是小说家不断涌现、小说创作全面繁荣。中原作家群作家之所以能在全国保持持续的影响力,在于它有一支涵盖了老中青三代作家的梯队健全的队伍,老一代有张一弓、南丁、田中禾、二月河、张斌、侯钰鑫、焦述、王怀让、王绶青、周同宾、孙荪这样在新时期卓有影响的老作家;李佩甫、郑彦英、张宇、杨东明、墨白、行者、孟宪明、马新朝、王剑冰、王钢、刘先琴、廖华歌等则是目前活跃的中坚力量;邵丽、乔叶、傅爱毛、安琪、蓝蓝、冯杰、赵大河等则是目前活跃的年轻作家的优秀代表,更年轻的则有如南飞雁这样的八零后作家。2012年,河南省文学院与32位作家正式签约,这是对河南年轻创作队伍的一次检阅和整合,使河南一批文学创作的新生力量被纳入了有序管理的轨道,对河南文学事业的发展具有重要的意义。

这次签约的32位作家,少数生于上世纪60年代,大多数生于七八十年代,甚至还有生于九零后的,应该说基本代表了中原作家群的新生力量。这些作家的创作,在体裁、题材上都有广泛的分布,其中如程韬光、黄旭东、张克鹏、孟红梅、欧阳华等主要从事长篇小说创作;大多数作家包括陈铁军、李良、南飞雁、尉然、柳岸、宫林、孙瑜、八月天、张中民、容三惠、蒙蒙、段舒航、郭昕、忻尚龙等则长中短篇都有涉猎;计文君、安庆、赵文辉、李建森、张运涛、陈宏伟、丁晨、尚攀、甘桂芬则把精力集中在中短篇创作上;孔会侠、孙青瑜主要从事文学评论,兼及创作;琳子主要写诗;秦海霞主创散文。此外还有一些未签约的作家,如扶桑、杜涯的诗歌创作,刘峰晖的网络文学创作,沈靖的长篇小说创作等,也都有相当的影响。

继承乡土传统

相对于其他地区,中原作家群具有一个突出的特点,就是有关注现实的优秀传统,注重对作品意义的追求,同时逐步形成了自觉的创新意识和文体意识。这批中青年作家,很好地继承了这一传统,并能够在全球化的视野下重新审视现实和历史,大胆拓宽作品的题材范围,丰富表现手段,在艺术创新上有很大突破。

安庆、赵文辉是一同从新乡辉县农村走出来的作家,对底层的关切是他们共同的特点。安庆的《加油站》《棉花,棉花》等重在写底层生活艰难中的温情和人物的内心世界,不把奇异的人和事作为表现的重点,而是在对人物生存状态的还原中,表现出诗意和真情。赵文辉重在描写太行山村生活的原生态,《刨树》《酒风》《张木匠》等在对艰辛中洋溢着芬芳的日常生活的描写中,表现了太行山区农民坚韧不屈而又善良仁义的性格特征。同样从辉县走出来的张克鹏则用《吐玉滩》等一系列长篇小说,反映了几十年来中国农村的社会变迁。

尉然、柳岸、宫林是三位周口作家,乡土生活自然成为他们表现的重点。尉然的《李大筐的脚和李小筐的爱情》《菜园俱乐部》等都是写农村生活的优秀作品。他善于用诙谐的语言描写农村生动鲜活的生活场面和人物,并形成了喜中含悲的黑色幽默风格。柳岸的《我干娘柳司令》《燃烧的木头人》《黄昏与乡村老人》等描摹豫东农村的生活图景,表现了豫东平原特有的民风和乡情。对农村当下的社会问题有充分的敏感、贴近生活写作是柳岸小说创作的一个重要特征。宫林的《点晕》《马年马月》《钢婶的基督》等重点写当下农村的生活现实,揭示了当下农民生存的艰辛和坚忍。从周口走出来的郭昕,则把关注的目光放在了从农村进入城市的打拼者的身上,创作了《一路攀升》《欢乐城》《城市课》等一系列作品,以图解读现代人的生命状态,反映在社会转型过程中个体的命运走向。

乡土生活的长期浸染,为李建森提供了丰富的创作素材。《最后一笔提留款》《游戏》《一棵装模作样的树》《欢乐的麦场》等,描写了农村的众生相,表现他们的拼搏、扭曲、无助、迷茫。

八月天、容三惠的写作具有某种共同的特点,他们都有一部分表现农村生活的作品,但更多的笔墨还是切合当下现实,重在表现由农村进入城市者的生活。八月天创作有长篇小说《中原狐》《城市的月光》,中篇小说《遥远的麦子》《父亲的王国》《扶贫羊》,短篇小说《低腰裤》《一个乡村的冬夜》等,其特点是具有较高的文学自觉,善于找到独特的切入点来表现看似平淡的生活或事件。容三惠创作有《城市天堂》《刀子嘴与金凤凰》等,特点是人物塑造生动鲜活,朴素中带着风趣。

关注个人生活

城市化的不断加快是一个不可逆转的历史进程,乡土文化如渐去的夕阳,留给人更多的是留恋和回味。这种社会现实在文学作品中的表现就是,纯粹表现农村生活的作品日益稀少,表现农民进入城市的作品不断增多。同时,随着这种社会变迁,作家已不可能只把目光盯在农村生活上,其生活经历的改变,促使其把目光放在了从城市底层到商界、政界各个阶层的人物身上,并由此创作出大量作品。

陈铁军的小说创作,题材从老郑州拓展到更为广阔的豫西。《老杂碎》《舌人》《红泥》《吉家沟的地雷战》《人境》《上等兵》等,均以历史的郑州和豫西为背景,娓娓讲述了一个个郑州市民和豫西农民的痛苦欢乐的故事。这些小说更大的特色在于:作品蕴涵深刻,文风诙谐,生活化的场景描写,浓郁的地方特色对白,精心、巧妙的情节设置,以及对人物心理的细致深入的刻画,使得小说既有思想深度,又极具可读性。底层是陈铁军关注的重点,他这方面的作品包括《我姓王,叫八蛋》《我们是害虫》《一条道走到黑》《回头无岸》《泣不成声》《麻雀歌》等。

自 2001 年以来,丁晨的大量创作如《包围》《棋人》《断线珍珠》《白庙》《手》等等,始终聚焦于城市底层的平民生活,并把边缘人物的非常态生存作为表现重点。甘桂芬则立足地域文化,以平民视角表现开封独具特色的历史人文和生活方式。如《清明谷雨》《橐驼儿》等取材于开封历史,而《呼吸》《真的不是因为韭菜》《冬眠》《锋利的笑声》《覆盖》则以鼓楼夜市为故事发生地。

张中民的写作虽也涉及农村、农民,但已很难让人再感受到乡土气息,像《比南方更远》《赚他一千万》等作品,表现的重点都是进入城市的打拼者的生活。张运涛对进入城市的打工者的关心更为深入和内在,他的《温暖的棉花》,写的不仅是农民进入城市打工生活的艰辛,更是一代农民内心的蜕变,具有重要的认识价值。而孙瑜的《直立行走》《和衣而卧》《隐隐作痛》《别碰我的床》《女人制造》《空心床》等作品关乎的则完全是在城市生活的人物,准确地说是城市女性。金钱和两性的关系是孙瑜介入生活的入口,她要做的是以人物内在的隐痛揭示时代的病症。

南飞雁生于 1980 年,却有着一般八零后作家难以企及的成熟。他在以少年才情完成对于中学、大学和大学毕业生的一系列书写后,开始把目光放在了官场中人的身上,创作了《红酒》《暧昧》《灯泡》《空位》等一系列中短篇小说,从对作品内容到叙事的掌握,都显露出非同一般的成熟甚至老辣。他的这些小说,与其说是写官场,不如说是写官场中人的现实处境和内心生活。南飞雁小说的精妙之处在于他能够用冷静而准确的笔触,写出生活的丰富性和经验的复杂性,能够对世道人心做出细致入微的精准体察。在这一方面,南飞雁的同龄作家很少有人可以和他相提并论。

李良是一位写军事题材作品成名的作家。转业之后,他把目光转向商界,创作了《欲望之门》《欲望之舟》《入局》等一系列长篇小说,把当下政治生活和经济生活作为表现的重点。李良小说的特点是矛盾冲突激烈,故事精彩,并由此抵达对人性拷问的深度。柳岸在"乡土小说"之外,创作的另一个侧重点是对基层官员命运沉浮的描写,如《黄了绿了》《幻灭》《春寒》《把我丢了》《斗气儿》《归真》《聊吧随录》《发呆免费》《润玉》《无枕黄粱》等等。柳岸这类作品的特点是写出了官场中人浮沉的无奈,并对一些社会问题有深入的揭示。黄旭东的代表作是长篇小说《玄驹》《前程》和《公选》,他称之为"青春励志三部曲"。作品描写了青年知识分子进入社会并完成内心成长的历程,具有鲜明的时代性和积极昂扬的力量。

坚守历史题材

河南是历史小说创作的重镇。自姚雪垠、二月河以后,从事历史题材小说创作者代不乏人。但历史小说写作看似容易,其实是一个极吃功夫的活计,不做大量的案头工作和实地考察,想还原一个时代的历史生活场景几乎是一件不可能的事。因此,历史小说虽然写作者众,但真正写得好、写得有特色的其实并不多。

程韬光历时十年潜心创作了长篇历史小说大唐诗人三部曲《太白醉剑》《诗圣杜甫》《长安居易》,表现了李白、杜甫、白居易的生活经历和诗歌创作过程,特点是以独特的"浅近文言"结合诗学研究展开叙事,不悖历史真实,力求艺术真实,努力反映时代变迁中,人物的命运和文学在内心的生长,具有十分突出的特点。孟红梅对历史的书写始于散文,而她的第一部长篇历史小说《雄鸡一声天下白》同样保持着散文化的特征,作品以优美的语言让读者触摸到了李贺凄丽的人生,感受到了诗人充盈的心灵。在历史小说被帝王将相长期霸占的情况下,程韬光、孟红梅不约而同地把目光放在了唐代几位伟大的诗人身上,显示出了难得的文化情怀,在当前的社会现实中具有十分重要的意义。

两位八零后作家南飞雁和忻尚龙,一个占着"八零头",一个守着"八零尾"。历史小说写作在南飞雁这里也许只是偶一为之,但《大瓷商》应被提及。这个描写豫商的作品本质上显示的是对中原地域文化的关注和弘扬,同样彰显了作家的文化情怀,显示了一种很好的文化导向。同时,这部作品也是南飞雁创作转型的开始,某种意义上说,为其此后的创作完成自我超越奠定了坚实的基础。同样是书写历史,忻尚龙走的则是完全不同的道路。他的《北魏的那一段惊弦》写作的兴奋点在于用凶悍的语言去撕裂现实,颠覆传统。

欧阳华创作有《华夏第一商》等历史题材的作品,除描写当下农村现实的《故道情》等作品外,她创作的重点在于人物传记,如《彭雪枫将军》《上将张震》等。这种纪实性的写作与历史小说写作有着很大的不同,对丰富河南的历史题材创作大有助益。

此外,刘峰晖(庚新)等一批网络写手,创作了诸如《篡唐》《宋时行》等网络历史小说。这些网络小说动辄数百万上千万字,从写作模式到审美趣味与传统小说相比都有着巨大的差异,需要引起进一步重视。

坚持艺术探索

评论界对中原作家群一直存在缺乏艺术创新的看法,我以为这实际是在当年形式探索中迷失方向后的一种误判。中原作家群的艺术探索,实际上一直与他们关注现实的维度紧密结合在一起,从而形成了厚重扎实的创作风格。今天的年轻一代中原作家也很好地继承了这一传统。

多数作家的写作通常都会在一个相对集中的题材领域内开掘,但计文君的写作则基本不受题材的局限,从《烟城危澜》《飞在空中的红鲫鱼》到《水流向下》《想给你的那座花园》《天河》《此岸芦苇》《你我》《开片》《剔红》《帅旦》等,可以看到她的作品涉及了各种各样的人物。同时,她的写作也不是把注意力完全放在形式探索上,而是仍然把对意义的追求放在主要位置,暗流涌动中生命与命运的博弈是她关注的重点。也正因此,她的作品虽不靠故事驱动,但依然有着感人的力量,同时保持着思想和认识的深度。其实在这一点上,我以为中原作家群的这批年轻作家,确实是很好地继承了先辈的传统。比如尉然,在保持浓郁乡土风情的同时,明显带有魔幻现实主义色彩,《李大筐的脚和李小筐的爱情》《菜园俱乐部》《枪毙》《屋顶上的风景》等都具有这样的特质。

南阳的两位青年作家舒航和蒙蒙,显然都受到了行者的影响,对形式探索一直保持着浓厚的兴趣,但同时也决不脱离现实的背景。舒航创作有《一个少年与一条河》《红鲤》《远去的红气球》《午夜间的一次奔逃》《怀念传说中的一条黄鳝》《朋友老金的最后一个夏天》《新四军时期的爱情》《村傻》等10多部中短篇小说。他的小说在细致入微的现实基础上展开,却颠覆了传统小说的写作方式。舒航小说的语言空灵飞扬,对现实的描写细腻真切,同时又有着天马行空的想象和超现实的叙说,并由此对人性有着深刻的揭示。蒙蒙的小说如《赁客》《失控》《跟他们搞》《现场》等,描写的都是琐碎的生活小事,但在他细致入微的描写和连缀中,琐屑的日常生活显出了别样的新意。在冷峻的生活化表达中,让生命和存在的本质显露出来,从而显示出强烈的现代意识,是蒙蒙小说的主要特征。

陈宏伟的小说描写的主要是他熟悉的申城生活,他从对世态人情的通透走向对人性的深入理解,作品也因此更见从容、更有深度,《如影随形》《突围》《爱吃薄荷糖的女孩》《看日出》等都是很好的作品。另一位信阳作家沈靖,则植根于现实,以传统的表达手段反映底层人物的生活。

尚攀可归入九零后作家的行列,创作有《并肩而行》《好友买卖》《假如爱有天意》《韧韧的烦恼生活》《供体》《黑色曼陀罗》《我与L大师的关系》等长中短篇小说,虽然数量不多,但已经可以明显看出作者自觉的文体意识和驾驭文字的能力。作为年轻的作家,尚攀仍然保持了中原作家关注现实的传统,其作品既有对现实细致的真实叙写,也有特殊视角的独特观察,还有荒诞变形的表现,但总体上反映了当下青年人的生存现实和精神现实。

这批签约作家中,孔会侠、孙青瑜是以从事评论的身份签约的。孔会侠注重在整体性背景下探讨文学实际,积极介入社会实际和文本实际,关注文坛热点,关注作家创作,带着独醒的问题意识,辨析着作家和文学发展态势的可能,与一般的感性批评类的文章不同,她的文学批评是在经过了一段时间沉淀后的理性思考的结果。她重视文本细读,在文本解读的微观层面和学术研究的宏观把握两方面相互结合的前提下,她的文学批评细致敏锐地触及当下一线作家们创作的灵魂深处,获得一种文学"现场感",而且总能从当下文坛所存在的问题出发,在对个体作家作品的批评中,发表对当代文学的深层问题富有启示的分析。孙青瑜注重用多重视角进行文本分析,其探索空间超出了文论范畴,为其以后发展提供了多种可能,同时留下了更多的未知因素。在从事评论工作的同时,二人也都对小说创作表现出浓厚的兴趣,并有一些作品发表。

琳子是这批签约的诗人,她的作品表现出了对生命的深度关切,具有强烈的生命意识。扶桑、杜涯也是在全国有着相当影响的诗人。

秦湄毳主要从事散文创作,作品轻松明快、风趣幽默。

总体来说,作为中原作家群的新生力量,这批作家已显示出了各自的创作实力,使中原作家群的梯队保持着完整状态,为中原文学的持续繁荣奠定了坚实的基础。但相对而言,出类拔萃且个性鲜明的作家还相对较少,需要进一步加大培养扶持力度,使更多的作家脱颖而出,才能保证中原作家群的实力和影响得以进一步提升。

(原载《莽原》2014 年第 1 期)

华文网络文学发展概论

网络文学尽管目前已成为一个使用相当广泛的概念,但对其内涵和外延却没有一个公认的明确定义。我把网络文学理解为依托网络完成从创作、发布到阅读全过程的文学作品。之所以有这样的界定,主要是期望能够给网络文学划出一个边界,因为所有的文学作品都可以在网络上传播,而且事实上现在绝大多数传统文学作品也都有了电子版,如果把网络文学定义为在网络上传播的文学作品,实际上等于把所有文学作品都囊括在内,也就没有了网络文学与传统文学的界限,研究网络文学独特的文本特征、审美特征等也就失去了依据。

从这样的界定来理解网络文学,狭义上讲,网络文学主要指在一定商业模式影响下依托网络产生的文学作品,其中绝大多数是类型小说,目前所谓的网络写手、网络作家基本指的就是这一类作品的创作者;从广义上讲,还应把诸如在博客、微博、微信以及众多在文学网站上写作发表的随笔、散文、诗歌、小说等各种文体包括在内,这样的作品大多是在某一特定圈子内传播,其中一部分会向外流传并进入大众的视野。

网络文学的发展就目前情况看,前期处于自由发展阶段,主要延续了传统文学写作的路子,随后在商业资本的作用下建立起了自己的商业模式,并迅速走向了以类型小说创作为主的发展阶段,然后由于移动阅读的普及,网络文学的写作开始走出类型小说的藩篱,向多样化方向发展。当然,在商业化的网络文学日趋繁荣的同时,更有大量的文学爱好者一直在自己的博客、微博、微信中写作,这种写作基本走的是传统写作的路子,只是更加随意,碎片化现象特别突出。还有大量文学爱好者,通过建立网站等方式,发表自己的诗歌、散文等作品,相互交流、欣赏,具有文学沙龙的性质。这种写作除网络交流的特征外,基本保留了传统写作的全部特点,比如众多旧体诗词、诗歌网站等。这种博客和沙龙写作更多地延续着文学传统,但显然有了更充分的交互性,我以为是不可忽视的文学力量和文学现象,只是目前没有得到充分的重视。

下面我们大致按小说类型的发展顺序对网络文学的走向进行简单的梳理。

延续传统的言情期

研究任何一种文学样式,大家总是习惯追溯到其最初的源头。自有电脑以来,就有在电脑上完成的写作;自有网络以来,就有文学在网络上写作和传播。只是,最初的写作一定是延续传统完成的,并不具有全新的品格。

第一篇中文网络文学作品到底是什么?大家可能会有不同的看法,依黄绍坚的观点,第一篇中文网络文学作品是杂文《不愿做儿皇帝》,作者是美国普林斯顿大学的张郎郎,发表于1991年4月16日出版的《华夏文摘》第3期。

对于目前网络及相关研究者普遍认同的旅美作家少君(钱建军),发表于1991年4月26日出版的《华夏文摘》第4期的作品《奋斗与平等》是第一篇中文网络小说的说法,黄绍坚并不认同。他认为,《奋斗与平等》一文是少君以"马奇"的笔名,最早发表于1991年4月号《中国之春》之《生存者自述》栏目中,1991年4月26日《华夏文摘》第4期只是进行了转载,文末已注明"《中国之春》供稿",同样署名"马奇"。因此,《奋斗与平等》不能算原创网络文学作品。而且,《奋斗与平等》是以第三者的口吻讲述的奋斗和"成功"经历,类似于目前流行的"口述实录",因而《奋斗与平等》更应该被看作一篇散文。而少君本人则非常认同《奋斗与平等》是"第一篇网络小说"的说法。1999年4月25日,少君在美国哈佛大学燕京学社所作的题为《网络文学的前景与问题》的演讲中说:"《华夏文摘》在思国怀乡深情中应运而生……从1991年第4期的第一篇留学生小说《奋斗与平等》到后来连载14期的《回国求职随笔》,都在留学生和华人社会中引起极大的反响。"这一演讲,后来被少君本人写成文章《〈网络哈佛〉——哈佛大学纪行》。

黄绍坚认为,第一篇中文网络小说应是小小说《鼠类文明》(作者佚名),发表于1991年11月1日出版的《华夏文摘》第31期。①

但正如我上面所说,这样的追溯大概只有学术的意义,读者对这样的作品基本不怎么认可。因为这些作品从内容到形式没有显示出任何网络特色,仅仅是首发在网络上而已。相信这样的作品还有很多,因为既没有文本的意义,又无争得第一的价值,大家也就失去了关心的兴趣。

目前,中文网络文学界基本把台湾的痞子蔡于1998年在BBS上发表的《第一次的亲密接触》看作是第一篇真正的中文网络小说。当然从学术意义上讲,这个说法肯定不够准确,但

---

① 黄绍坚观点参见其博客《第一份中文网络杂志——〈华夏文摘〉研究(十一)》(http://blog.sina.com.cn/s/blog_4b531f6401007xef.html)。

网络文学进入大众视野并具有了可以指认的网络特征,无疑是从《第一次的亲密接触》开始的。实际上在此之前的1997年11月2日凌晨,老榕在四通利方论坛上贴出的《1031:大连金州没有眼泪》已经引起了很多人的关注。只是这篇因中国足球队失利而宣泄情绪的短文并不具有文学上的意义,因而很少被纳入网络文学研究的范畴。

仔细阅读《第一次的亲密接触》,可以发现,它显然是"御沟流叶"故事的网络翻版,除了贡献了一些至今被很多人挂在嘴边的俏皮句式外,它和其他许许多多的浪漫言情小说并没有太大的区别。它的特殊之处在于,它是在BBS上一篇篇贴出来的,描写的是与网络相关的生活。从文学品质上说,仍然是延续传统的。

实际上,早期的网络文学作品大多如此。

在痞子蔡的影响下,大陆很多人也纷纷跟风,开始进行网络小说写作,他们大多沿袭着痞子蔡的言情路线写不同形式的言情小说。痞子蔡虽以"痞子"自称,实际上他的写作尽管语言机智俏皮,给人耳目一新之感,但基本上走的是纯情路线。之后的言情小说,则于纯情、唯美、浪漫之外,多了不少渲染痞气、匪气、颓废之气的作品。比如1998年第6期《天涯》就刊登了一篇网络小说《活得像个人样》。这篇网络小说曾在电子公告栏上多次辗转张贴,而且不见了署名,但原作者应该为邢育森。这部作品显然与痞子蔡的纯情有着很大的区别。

安妮宝贝是以网络写手闻名的一位女作家。她虽然戴着知名网络作家的桂冠,实际上她的写作更近于传统。应该说,安妮宝贝以传统文学典雅、精致的方式表达了她边缘化的生活方式,感觉的敏锐、情感的细腻使其作品具备了传统优秀文学作品的品格。只是,作为网络从业者而且原发于网络并由此得以传播的方式,使其被置身网络作家阵营中。安妮宝贝的作品包括长篇小说、短篇小说集、摄影图文集、随笔集等,如《告别薇安》《八月未央》《彼岸花》《蔷薇岛屿》《清醒纪》《莲花》《素年锦时》《眠空》等。她的作品实际上主要是通过实体出版实现赢利的,以目前网络文学点击付费的方式,她成为"大神"的概率不会很高。

《与空姐同居的日子》名字虽艳,实际上走的是纯情的路线。这部作品发表时已经是2005年了。作者三十的这部小说之所以受到年轻人的热捧,首先在于它很好地描写了年轻人的生活方式、思维方式和情感指归,还有它清新的语言风格,而言情小说的纯情恐怕还是其感人的重要力量。这部作品同样因实体出版和电视剧改编而最终实现了收益。

这一时期,比较有名的网络言情小说还有《成都,今夜请将我遗忘》《此间的少年》《小妖的网》《旧同居时代》等。

总体来说,这个时期网络文学创作基本处于萌芽期,完全是自由发展的状态。这个时期的网络文学创作基本没有功利目的,所有的写作完全出自表达的需要。从文本形态上说,虽然不少作品的内容与网络有关,从而使其被贴上网络文学的标签,但总体上说与传统文学并没有太大的不同。在传播媒介改变的初期,用新瓶装旧酒是一种非常普遍的现象,网络文学发展的初级阶段也是如此。

追求创新的幻想期

实际上,远在网络言情小说兴盛之初,很多网站经营者就做起了通过网络文学发财的美梦。在当时那个缺乏监管的自由发展年代,盗版成为吸引读者的重要手段,《大唐双龙》《星战英雄》等原本在纸媒连载的作品,成为各网站拉拢读者的重要筹码。这些作品虽非原创于网络,但通过网络得到了广泛传播,这也让一众网站经营者看到了网络与文学联姻的美好前景。实际上,网络言情小说已经显露出其巨大的商业潜质,这也坚定了文学网站经营者的信心。

这个时期,网络文学仍然在自由发展,基本上延续着民间文学、通俗文学一贯的发展路径。言情之外,志怪传奇是其另一大端,如《山海经》,如《聊斋志异》。网络文学在言情小说兴盛之后,通俗文学其他类型的作品也开始纷纷登场。

应该说,网络文学发展到这个阶段,显示出了它追求新变、想象力飞扬的良好态势,并由此确定了一个时期网络文学的基调。

今何在最先在新浪网金庸客栈上面连载的《悟空传》,是发表较早的具有鲜明网络风格的网络小说,2001年由光明日报出版社出版,反响强烈。作品借鉴周星驰《大话西游》对经典名著《西游记》的处理手法,重新以现代人的角度来解读或者说解构这部作品,显得另类、奇幻,对网络小说的发展具有开创性意义。

发表于2002年的林长治的《沙僧日记》大约是受到了《悟空传》的启发,这部借助沙僧的口吻、以日记的形式讲述师徒去西天取经路上的各种搞笑片段的作品,显然具有"无厘头"的风格。

天下霸唱的《鬼吹灯》始自2006年,是网络文学又一部具有开创意义的作品。这部充满悬疑探险色彩的盗墓寻宝小说,前后两部共八卷,分别是《精绝古城》《龙岭迷窟》《云南虫谷》《昆仑神宫》《黄皮子坟》《南海归墟》《怒晴湘西》《巫峡棺山》。这部小说既有民间传说、历史掌故做支撑,同时富有奇幻的想象力,一时受到广泛追捧。它在开启"盗墓小说"这个类型的同时,更是直接促进了玄幻、探险小说的勃兴,对网络小说的发展产生了重大影响。

另一部在网上广受追捧的盗墓小说是南派三叔的《盗墓笔记》。这部作品首发于起点中文网，到2011年底才全部完结，共有八卷。《盗墓笔记》和《鬼吹灯》都有全本实体书出版，并由此获得了巨大的收益。

盗墓小说虽然一时大热，实际上继《鬼吹灯》和《盗墓笔记》之后，并没有得到广泛认可的作品出现。倒是玄幻小说一直在非常稳定地发展，至今仍是网络文学的一种主要小说类型。中国的玄幻文学基本上是在中国的武侠小说、传统志怪小说、民间传说、神话故事以及西方的科幻小说、魔幻小说的基础上形成的，并长期占据网络小说的主流地位，这从早期重要网络文学网站如"幻剑书盟"等名称中就可以看出来，目前在网络文学界影响巨大的起点中文网也是在玄幻文学协会的基础上成立的。该类型产生了一大批影响广泛的作品，如《小兵传奇》《诛仙》《星辰变》《盘龙》《飘渺之旅》《魔易乾坤》《歧天路》《白狐天下》《知北游》，等等。

应该说，在网络小说写作全面商业化之前，那些玄幻小说的作者还是非常注重作品的文学性的。那多曾以"过千山"的笔名在"龙的天空"网站发表过科幻小说《楼兰》，后以《灵异手记》成为知名的网络悬疑小说作家。对于网络文学今天的状况，那多觉得："网络文学和当年相比已经变了味了。当年网络文学还比较注重文学，和传统文学还没太多区别，但现在大不相同了,最大的问题就是注水太多。"①可见当时的网络文学创作还是把文学性放在重要的地位上的。

历史从来都是小说写作的重要资源,中国古典小说如此,如《三国演义》《水浒传》等;中国新文学如此,如《李自成》《张居正》和二月河清帝系列等;网络小说同样如此。

多年来,在传统出版领域,历史小说一直是一个广受读者欢迎的品种,这种情况自然在网络小说创作中得到延续。应该说,网络历史小说确实出现了很多优秀的作品,而且其创作势头至今仍在延续。

早期的一些网络历史小说,也许受到了《悟空传》《沙僧日记》的启发,把传统历史小说中的某个人物摘出来重新书写,于是成为别有意味的新作品。如《天生郭奉孝》《我是阿斗,我不用人扶》等均是对三国中不起眼人物的重新书写,让人读来耳目一新。实际上,说三国在中国历史上本就是一个养活了很多人的行当,《三国演义》本就是说书人的话本,至今评书艺人说三国的也不少,易中天也因说三国而一时大火,甚至职场等各行当也都有说三国的人在。所以,三国类小说在网络文学中不断有新作问世。

明清两代也是历史小说作者钟爱的朝代,客观原因是这

---

① 参见朱子峡《网络文学:15岁的青春》,《中国科学报》2013年11月15日第13版。

两个朝代离我们相对较近,而且明代从南美大陆传来的农作物改变了过去中国人的生活方式,饮食等与现在更为接近,同时有大量的史料被保存了下来。在传统文学领域,熊召政靠《张居正》获得茅盾文学奖,二月河靠十三卷清帝小说而声名大噪。网络写手当然会由此得到启发,去从事明清历史小说的创作。网络写手的写作,也许还直接或间接受到了黄仁宇《万历十五年》书写方式的影响。

写明代的网络历史小说,最有名的当然是当年明月的《明朝那些事儿》。这部作品2006年3月在天涯社区首次发表,2009年3月21日连载完毕,边写作边集结成书出版发行,一共7本。作品描写了从朱元璋出生到崇祯帝自缢明朝灭亡间三百年的一些历史故事,把具体人物作为主线,以小说笔法写历史事实的方式,全面展示了明朝十七帝和其他王公权贵以至小人物的命运。《明朝那些事儿》是迄今为止最成功的网络历史小说,由此开启的明朝热至今不绝,如《官居一品》就明显受到该作的影响。

到目前为止,中国各个朝代都有网络小说进行描写,甚至外国的历史也有作品描写,如冬天里的熊的《战国福星大事记》描写的就是战国时期的日本。

如果说大量网络历史小说都是在以幽默的语言讲述种种好玩的故事的话,天使奥斯卡的《1911新中华》则显示了"我生国亡,我死国存"的铁血豪情。

网络历史小说的进一步发展,或者说与其他类型小说的混血,使之出现了一个广受欢迎的新类型——穿越小说。穿越小说的主要特征是主人公由于某种原因从其原本生活的年代离开、穿越时空,到了另一个时代,在这个时空展开了一系列的活动。穿越小说借鉴了玄幻、科幻小说的幻想性,以武侠、历史、言情为架构,专注于叙述主人公在两种时空下的生活状态和冲突、双重生活经历的交叉体验等。穿越小说使写作者放开了历史规定性等各种束缚,给作者打开了无限的想象空间,从而能更好地满足读者的好奇心理和内在欲望。穿越小说使作品获得了一种新的假定性,可以随意推演现代人面对古代生存环境和生活经验的处理方式,或古代人处理现代环境与经验的方式,使作品的表现空间得到极大的拓展。当然这是从好的方面而言,从负面来说,穿越小说大大降低了历史小说的写作门槛,使众多不具备足够历史知识的作者纷纷写作此类小说,导致大量作品经不起推敲,成为"一群网络文学爱好者的集体意淫"。

实际上,穿越并非网络小说的原创,古往今来有许许多多穿越作品,中西方小说有,电影也有,特别是美国科幻电影有大量穿越时空的内容。只是在网络化背景下,这个类型得到了空前的繁荣。

在网络上较早被热捧的穿越小说应该是《寻秦记》。所以穿越小说早期走的主要是男主人公和武侠的路子。而"男主"穿越小说后来基本发展为架空历史这么一种类型,如《新宋》《官居一品》等。架空小说的一个类型是异界小说,如《浮生萦云》《蛊圣》《兽血沸腾》《恶魔法则》《天骄无双》《紫川》《斗罗大陆》《绝世唐门》《秒杀》等。

之后,穿越的主角变成女性,现在网络上流行的穿越小说主角大都是女性,极端浪漫的情爱成为小说的主要内容,以至女主穿越小说成为女性言情小说的一个重要分支。

2007年是网络小说的"穿越年"。在网络上风靡之后,各出版社纷纷跟风,出版了大量穿越小说实体书。如作家出版社2007年签下了《木槿花西月锦绣》《鸾》《迷途》《末世朱颜》等"四大穿越奇书"。

穿越小说涵盖了中国历史上的各个朝代,如夏代的《巫颂》,商代的《极品医仙》《穿越殷商朝》,周代的《大周王族》《双阙》,春秋的《大争之世》《楚氏春秋》,战国的《大赵风云录》《至尊圣人》,秦代的《寻秦记》《刑徒》,汉代的《大汉帝国风云录》《大汉龙腾》,三国的《恶汉》《曹贼》,晋代的《上品寒士》《晋血》,南北朝的《斗铠》,隋代的《家园》《江山美人志》,唐代的《唐砖》《大唐酒徒》,五代十国的《天下节度》《五代窃国》,宋代的《边戎》《宋时归》,元代的《蚁贼》《普天之下》,明代的《窃明》

《回到明朝当王爷》《锦衣夜行》等。

而穿越小说描写最多的则是清朝,它以2006年金子的《梦回大清》为标志,成为穿越小说的一大热点,以至有了一个专属名词:"清穿"。"清穿"小说已经出了近五十种,如《谋嫡诱色》《迷失在康熙末年》《篡清》《乱清》《中华异史》《祸害大清》《重生于康熙末年》《伐清》《独步天下》等。其中最有名的是流潋紫的《后宫甄嬛传》和桐华的《步步惊心》。

穿越小说持续保持着旺盛的势头,其作者也以群体的方式引起关注,如藤萍、桐华、匪我思存、寐语者被称为"四小天后",辛夷坞、顾漫、缪娟、金子、李歆、妣姜被称为"六小公主",沧月、木然千山、明晓溪、米兰lady、妖舟、唐七、媚媚猫、爱爬树的鱼被称为"八小玲珑"等。

总体来说,在写实的功力和表达的技巧上,网络作家与传统作家还存在着较大的差距。网络文学追求创新并努力取得相较传统作家优势的地方在于想象力的飞扬,于是网络文学的创新追求,使幻想成为网络文学获得自身类型认同的一个重要标志,也是目前网络小说的一个重要特征。

商业主导的类型期

网络文学在发展过程中,从早期的延续传统向求新求变转化,并逐渐形成了以"幻想"为标志的特征。网络文学基本没有进入的门槛,这使很多刚刚进入的写作者往往选择以模仿跟风的方式进行写作,于是一些文学类型被不断强化,最终形成若干类型。

实际上,通俗文学、流行文学基本都是类型化的。特别是当它与商业结合的时候,走类型化的道路几乎是一个必然的选择。比如报纸刚刚兴起时,张恨水等人的"鸳鸯蝴蝶派"言情小说,再比如香港金庸等人的武侠小说等。网络文学在其发展过程中,逐步显示出商业价值,并寻找到了其特有的商业模式。于是资本开始介入,特别是盛大中文网对一系列网站的收购,使网络文学迈向商业化的道路,并确立了商业模式,促使了网络类型小说的空前繁荣。

通常,我们把在题材选择、结构方式、人物造型、审美风格等方面具有相对固定模式、读者对其有固定阅读期待的小说样式称为类型小说。

类型小说可分为几个不同的大类,而各个类型中又可细分为若干个子类型。目前网络类型小说大致包括以下类型:

玄幻,包括东方玄幻、远古神话、异术超能、变身情缘、王朝争霸、转世重生、异世大陆等子类型;

奇幻,包括西方奇幻、吸血家族、魔法校园、异类兽族、领主贵族等子类型;

武侠，包括传统武侠、历史武侠、浪子异侠、谐趣武侠、快意江湖等子类型；

仙侠，包括现代修真、洪荒小说、古典仙侠、奇幻修真、远古神话等子类型；

都市，包括都市生活、恩怨情仇、青春校园、都市异能、都市重生、耽美小说、同人小说、BL小说、合租情缘、娱乐明星、谍战特工、爱情婚姻、乡土小说、国术技击等子类型；

言情，包括纯爱唯美、品味人生、爱在职场、菁菁校园、浪漫言情、千千心结、冒险推理等子类型；

历史，包括架空历史、历史传记、穿越古代、外国历史等子类型；

军事，包括战争幻想、特种军旅、现代战争、穿越战争等子类型；

游戏，包括虚拟网游、游戏生涯、电子竞技、游戏异界等子类型；

体育，包括弈林生涯、篮球运动、足球运动、网球运动等子类型；

科幻，包括机器时代、科幻世界、骇客时空、数字生命、星际战争、古武机甲、时空穿梭等子类型；

灵异，包括推理侦探、恐怖惊悚、灵异神怪、悬疑探险等子类型；

盗墓、寻宝、官场、职场等也是几种常见的类型。

类型小说的充分发育,培育了相对稳定的读者群,并反过来影响了网络文学的发展形态。这种类型化的写作,作者更多在意的是语言的机辨锋利、情节的生动曲折、细节的夸张离奇、想象的奇妙诡异,相对而言,作者对作品的价值和意义缺乏明确的追求,除部分类型外,作品内容也大多与个人的生存经验无关。

网络文学在资本的引导下,形成相对固定的商业模式之后,对网络文学的写作方式以至读者的阅读习惯都产生了巨大影响。目前的网络小说主要采用按点击付费的方式获得收入,网络写手要想获得更多的收入,必须发表更大量的文字并拥有更多的读者。为保证文字量并避免读者流失,网络写手通常会努力做到每天都不"断更",一般情况下,一个写手每天至少更新六七千字,为拉"月票"有时甚至会更新上万字到数万字。对很多签约写手来说,每天写一万字,多的时候到两万字以上,都是很正常的。唐家三少在创作高峰的时候,一年写了400万字以上。这种商业模式催生的另一文学现象是,网络小说的篇幅不断加长,像《凡人修仙传》达700万字以上,而《官仙》更是达到一千多万字。

在网络文学的创新幻想期,网络小说已经开始走上了类型化的道路。网络小说前期的一些类型如盗墓小说,在《鬼吹灯》《盗墓笔记》之后,虽有不少跟风之作,但已基本没有产生较大影响的作品;写实的历史作品在《隋唐三部曲》《明朝那些事儿》之后,后续之作也大都乏善可陈。

目前的网络文学作品中,玄幻、仙侠、都市、言情、穿越类小说仍是主流,各网站的"大神"仍在驾轻就熟地继续他们的作品,如唐家三少的《斗罗大陆II绝世唐门》、天蚕土豆的《斗破苍穹》《大主宰》、酒徒的《烽烟尽处》、梦入神机的《星河大帝》等。辰东继《不死不灭》《神墓》《长生界》《遮天》后推出了《完美世界》;骷髅精灵在2004年创作了网游小说《猛龙过江》,后来又推出了结合科幻和玄幻特点的《机动风暴》《武装风暴》《星战风暴》等作品;烽火戏诸侯继《极品公子》《陈二狗的妖孽人生》《宗教裁判所》之后,推出了《雪中悍刀行》;我本纯洁的《神控天下》以奇异瑰丽的想象而大受欢迎。塔读文学推出的妖夜的《妖者为王》,则一反传统,以反智反神的笔法展开故事,不是进行人的神化,而是将神人化,颇有新意;多酷文学推出的九龙逐日的《九天武帝》,则更多使用了底层和励志的元素;若雪三千的《天才召唤师》是广受关注的魔法异能类新作。这些都是玄幻类较有影响的作品。

科幻小说在中国的发展一直不是特别令人满意,刘慈欣的《三体》作为典型的硬科幻作品,一举改变了这种状况,受到读者的广泛欢迎。

仙侠类小说以我吃西红柿的《莽荒纪》最为有名,其他如《星辰变》《凡人修仙传》《修仙狂徒》等也很有影响。

穿越小说因《后宫甄嬛传》《步步惊心》等被改编为电视剧而风靡一时。其实这类小说创作者甚众,举不胜举。

网络言情小说除穿越一路流行外,描写现实的作品原本自网络小说发端起即是大端,这类作品数量也很巨大,如《最美的时光》《我的美女老总》等。

此外如职场小说《杜拉拉升职记》、官场小说《宦海沉浮》等也都人气极旺。

网络文学的过分商业化,带来的是畸形繁荣的局面,同质化、低俗化的倾向愈发明显,对娱乐化的片面追求严重制约了它的健康发展,题材更新乏力、内容形式套路,已成为网络文学发展中存在的重要问题。美国埃默里大学的教授马克·鲍尔莱恩在《最愚蠢的一代》中说:"人类延续了数千年的知识、理性的传统,也许就这样结束了,剩下的只有娱乐和成功……他们需要老人们的声音,告诉他们,这个世界上还有更重要的人、更重要的事。否则,他们永远是孩子,永远长不大。"网络文学应该长大,网络文学的读者也不应该永远是孩子。

多元发展的回归期

近年来,移动互联网的发展,改变了网络文学单纯依靠网络点击付费的 VIP 模式,使网络文学进一步在接续传统的基础上多元化发展有了可能。同时,网络文学相关衍生产品的开发使其获得了更多的途径,比如作为上游产品,为下游的影视、出版和游戏提供文本等。随着无线渠道分销、授权纸质出版、影视改编以及网游研发等渠道的开发,网络文学必将适应新的需要而出现多元发展的局面。就目前情况看,市场格局的变动、读者的分众化趋势,再加上有关方面的扶植引导,网络文学创作已逐步开始向传统文学对意义和价值追求的方向回归,同时又适应传播方式的新特点,走上多元化发展的正确道路。

网络文学自由发展的初期是承继传统、关注现实的。此后,网络文学高举幻想的大旗获得了自己的认同。但对幻想的过分强调,使之走上了玄魔化的道路,越来越与现实无关,与人的生存经验无关,越来越追求娱乐性而忽视对价值和意义的追求。但随着网络文学赢利模式的改变,网络文学在走向多元的同时,也进一步向传统文学回归,出现了不少关注现实的优秀作品。如《宦海沉浮》虽是一部官场小说,但它在具有网络文学特点的同时,在表达上同样具备传统文学的特点,因而显得更加厚重耐看。而《大江东去》则以个人视角回顾1978年后的历史,同样具有传统文学的品格,因而获得了中宣部"五个一工程"奖。应该说,对现实的关注是网络文学向主流化、经典化方向迈出的重要一步。

在网络文学自由发展的初期,网络小说大多都是中短篇。随着资本的介入,网络文学走上了商业化发展的道路,而且商业模式相对单一,中短篇小说难以在这样的商业模式下获得收益,因而被边缘化,而卷帙浩繁的长篇大作盛极一时。随着商业模式的改变,以及有关方面的大力引导,网络中短篇小说重新显示出活力。现在,豆瓣开始发力"中短篇小说",塔读、起点也以"单行本"的名义推出中短篇小说,并进行了网络文学中短篇年度作品的评选与评奖。张嘉佳《从你的全世界路过》的畅销,以及四篇小故事被卖出影视版权,对那些单纯拼体力拼更新的写手如醍醐灌顶,发现挣钱的手段不只是靠文字量,优质的精短文字依靠巨大的发行量和衍生产品一样可以获得巨大收益。网络文学中短篇的复兴,表明网络文学将继承并无缝接续起文学传统。

其实,我们在讨论网络文学的时候,往往忽视在博客、微博、微信以及文学网站上写作的芸芸大众。从数量上讲,这个群体更为庞大,这种写作差不多近于全民写作;就文学自身说,这个群体的写作既保留了文学传统,又带有网络的新特点,也应引起足够的重视。现在,微博、微信继博客之后,已成为散文写作的新载体,甚至有了"微散文"的概念。《光明日报》曾两次以专版刊登选自微信的"微散文",《一个北京导游眼中的藏族人》《太空授课还带来了什么》《老板,您能请我父亲吃饭吗》等都是这种写作方式下的新作品。

因此,网络文学的发展从根本上说,一定会继承绵延千百年的文学传统,在保持其原有精髓的同时,利用新媒体的特点,创造出属于自己的新辉煌。

(原载《中州大学学报》2014年第5期)

短篇小说：以短见长

近年来，文学的创作方式、传播方式、阅读方式都发生了很大的变化。网络文学自不必说，传统的小说写作也有越来越长的趋势。相对来说，作家对长篇小说的重视程度要超过中短篇，对中篇小说的重视又超过短篇。很多年轻作家一上手就写长篇，从中篇小说写作入手，就算是重视写作基本功的好现象了。对短篇小说的轻视与很多年轻作家艺术上的欠缺大有关系。长篇小说、中篇小说因为出版和影视改编等，更容易引起社会关注，能为作家带来更多收益，更受作家的重视。而短篇小说要以短见长，相对更纯粹、更讲究艺术性，从文学意义上，我们有必要对短篇小说给予足够的重视。

当然，这么讲并不意味着目前的短篇小说创作真的就乏善可陈。第六届鲁迅文学奖短篇小说奖共收到267篇短篇小说和19部小小说集参评。应该说这4年来的大部分优秀作品都申报了,但也有一些非常优秀的作品因为种种原因没有参评。"文无第一,武无第二",我认为评奖并非要给参评作品排出令每个人都信服的顺序来,而是根据评奖的规则从中挑选出足以代表这些年创作水平和创作成就的几部作品。因此,尽管我们不能说一些没有获奖的作品一定就不如获奖作品,但获奖的作品应该说是这4年来相对优秀的作品,作为这4年来短篇小说创作的代表性作品是没有问题的。从这个意义上讲,我认为第六届鲁迅文学奖短篇小说奖的评选还是比较成功的。

马晓丽《俄罗斯陆军腰带》的写作手法比较传统,但其叙事纯净畅快,文字简洁有力,显示出作者良好的叙事能力和对题材、文本的驾驭能力。作品小中见大,巧妙地处理了中俄两军因文化背景、生活习惯和军队管理等方面的差异而引起的误解、较量,使一些原本微不足道的小事显得饶有趣味和意味,很好地反映了中俄两国、两军及其关系的发展状况。

徐则臣的《如果大雪封门》,写的仍然是"京漂"这个生活在北京底层外来者群体的边缘生活。这篇小说的特点是它以一种诗意的姿态和腔调,讲述了这群底层小人物无望的生存状态和生活态度。作品以大雪与鸽子为意象,描写了这群小人物涌动的理想和幻灭的现实,揭示了他们麻木外表下内心真实的疼痛。

叶弥的《香炉山》描写普通人日常生活,看似平淡却蕴含着张力。主人公夜游香炉山时与一个陌生男子相遇,预期要发生的"故事"却终归没有发生。但通过其中隐藏的"戒"与"爱"的较量,作品将女性内心世界的幽深复杂作了极为深入的表达,并由此对当下人际关系的现实和人性深处的奥秘做了极富意味的探究。

叶舟的《我的帐篷里有平安》是一篇让人总觉得意犹未尽的作品,似乎一场大戏的幕布还未拉开戏却结束了。但是,这拉开的一角幕布却让我们对幕后的一切有了无限好奇,让我们通过一个帐篷明白了世界,通过一个黑脸人理解了信仰,看到了芸芸众生在尘世的追逐和对信仰的渴望,感受到信仰的力量。这篇作品好就好在它似乎远离尘嚣,却又与当今社会关系如此密切。

张楚的《良宵》通过一个逃离都市的京剧名伶在荒村与一个染病少年相处的故事,对社会现实的冷漠无情进行了细腻的书写,对幽微的人性进行了精准的开掘,让爱在苦难与疼痛中彰显出来,让我们看到了人物内心的孤苦绝望,更让我们感受到了人性中爱的温暖,是具有大爱、大悲悯情怀的优秀之作。

获得提名而未能获奖的几部作品中,黄咏梅的《瓜子》是非常优秀的一篇,这部描写底层人物的作品,在对城乡关系与人物内心世界的把握上,有着积极的开拓意义。陈河的《怡保之夜》从题材到写作手法上,都表现出了与中国当代短篇小说写作明显的差异。李进祥的《四个穆萨》描写不同背景下同名穆萨的四个人物，表现出了一种非常难得的国际化视野。南翔的《老桂家的鱼》写作手法比较传统，但就题材的把握和叙事的控制讲，处理得非常到位。

《光辉岁月》是短篇小说中获得提名的唯一一部80后作家的作品，作者笛安在年轻读者中广有影响。这部作品未必是她最好的，但仍显示出了鲜明的时代感。它的叙事缺少节制和行笔散漫的问题，在当下年轻作家的创作中也普遍存在。笛安没能获奖是一个遗憾，也是一件好事，这会促使他们这代年轻作家在今后的创作中把作品写得更精致、更讲究一些。毕竟他们的路还很长，相信他们今后会创作出更好的作品。

小小说没有作品获奖算是另一个遗憾。这些年，小小说的发展走向了一条大众化、通俗化的道路，与短篇小说精英化、艺术化的发展方向相背离。小小说不是更短的短篇，它有自己的文体特征与审美倾向，把它和短篇放在一起评奖，很容易使大家不自觉地以短篇小说的标准来衡量它，使其处于一个尴尬的境地。这可能是一个需要进行奖项设置调整才能很好解决的问题。

（原载《文艺报》2014年9月22日第11版，是为第六届鲁迅文学奖短篇小说奖作的述评）

网络文学的模式转变和精神担当

尽管网络文学目前已成为一个使用相当广泛的概念,但对其内涵和外延却缺乏一个公认的明确定义。我把网络文学理解为依托网络完成从创作、发布到阅读全过程的文学作品。从这样的界定来理解,狭义的网络文学主要指在一定商业模式影响下依托网络产生的文学作品,其中绝大多数是类型小说,目前所谓的网络写手、网络作家基本指的就是这一类作品的创作者;从广义上讲,还应把诸如在博客、微博、微信以及众多在文学网站上写作发表的随笔、散文、诗歌、小说等各种文体包括在内,这样的作品大多是在某一特定圈子内传播,其中一部分会向外流传并进入大众的视野。

目前在世界范围内,华文网络文学呈现出一枝独秀的局面,这主要与我们发展出了一套可行的商业模式有关。目前的商业模式造成的一个后果就是网络文学作品的篇幅越来越长,500万至上千万字的作品俯拾皆是。这种商业模式导致网络文学的另一个重要特点是,它不像传统文学作品那样,由作者创作完成,再经反复修改并编辑出版后读者才得以阅读,网络文学基本上是即时写作、即时发表、即时阅读。这使读者对网络文学作品的阅读与传统文学的阅读有着明显不同的心态和阅读期待。网络文学的另一个特点是由于基本没有进入门槛,导致作品数量极为庞大。于是,在众声喧哗中,如何吸引眼球成为网络写手最主要的考虑事项。

从文学史的角度看,词、曲、小说等都经历了从通俗文学、流行文学向主流文学、精神文学转化的过程。而流行文学基本都是类型化的。特别是当它与商业结合的时候,走类型化的道路几乎是一个必然的选择。比如报纸刚刚兴起时,张恨水等人的"鸳鸯蝴蝶派"言情小说,再比如金庸、梁羽生等人的武侠小说等。网络文学在其发展过程中,逐步显示出商业价值,并寻找到了其特有的商业模式。于是资本开始介入,特别是盛大中文网对一系列网站的收购,使网络文学迈向商业化的道路,并确立了商业模式,促使了网络类型小说的空前繁荣。

通常,我们把在题材选择、结构方式、人物造型、审美风格等方面具有相对固定模式、读者对其有固定阅读期待的小说样式称为类型小说。类型小说的充分发育,培育了相对稳定的读者群,并反过来影响了网络文学的发展形态。同时,信息即时获得的特性,使很多人对文学作品的阅读已不再像前人一样,是一种刻意为之的行为,而是成为一种生活习惯和生活方式。如果说对传统文学作品的阅读更多基于审美需求的话,对网络文学的阅读则更接近消费和消遣,甚至成为一种持续不断的生活方式。对文字的阅读成为一种消费,这种一过性的、随意的阅读,基本是一种轻阅读、浅阅读,不会再像以前欣赏传统文学作品一样以把玩的心态去体会文章的微言大义。这样的阅读与传统把玩式的欣赏是截然不同的。这时,语言本身带来的即时快感,情节的生动抓人,描写内容的奇异诡谲,通常会成为读者关注的重点。因此,在类型化写作中,作者更多在意的是语言的机辨锋利、情节的生动曲折、细节的夸张离奇、想象的奇妙诡异,相对而言,作者对作品的价值和意义缺乏明确的追求,除部分类型外,作品内容也大多与个人的生存经验无关。

网络文学的过分商业化,带来的是畸形繁荣的局面,同质化、低俗化的倾向愈发明显,对娱乐化的片面追求严重制约了它的健康发展,题材更新乏力、内容形成套路,已成为网络文学发展中存在的重要问题。美国埃默里大学的教授马克·鲍尔莱恩在《最愚蠢的一代》中说:"人类延续了数千年的知识、理性的传统,也许就这样结束了,剩下的只有娱乐和成功……

他们需要老人们的声音,告诉他们,这个世界上还有更重要的人、更重要的事。否则,他们永远是孩子,永远长不大。"网络文学应该长大,网络文学的读者也不应该永远是孩子。

网络文学商业化、世俗化的现状,是娱乐化、低俗化的现实土壤,也与当前总体的社会精神现实和趣味密切相关。应该说,如何弘扬社会主义核心价值观,不只是网络文学需要面对的问题,传统文学同样需要面对,甚至它不只是一个文学问题而是一个社会问题。从根本上说,具有用社会主义核心价值观引领全社会的意识,是作家通过文学作品弘扬社会主义核心价值观的基础。对网络文学来说,能否成为主流的文艺形式,主要取决于它是否能够从纯粹商业、世俗的层面走出来,能够反映社会的精神现实,并对全社会产生精神引领作用。

文学反映社会的精神现实并引领时代,就是要对人类的生存提供精神支撑,就是要帮助人们建立一种精神信仰和价值体系,这对个人生命的安立,对社会的和谐都具有重要的意义。弘扬社会主义核心价值观,就是要使全社会确立共同的信仰,建立共同的价值观念。

网络文学作为文学发展的新阶段、新形式,理应接续起文学的精神传统,去体现个人价值、社会价值、核心价值。网络文学如何践行社会主义核心价值观,重要的不是理论阐述而是具体实践。

很多人觉得目前以类型小说为主要形式的网络文学注定是通俗甚至低俗的，是供娱乐和消遣的，因而和精神价值与社会担当无关，与弘扬社会主义核心价值观无关。事实上，尽管目前的网络文学存在着远离社会现实的问题，需要加以正确引导，但无可否认的是，类型文学同样可以担负起弘扬社会主义核心价值观的重任，而且同样可以做得很好。美国好莱坞的众多类型影片就是很好的例证。好莱坞的这些类型影片在宣扬美国精神、美国价值观方面所发挥的作用，甚至比大量纯文学作品和艺术影片要大得多、好得多。

网络文学能否很好地弘扬社会主义核心价值观，关键问题在于能否引导网络作家确立责任感和使命感，改变单纯以商业、娱乐的心态从事文学创作的状况，树立正确的人生观、价值观，注重对作品价值和意义的追求，自觉在文学创作中弘扬社会主义核心价值观。

要想使网络作家自觉地在创作中弘扬社会主义核心价值观，需要对网络作家进行正确的引导。其中最重要的一点，就是不应该人为制造传统文学与网络文学的对立，人为把传统文学看作高雅文学而视网络文学为低俗，人为地使大家认为传统文学负有弘扬社会主义核心价值观的使命，而网络文学就是用来娱乐大众的。文学就是文学，网络文学是新兴的文学样式,而且将成为主流的文学样式,它理应担当起文学的各种使命。为此,要引导网络作家树立积极的价值取向,在弘扬社会主义核心价值观方面具有自觉的责任意识、担当意识。文学创作是一种个体的、精神的、创造性的劳动,弘扬核心价值观,不是图解概念,而是在创作中自然而然地体现出来,通过良好的艺术手段表现出来。对网络文学来说,使社会主义核心价值观得到良好的表现并对读者产生积极的影响,需要适应并发扬网络文学的特点,造就网络文学的新经典。

考察网络文学的发展历程,可以看到,在自由发展的初期,网络文学是承继传统、关注现实的。此后,网络文学高举幻想的大旗获得了自己的身份认同。但对幻想的过分强调,使之走上了玄魔化的道路,越来越与现实无关,与人的生存经验无关,越来越追求娱乐性而忽视对价值和意义的追求。网络文学在自由发展的初期,作品大多都是中短篇。随着资本的介入,网络文学走上了商业化发展的道路,而且商业模式相对单一,中短篇小说难以在这样的商业模式下获得收益,因而被边缘化,而卷帙浩繁的长篇大作则应运而生盛极一时。随着商业模式的改变,以及有关方面的大力引导,网络中短篇小说重新显示出活力。现在,豆瓣开始发力"中短篇小说",塔读、起点也以"单行本"的名义推出中短篇小说,并进行了网络文学中短篇年度作品的评选与评奖。张嘉佳《从你的全世界路过》的畅销,以及四篇小故事被卖出影视版权,对那些单纯拼体力、拼更新的写手如醍醐灌顶,发现挣钱的手段不只是靠文字量,优质的精短文字依靠巨大的发行量和衍生产品同样可以获得巨大收益。网络文学中短篇的复兴,表明网络文学将继承并接续起文学传统。随着网络文学赢利模式的改变,网络文学也进一步向传统文学回归,出现了不少关注现实的优秀作品。如《宦海沉浮》虽是一部官场小说,但它在具有网络文学特点的同时,在表达上同样具备传统文学的特点,因而显得更加厚重耐看。而《大江东去》则以个人视角回顾1978年后的历史,同样具有传统文学的品格,因而获得了中宣部"五个一工程"奖。应该说,对现实的关注,是网络文学向主流化、经典化方向迈出的重要一步。

移动互联的普及和人们生活节奏的加快,使阅读呈现出随意的碎片化的特点。所以当我们在谈论网络类型小说的惊人篇幅时,还应看到微博、微信上大量精短文字同样吸引了更多人的阅读。其实在短信流行时,"段子"已经成为一个几乎全民参与创作和阅读的独特文体。这种情形在微博中、微信中又得到进一步加强。微博、微信、短信中的段子涉及各种各样的内容,有正面的也有负面的,有纯情的也有淫污的,有政治化的也有娱乐化的,有励志的也有灰色的,总之是五花八门无所不包。这种"段子"或"类段子"的文字,有很大一部分纯粹是文字游戏,使语言本身展现出无穷的魅力。"段子"这样文字的流行,可以说是一场语言的狂欢,是对语言自身的消费。但同时也应该看到,这些"段子"确实有相当大的部分是在讲述社会生活方方面面的故事,尽管其中大多数是以调侃、"恶搞"的方式在讲故事,甚至很多带有负面情绪,但不可否认,它讲述的是实实在在的中国故事,而且其中也不乏传递正能量的优秀之作。

要使网络文学更好地弘扬社会主义核心价值观,讲述中国故事,还需要进一步加强对网络文学的评论和推广,把那些弘扬社会主义核心价值观的优秀作品推介给读者。传统文学因为有期刊、出版社编辑的筛选把关,保证了面世的作品总体上具有健康的思想倾向。网络文学由于缺乏相应的过滤机制,使作品质量难免参差不齐。而且,传统文学的大量作品,经过不断的阐释、沉淀,基本完成了经典化的过程。当我们拿传统文学作品与网络文学作品进行比较时,实际上不自觉是在以传统文学的经典作品和网络文学的普通作品进行比较,由此进一步强化了网络文学作品水平普遍不高的认识。因此,对网络文学,要进一步加强评论和优秀作品的推介,使广大读者不必在浩如烟海的作品中无头苍蝇般乱撞,很容易地找到优秀的网络文学作品进行阅读。在此过程中,那些弘扬社会主义核心价值观的优秀作品会得到更好的宣传、推广,从而发挥积极的导向和示范作用。

同时,有必要设立网络文学奖,进一步加强对网络文学的引导。评奖的过程是筛选推介优秀作品的过程,也是一个加快经典化的过程。通过评奖,可以倡导积极健康的网络文学创作观念,并在网络文学作品经典化的过程中,提升创作者和读者对网络文学的认同感,进一步坚定作家弘扬社会主义核心价值观的责任感和使命感。

移动互联网的发展,改变了网络文学单纯依靠网络点击付费的 VIP 模式,使网络文学在接续传统的基础上,进一步多元化发展有了可能。同时,网络文学相关衍生产品的开发使其获得了更多的赢利途径,比如上游产品为下游的影视、出版和游戏提供文本等。随着无线渠道分销、授权纸质出版、影视改编以及网游研发等渠道的开发,网络文学必将适应新的需要出现多元发展的局面。就目前情况看,市场格局的变动、读者的分众化趋势,加上有关方面的扶植引导,网络文学创作已逐步开始向传统文学对意义和价值追求的方向回归,同时又适应传播方式的新特点,走上多元化发展的正确道路。

网络文学多元化的发展,将改变目前类型小说畸形繁荣的状况,实际上网络文学日益在向好的方向发展。网络文学的进一步发展,一定会使其接续起古老的文学传统,维护人类不变的精神内核。那时,网络文学将是社会主流的文学样式,而网络文学的名称或许将成为一个历史的概念,因为那时的一切都是网络化的,而文学的本质并未改变。因此,网络文学的发展从根本上说,一定会继承绵延千百年的文学传统,在保持其原有精髓的同时,利用新媒体的特点,在弘扬社会主义核心价值观、讲述中国故事方面发挥更大的作用,创造出属于自己的新辉煌。

(原载《大观·东京文学》2015年第1期)

茅奖评奖记

北京西山八大处公园正对门,有一个没有任何文字标识的小院,院内的结构像迷宫一样很容易让人迷糊。这个西山脚下不起眼的小院就是全国宣传干部学院,四年多来,中国文学四大最高奖的评奖一直在这里进行。最近两届茅奖和鲁奖、儿奖、骏马奖各一届都诞生在这里。数次在这里评奖,一住就是半月以上,对这里,包括对面常去爬山的八大处,自然已经非常熟悉。

多次在这里参加评奖,第九届茅盾文学奖的评选无疑是最让我感到紧张,又是最为欣喜的一次。这不单是因为我们河南的作家李佩甫终于实至名归,以《生命册》荣获大奖,还在于本届评出的五部作品,包含了多样的风格和特点,我以为是代表了四年来中国大陆出版的长篇小说的最高水平,总体看是一个漂亮的盘子。

李佩甫是当今河南作家的优秀代表,他的创作生涯已有30多年,从中短篇小说到长篇小说,屡有佳作问世,遗憾的是阴差阳错,一次次与中国文学最高奖失之交臂。这次《生命册》能够获奖,应该说不论从作家本人的创作实力来说,还是从作品本身的思想性、艺术性来说,都是当之无愧的。《生命册》全方位展现了自20世纪50年代以来,中国社会从农村到城市、从农业到工业、从实体经济到资本经济曲折复杂的发展变化,对人生与社会发展的内在规律进行了深入探讨和深刻揭示,对中国经验进行了有力书写和全面表达,精准描摹了"背着土地行走"的一代知识分子的心灵史,多角度透视了国民灵魂,是反映当代中国社会的厚重之作。作品以独特的"树状结构"展开叙事,语言感性湿润,情节紧凑精彩,细节致密精妙,塑造了一系列遍及城乡各个行业鲜活生动的人物形象,文本表达效率极高,显示了作者严肃的创作态度和深厚的艺术功力。作品涉及的生活宽度、思想深度及其所达到的艺术高度,均代表了中国当代长篇小说创作的一流水准。

　　格非的《江南三部曲》由《人面桃花》《山河入梦》《春尽江南》组成,旨在描绘中国晚清至今百余年来的社会内在、精神衍变的轨迹。格非是先锋写作的代表性作家,去年刚刚以《隐身衣》获得了鲁迅文学奖中篇小说奖,这次又斩获茅奖,证明所谓"先锋文学"退潮或死去的观点是多么的不靠谱。同时也告诉我们,仅仅靠玩弄文字和文本技巧的所谓"先锋"是没有出路的,注重语言和表达的技巧,具有深邃的思想,同时坚持现实关切,才是文学创作的坦途。

王蒙的《这边风景》能够获奖,对于王蒙和文学界来说,都是一个意外的惊喜。这部作品从1974年开始创作,完稿于1978年。此后稿子被束之高阁,直到前年被家人发现后,王蒙读后觉得还不错,重新修订并添加"小说人语"后才予出版。小说创作于"文革"后期到改革开放前这段时间,肯定带有那个时代的烙印。但作品总体的思想意识与那个时代的多数作品相比,还是有着明显的差异,即使今天看来,仍然值得称道。从文学意义上说,作品对新疆伊犁地区少数民族生活的精准描摹,对那个时代经验的记录,是今天的写作无法完成的,具有独特的价值。而且这部作品表现的内容,对于我们今天正确处理新疆等地的少数民族问题,无疑也具有非常积极的意义。

金宇澄的《繁花》是近年来文学百花园开出的一朵奇葩。这是一部用适度改造的上海方言、借鉴中国古典小说的叙事方式完成的地域小说,有人甚至称之为最好的上海小说,将之与张爱玲的小说甚至《红楼梦》相提并论。作品的叙事在上世纪60年代和90年代两个时空里交错,描写市井生活,读来别有韵味。这部作品随手拿起读来的感觉非常好,但读长了会有沉闷之感,我是在很长的时间里断断续续读完的。不知道吴方言区域的读者有没有这样的感觉。

苏童是另一位靠"先锋写作"在文坛走红的作家,他在中短篇小说写作表现出的才华令人敬佩。《黄雀记》仍然带有先锋写作的某些特点,写的是小地方的小人物的精神生活。作品围绕发生于上世纪80年代一桩青少年间的强奸案展开,描写了蒙冤者、真正强奸者和所谓受害者间的复杂关系,表达了罪、罚、救赎的主题。很多人觉得,就作品的格局和情节的展开程度等各方面来看,像一个拉长了的中篇。这也许是《黄雀记》没有获得一些评委认可的原因。

本次评奖共有252部作品参评,是历届评奖中参评作品最多的一次,这使阅读作品成为一个极耗体力精力的苦差事。好在评委中大多数都是"职业读者",很多作品以前早就读过,甚至写有评论文章,使集中阅读量大为减少。阅读虽然累,但对多数评委来说,这本来就是日常工作的重要内容。真正让评委纠结的是该把有限的投票名额给谁,这种纠结越到后面越严重。本次评奖共经过了六轮投票,从80、40、30、20、10到投出5部获奖作品,前边还好,越到后面就越为把票投给谁费思量。从这个角度看投给张三好,换个角度看投给李四也不错,再看看王五觉得也有其优长,于是就要在反复比较中做出痛苦的抉择。好在本届评奖相对是受外届干扰最少、过程最为平静的一届,这使评委可以从文学本身出发,做出更为恰当的选择。就本届获奖的5部作品来说,其艺术风格、表现特征、题材内容等更趋多样化,而作家作品相对来说也都是经得起推敲和检验的。因此,虽然经历了阅读的疲劳和抉择的纠结,但最终的结果我是感到满意的,我希望并相信广大读者和社会也应该是基本满意的。

(原载《河南日报》2015年8月20日第11版)

乡土小说：中国新文学百年的标志性文体

中国新文学刚好走过了一百年的发展历程。其发端之际，正是中国传统文化遭受全面质疑、西方文化广受推崇之时。在"五四"砸碎"孔家店"、提倡新文化的浪潮中，中国新文学基本是在全盘借鉴西方文学的基础上建立起来的。中国新文学发展的一个重要特点是小说摆脱了难登大雅之堂的边缘地位，前所未有地占据了文学最核心的主流地位，影响力空前强大，并一直持续到今天。应该说，中国新文学发展的一百年，是小说空前繁荣的一百年。中国新文学诸文体中，成就最突出的是小说，而小说中成就最突出的则是乡土小说。换句话说，乡土小说代表了中国新文学一百年发展最突出的成就。

"文以载道"是中国文学的一个重要传统。尽管不同时期有不同的表现，但这个核心理念直到今天从未有本质的改变。在新文学发端之前,中国文学延续的一直是诗文的传统,因为诗是言志的、文是能载道的,所以诗歌散文是一直是居于主流地位的文体;而小说则一向被认为是"引车卖浆者流"道听途说的东西,难登大雅之堂。新文学自发端开始,小说就被赋予了反映现实、引导现实、启蒙思想的重任,换句话说,小说开始被赋予了"载道"的使命,因而迅速发展成为主流的文学样式。

新文学发端之前的中国,重农耕轻工商持续了数千年,农耕文明决定了中华文化的特征。而近代以来,西方列强的坚船利炮严重动摇了这一传统,工业文明开始由沿海而内地,逐渐渗入中国社会的方方面面,以工业化为基础的现代城市一步步发展起来。在这个过程中,一批知识分子开始离开乡土社会进入到城市中生活,乡土既是他们根之所系,是眷恋怀念的对象,同时也是落后的象征,是需要批判变革的对象。正是在这样的思想基础上,他们开始了对乡土的书写,中国的乡土文学也因而一直延续着这样的基调:或是以批判的姿态高扬着改变乡土社会的激情,或是以称颂的心态充满着对田园牧歌式乡土的眷恋。二者之中以前者为主流,当然也有着混合的情绪带来的一些变种。

20世纪40年代初,毛泽东《在延安文艺座谈会上的讲话》发表,解放区作家的乡土书写进入一个繁荣发展的新阶段,1943年,赵树理发表小说《小二黑结婚》,1944年,孙犁发表小说《荷花淀》。新中国建立后,形成了以赵树理为代表,马烽、西戎、孙谦、胡正等人为主要作家的"山药蛋派";以孙犁为代表,刘绍棠、从维熙、韩映山等人为主要作家的"荷花淀派"。这两个流派的写作具有鲜明的政治性,是我国现代文学史上很有影响、各有千秋的乡土文学流派。应该说,乡土文学此时表现出的革命主题,与之前的启蒙、变革思想,从本质上是一脉相承的。中国乡土文学的政治化书写到"文革"时达到高峰,出现了《艳阳天》《金光大道》这样高大全的颂歌式作品。

"文革"结束,中国文学开始了一个新的繁荣发展期。这个时期文学史命名:"新时期文学"。新时期文学最突出的成就仍然是乡土小说。新时期"乡土小说"按时间顺序,经伤痕、反思、寻根主题,进入新写实阶段,每个阶段都有优秀的作品问世。新时期文学之所以出现乡土文学的再次繁荣,一是因为重新开始写作的老作家在"反右"和"文革"期间,大都有着农村的生活经历,而新近开始写作的生于20世纪50年代的年轻作家则大多有着"知青"经历或者就是在农村生长起来的,乡土生活自然成为他们写作的重要题材;二是因为这个时期农村开始发生重大变革,为文学创作提供了生动的素材。从更深层的意义上讲,乡土文学在新时期的繁荣是中国新文学自身惯性发展的必然结果。中国新文学从发端起,乡土小说就一枝独秀,这是由中国特殊的社会结构和发展阶段决定的。在新中国成立至改革开放之前的这段时间里,我们一直执行的是反资产阶级、消灭地域分别的政策,城市知识青年上山下乡,正是其具体表现。因此,农村在中国的政治生活中就具有了特殊的地位,而中国的绝大多数人口生活在农村的事实也一直没有根本变化。在这样的社会现实中发展起来的文学自然会以乡土文学为主流,而反资产阶级的政治现实也自然诞生出了讴歌农村甚至讴歌贫穷的乡土文学作品。新时期乡土文学是在对这种思想反思、批判中形成自己独特风貌的。在西方文艺思潮席卷中国文坛,先锋文学兴起之后,中国的乡土文学出现了多元化的局面,但总体而言,表现农村的社会变革一直是其基本主题。

今天,随着城市化的进程不断加快,乡土文明濒临崩溃,乡土文学也日渐式微。实际上,乡土文学绝对不是关于农村的文学的代称,它更是一种文明的表征,一种伦理的体现。中国工业化进程的加快,使大批劳动力从农村进入城市,农村的空心化现象日趋严重,乡土文学也因此失去了它丰厚的土壤。百年来,中国的乡土文学持续繁荣,一个重要原因在于我们的一代代作家都拥有丰富的乡土生活经验。而今天活跃的大多数作家,实际上基本失去了直接的乡土生活经验。目前还在描写农村生活的许多作品,出自老一辈作家之手的,大多是基于过往经验对当下乡土生活的虚构和想象;出自年轻作家之手的,大多是在阅读前辈作家作品获得的间接经验基础上建立起来的虚构和想象。正因如此,这些作品很难取得更大的成就,自然难以引起大家的关注。尽管今后还会有描写中国农村的作品,但随着"城乡一体化"的推进,乡土文学已不再可能重新居于中国文学的主流地位。

因此,刚刚过去的一百年,是中国乡村社会发生剧烈变化的一百年,也是乡土文学取得辉煌的一百年。一时代有一时代的文学,文学的发展总是与时代的发展息息相关。先秦有诗经,战国有诸子散文,汉代有赋,六朝有骈文,唐有诗,宋有词,元有曲,明清有古典小说。民国以来,中国新文学开始发展,其最具影响力的文学样式是小说,小说中成就最突出的则是乡土小说。随着乡土文明面临巨大挑战,乡土文学注定将辉煌不再。由是言之,乡土小说堪称百年来中国文学的标志性符号,是中国新文学在其发展的百年中为中国文学史留下的时代印记,它的辉煌是空前的,也将是绝后的,因而是独一无二的。

皇皇36卷的《中国乡土小说名作大系》就是在这样的背景下编辑出版的。这套丛书记录下了20世纪中国文学最辉煌的成就,是对中国乡土文学的一个良好总结,也是点题之举,是一项空前的划时代工程,具有重要的现实意义和历史意义。我们有理由、有必要向这部作品的编辑出版表达崇高的敬意。

(原载中原农民出版社
《乡关何处,一个时代的追问——大家论中国乡土小说》)

中华美学精神的当代建构

中华美学精神是习近平总书记 2014 年 10 月 15 日在文艺工作座谈会讲话中提出的一个重要概念。他在讲话中提出:"要结合新的时代条件传承和弘扬中华优秀传统文化,传承和弘扬中华美学精神。"那么,在美学理论研究和文艺创作实践中,我们究竟应该如何建构中华美学精神,并自觉以此指导创作和批评实践呢?

中华美学精神是社会主义核心价值观的美学表达

要想真正理解习近平总书记提出的建构中华美学精神的思想实质,我觉得首先需要跳出文艺的范畴,从中国社会当下基本的思想文化现实出发,来理解这个问题。

20 世纪是中国社会文化价值变动最为剧烈的一个世纪,

或者说是价值失范的一个世纪。在这个世纪,不仅中国几千年的封建制度走到了尽头,而且传统文化也受到了外来文化前所未有的挑战。在民族存亡攸关的关键时刻,我们基本上是主动地放弃了传统文化,而以强势的西方文化为基本参照,开始建设"新文化"。此后,面对日寇侵华的铁蹄,民族救亡成为一个时期的绝对主题。再经过三年大规模的解放战争,马克思主义成为中国主导的意识形态。但在该世纪的后20年,原本被视作资本主义标志性特征的市场经济又对社会主义制度形成新的冲击。这个过程,基本是割裂传统文化的过程。而在20世纪结束的时候,我们遇到了整合各种文化价值观念、重新确立自己统一的文化体系的问题。

在将近一个世纪的时间里,中国的传统文化出现了断裂,而西方以宗教为背景的文化又不可能被我们完全接受,于是随着市场经济的不断发展,对现实物质利益的追求成了大多数人的生存目的,财富的多寡成为衡量一个人成功与否的唯一尺度。但是,尽管物质生活越来越丰富,幸福感却似乎越来越少,精神需求问题日益成为一个我们必须面对的重要问题。子曰:"君子怀德,小人怀土。"但当今这个社会似乎是大多数人都在"怀土"。对于一个社会来说,如果没有一个共同的信仰基础,没有一个共同的文化背景,多"小人"而少"君子",要真正实现社会的文明进步无异于痴人说梦。现在,信仰的缺乏已经成为大家普遍关注的问题。在当今的中国社会,无神论的观念已经被大家普遍接受,我们不可能通过一个外在的神祇来建立一种信仰。如何在无神的前提下建立信仰,如何以马克思主义基本理论为指导建立信仰,是当前面临的一个重要问题。而树立社会主义核心价值观,正是在这个背景下提出来的。尽管中国传统文化中存在不适应当今社会的内容,但它基本的理论核心和价值观念在今天仍然具有非常积极的作用和重要意义,使我们可以在马克思主义的指导下,吸收中国传统文化的精华,构建起一种能为全社会所认同的价值体系、一种精神信仰。当社会主义核心价值体系构建起来的时候,当下许多社会问题也就迎刃而解。

正因为如此,习近平同志提出:"广大文艺工作者要高扬社会主义核心价值观的旗帜,充分认识肩上的责任,把社会主义核心价值观生动活泼、活灵活现地体现在文艺创作之中,用栩栩如生的作品形象告诉人们什么是应该肯定和赞扬的,什么是必须反对和否定的,做到春风化雨、润物无声。"显然,习近平同志对通过文艺构建社会主义核心价值体系并引导人民践行社会主义核心价值观寄予了殷切的期望。具体来说,要想使文艺作品体现社会主义核心价值观,需要"结合新的时代条件传承和弘扬中华优秀传统文化,传承和弘扬中华美学精神"。从这个意义上来理解,可以说,中华美学思想是社会主义核心价值观在文艺中的具体体现,换句话说,中华美学思想是社会主义核心价值观的美学表达。

美与善的统一是中国传统美学思想的一个重要特点。这个"善",实质就是核心价值观,就是社会倡导的价值观念和道德规范。丁振海在谈到中华美学精神与社会主义核心价值观的关系时说:"中华美学精神源远流长,博大精深,其精髓正在于强调以艺术的载体和审美的方式,彰显或蕴涵思想的、道德的力量。只要我们认真地加以传承和弘扬,就可以为涵养社会主义核心价值观、为当代文学艺术从'高原'迈向'高峰'提供丰富宝贵的精神资源。"[1]美与善的统一在当代的具体体现,就是中华美学精神与社会主义核心价值观的统一。因此,仲呈祥也明确提出:"传承和弘扬中华美学精神,是涵养社会主义核心价值观、促进中国特色社会主义文艺健康持续繁荣发展的重要条件之一,也是中华民族在21世纪为人类以审美方式把握世界、促进和谐安定开出的一剂美学良方。"[2]

---

[1] 丁振海:《中华美学精神与繁荣社会主义文艺》,《人民日报》2015年3月24日14版。
[2] 仲呈祥:《传承和弘扬中华美学精神》,《文汇报》2014年11月6日5版。

中华美学精神是植根传统、立足现实、面向未来的开放体系

如何建构中华美学精神？不同的人会有不同的理解。有些人会更多着眼于中国传统文化，把中华美学精神理解为中国古典美学传统，并以此排斥西方及其他外来的美学观念，以保证中华美学精神的中国特色及其纯粹性。有些人则从全球化、现代化的现实出发，认为中国古典美学观念不合时宜，应该以现代美学理念为基础，建立具有普适意义的中华美学精神。不能否认，两种观念都有其合理性，但都有其偏颇之处。如果中国古典美学观念完全适应今天的文化现实，那直接把它继承下来就是，没必要重新去进行建构；如果片面强调中华美学精神的普适意义而否定其历史性和民族性，事实上就消解了中华美学精神的独特价值，与世界文化多元发展的趋势也是背道而驰的。

习近平同志在文艺工作座谈会上指出："中华优秀传统文化是中华民族的精神命脉，是涵养社会主义核心价值观的重要源泉，也是我们在世界文化激荡中站稳脚跟的坚实根基。""要结合新的时代条件传承和弘扬中华优秀传统文化，传承和弘扬中华美学精神。""我们社会主义文艺要繁荣发展起来，必须认真学习借鉴世界各国人民创造的优秀文艺。只有坚持洋

为中用、开拓创新,做到中西合璧、融会贯通,我国文艺才能更好发展繁荣起来。"这些话清楚地指明了中华美学精神的内涵和特质:它是植根中华优秀传统文化的,是立足当下现实并面向未来的,是融会中西的开放体系。

中华美学精神植根中华优秀文化传统,这个传统不仅包括中国古典文化传统,同时也应该包括"五四"以来的新文化传统。

中国古典文化传统在数千年的发展过程中形成了富有自身特色的美学思想,这是中华文化区别于其他文化的根本要素,也是中华文化能够在世界文化激荡中站稳脚跟的坚实基础。王德胜在谈到此问题时说,中华美学精神"突出强调了当代中国文艺创作与理论批评,在精神层面所应持守的'中华立场'"[1]。也就是说,中华美学精神的建构必须持守"中华立场",而"中华立场"的持守自然应该以中华优秀文化传统为根基。但是,建构中华美学精神,继承和弘扬中华文化的优秀传统,并不意味着要将中华传统与西方文化对立起来,排斥西方及其他外来文化。历史发展的事实证明,保守主义、民粹主义倾向对中华文化的健康发展,会产生极大的阻滞作用,特别应该引起我们的警惕。中华文化历数千年而不衰的历史证明了

---

[1] 王德胜:《中华美学精神的实践品格》,《人民日报》2015年2月27日24版。

其自身优秀的品质,而它在晚清以来所受到的冲击,表明它本身也存在需要完善的地方,需要借鉴外来文化的优秀成果完成自我完善,以更好地面对未来。

"五四"以来中国新文化的发展,是我们面对世界文化相互冲击影响的现实,进行自我更新而发展起来的。经过百年的发展,它已经成为中华文化传统的一个重要组成部分,即中国新文化传统。中国的新文化传统,有对中国古典文化传统的继承,也包括了西方文化、苏俄文化的基因,革命文化、红色文化是其重要组成部分和特色之一。

20世纪中国新文化的发展,使中国文化发生了两千年未有之巨大变革。但在这个过程中,也出现了片面否定文化传统、人为割裂文化传统的情况。这种矫枉过正的情形出现在文化冲突的初期是可以理解的,随着社会文化的进一步发展,在与外来文化的比较中,我们对中华传统文化价值的认识也进一步加深。实际上,中国的文化传统,就是在不断吸收外来文化的过程中形成的,其中有中华民族大家庭不同民族文化的融合,有对诸如佛教等纯粹外来文化的融合,等等。中国新文化的发展,更是一次对外来文化的巨大吸收和融合。这表明中华文化传统本身就具有巨大的包容性、开放性,也正因如此,中华文化才能历数千年而生生不息。今天,我们在继承中华文化优秀传统的基础上,建构中华美学精神,自然要继续保持其开放性和包容性。

习近平同志在谈到传承和弘扬中华美学精神时强调"要结合新的时代条件",这个"新的时代条件"就是当下中国的文化现实,是世界不同文化冲突、交流、交融、发展的现实。在全球化的背景下构建中华美学精神,保持中华文化特色是出发点和落脚点。而面对世界其他文化,它还应该能够保持足够的影响力和辐射力,这就要求它具有面向世界、面向未来的能力,具有代表人类精神文明最高成就的先进性。要保证这种先进性,中华美学精神的建构就应该在继承中华文化优秀传统的基础上,借鉴人类文化的一切优秀成果,以开放的姿态保持其创新,使其具有自我更新、自我发展的动力和活力。

中华美学精神的历史性及其民族特色

中华美学精神建构的目的,是要用以指导文艺实践,使其保持中国特色、中国风格、中国气派,让中华文化在世界文化的激荡中站稳脚跟。因此,中华美学精神必须体现中华民族审美的精神特质,即具有独特的民族性。中华美学精神的民族性是在中华文化数千年发展的历史过程中形成的,民族性实际上也就是其历史性,因而中华美学精神的建构必须以中国传统美学思想为根基。

中华传统美学思想的形成经历了一个漫长的历史过程,其间吸收融合了多种不同的外来文化思想。王一川在谈到这个问题时说:"中华美学精神本身是一个在时间维度上不断演变和在空间维度上持续交融的历史性过程,有着多层面构成。""从族群形态看,中华美学精神可以视为中华我者与外来他者之间的长期的文化涵濡(Acculturation)的历史性成果","是中华多族群生活方式的持续交融体"。"在哲学思维上,中华美学精神的构成可以视为以道、气、阴阳及气韵生动等系列学说为特征的中华思维方式的综合作用的结果";"在审美习惯上,中华美学精神的构成与中华民族、特别是汉民族对那种富于'兴味蕴藉'的审美对象的偏好有关";"在人生境界上,中华美学精神的构成,还需考虑我们这个作为多族群联合体的国家内部不同族群审美趣味之间的相互交融与共生状况,这突出地体现为一种有关人生境界的层层上升的追求,如'和而不同'等"。① 王德胜认为,"中国传统美学的一个主导性理想,就是强调生命活动的内在和谐性,倡导个体生命体验向自然生命运动的沉浸和投入,讲求天、地、人相合"。同时,"强调文学艺术对现实人生的改造与提升,突出文艺活动的人生教育和伦理构建功能,这一理念贯穿中国美学思想发展的始终,

---

① 王一川:《对中华美学精神的几点思考》,《光明日报》2014年12月26日11版。

直接影响到我们对文学艺术的功能要求和价值判断,也是'中华美学精神'核心内涵的一部分"①。

中华传统美学思想作为一个"有着多层面构成"的"持续交融体",总体来说主要包括儒家、道家、佛教美学思想以及丰富多彩的多民族民间美学观念。

儒家美学追求美与善的统一,注意人与社会的关系,因而伦理构建成为其重要的着眼点之一。儒家美学思想的核心是"中和",实现方式是"比德",即把自然美和人的精神道德情操相联系,赋予自然以道德属性,像"岁寒,然后知松柏之后凋也"②,"芷兰生于深林,非以无人而不芳"③,都是从人的伦理道德观点去看自然现象,把自然现象看作是人的某种精神品质的对应物。于是,在儒家美学思想的影响下,文艺创作实际上就是赋予自然以道德品性的过程,而文艺欣赏则是欣赏自然的道德品性完成道德养成的过程。也正因此,"文以载道"成为儒家对文艺创作的基本要求。注重道德建设和伦理建构是儒家积极入世态度的必然追求,这种态度使儒家倡导一种自强不息的进取精神,这种精神也是中华文化数千年来生生不息的重要支撑力量。同时,儒家"中和"的观念使它反对一

---

① 王德胜:《中华美学精神的实践品格》,《人民日报》2015年2月27日24版。
② 出自《论语·子罕》。
③ 出自《荀子·宥坐》。

切极端的追求,能够以"和而不同"的态度对待其他文化,从而具有极大的包容性。

道家重视自然之美,注重人与自然的关系,重点着眼于生命的自由自在。道家美学思想的核心是"自然",实现方式是"畅神"。"畅神说"最早见于南朝宋画家宗炳的《画山水序》,强调自然山水形象带给人的精神愉悦和享受。自然而然的本真状态和自由指向,是道家看重自然的根本原因,它与道家对生命自然本真状态和精神自由无限指向的追求是一致的。道家美学崇尚自然、平淡、朴素、简约,也就是通过"心斋""坐忘"来模仿虚静的自然本真状态,达到无我的精神自由状态,超越物象,领悟自然蕴含的神韵。因而在道家美学思想的影响下,文艺创作就不仅仅是对外在物象的描摹,而是要通过有限的物象,将人引向"道"的境界,亦即自由、玄远、无限的境界。这种思想的美学表达,就是宗炳所说的"山水以形媚道""神本亡端,栖形感类,理入影迹""万趣融其神思""畅神而已"①。道家美学思想对中国重写意、重神韵文艺观念的形成影响深远。

佛教传入中国,至慧能提出"即心即佛""无念为宗""明心见性""顿悟成佛"开创中国禅宗,方彻底完成了中国化。禅宗是佛教与中国儒道思想融合的产物,追求人的本性与宇宙本

---

① 出自宗炳《画山水序》。

体的绝对冥契合一,即终极涅槃之境,绝对美与自由之境。禅宗"不立文字""明心见性"的观念,使其与道家一样,不注重外在的物象而重在意的表达。但禅宗美学与道家美学的不同之处在于,道家追求以有限的物象达至无限的意义空间,而禅宗则把美看作是"在刹那间照面映现的瞬间澄澈之美",即所谓"无常之美"①,而艺术是要以色喻空,使观者由"悟"而达妙境。禅宗追求"空灵之美",其"悟"的观念、"境界"的追求,对中国文艺影响至深,成为中国传统美学思想的核心构成要素。

  把中国传统美学思想分为不同的层面来谈论,并不意味着它们是相互割裂的。事实上,中国传统文化的发展是在不断吸引外来文化的基础发展起来的,除了上面提到的一些因素外,还有其他许多文化基因融入其中,比如受墨家思想影响发展起来的侠客文化,当然还有构成中华大家庭的其他民族文化以及民间文化等。这些文化融合在一起,形成的中华文化传统、中华美学思想,共同表现出了注重生命性和精神性、追求天人合一、重表现、尚意的特点。这是中华传统美学思想的历史特色,也是今天的民族特色。

---

  ① 傅松雪:《禅宗"空寂之美"的时间性阐释》,《思想战线》2008 年第 5 期。

中华美学精神的开放性及其时代特色

在谈到中华美学精神的历史性及其民族特色的时候,我们实际上已经涉及了它的另一个重要特征:开放性。

王德胜如此看待中华美学精神的开放特质:"放在整个中华民族发展史中来看,'中华美学精神'始终处于不断生成、积淀和丰富的展开过程中,在不同的时代往往被赋予不同的价值内涵。它在集中体现'中华性'的同时,交织融合了中华民族历史积淀的精神历程和多样性的思想追索,随时代变化而不断丰富其自身,且愈发深隽醇厚,呈现出意义的开放性和思想的丰富性。""作为历史传统的'中华美学精神',因其意义的开放性而具有延续文化血脉、塑造文化品格、强化文化使命的实践意义。"[①]正是因为中华文化传统自身具有开放的特质,它才能在几千年的发展中不断吸收外来文化,在保持自身特点的同时,自我更新,自我发展,才能在当今全球化的背景下适应世界文化多样化发展的新趋势,吸收世界文化的一切优秀成果,面向世界、面向未来,不断丰富和发展。

事实上,在谈到中华文化传统的时候,我们应该认识到,

---

① 王德胜:《中华美学精神的实践品格》,《人民日报》2015年2月27日24版。

中国古典文化传统与近百年来形成的中国新文化传统事实上是共时存在的。而且,如果说中国古典文化传统是当今中国文化精神的重要根基的话,新文化则是其重要表现形式。20世纪初,在中国传统文化受到外来的西方文化猛烈冲击的时候,我们借鉴西方文化,开始了新文化运动。今天我们熟悉的小说、散文、诗歌、话剧、影视等,都是借鉴西方的艺术发展起来的艺术样式,与中国古典小说、散文、诗词、戏曲等有着明显的差异。这个过程中,我们的美学思想事实上也迎来了数千年未有之变局,有了巨大的发展。中国新文化运动的发展,有西化、苏联化的过程,有抛弃传统到回归传统的过程,也形成了自身革命文化的传统。今天,当我们谈到中华美学精神的当代建构时,新文化传统是不可忽视的文化现实,也是我们能够与世界文化对话交流的现实基础,它同时也是中华文化开放性的证明,是中华美学精神能够具有时代特色的保证。

中华美学精神的当代建构,肩负着"弘扬中国精神、凝聚中国力量"使命。对中华美学精神的当代建构来说,以民族性来证明其正确性是一种危险的倾向。完全回归传统,我们就失去了面对当下现实的能力,失去了自我更新的能力,失去了面向未来的发展能力。因此,中华美学精神的当代建构应该在继承和弘扬中华传统美学精神、坚守中华文化立场的基础上,吸收借鉴其他文化的优秀基因,使中华美学精神具有适应时代的能力、影响其他文化的能力,它是中国的,也是世界的,是中华文化对世界文化发展的最新贡献。

中华美学精神的当代建构是理论命题更是实践命题

习近平总书记强调"结合新的时代条件传承和弘扬中华优秀传统文化,传承和弘扬中华美学精神",是着眼于当下的文艺现实、文化现实而言的,更是着眼于实现中华民族伟大复兴的中国梦这一伟大目标而言的。因此,中华美学精神的建构就不能只是一种理论命题,更应该是实践命题,应该也必须落实在具体的文艺实践中,应该为社会主义核心价值观的涵养、为鼓舞和引导人民提供有效的支撑。王德胜在谈到这一问题时说:"这一命题的提出,突出了文艺审美价值构建过程中历史与现实、文化传统与当代实践的统一,进一步明确化、具体化了当代中国文艺实践的美学品格。对今天的文艺创作与理论批评来说,强调'中华美学精神'的传承和弘扬,更为现实的要求,在于以'中华美学精神'自觉引导文艺创作与理论批评的当下实践,推动中国文艺实践的当代价值构建。"①

习近平同志在文艺座谈会上对文艺批评寄予了殷切的希

---

① 王德胜:《中华美学精神的实践品格》,《人民日报》2015年2月27日24版。

望,对文艺评论家提出了具体的要求。我个人认为隐含着对当前文艺批评现实状况的诸多不满。具体来说,是当前的文艺批评事实上处于一种大面积失效的局面,而改变这一局面的关键,在于自觉以中华美学精神指导文艺批评,使文艺批评回到美学批评的正确道路上来。

  文艺批评受到质疑,当然非近几年才有,只是近些年更趋激烈。当前的文艺批评,基本上处于文艺主管部门不满、读者和观赏者不满、文艺创作者不满的局面。对此,文艺批评界很多人感到非常委屈,认为当下的文艺批评,论从业者人数之众、发表文章之多,甚至是研究的广度、深度及文章的学术水平,都要好过以前。因而,社会上的这些质疑,实际上更多出于质疑者的无知和偏见。这种说法并非毫无道理。但是,在当下的社会舆论中,文艺评论确实基本已到了一无是处、惨不忍睹的境地,评论家被普遍看作是收红包的吹鼓手。何以批评界的自我认知和社会认可度之间存在这么大的差距呢?我认为问题的根本在于看待批评的着眼点有所不同,就文艺批评本身的数量和质量而言,不能说不如以前;但如果从文艺批评的社会影响力和对创作的影响力而言,确实是大不如前。造成这种状况的根本原因其实来自当下文艺批评的无效性。

  上世纪 80 年代,文艺批评影响力巨大,首先在于文艺本身影响力的巨大。当时的文艺批评确实为文艺创作、为社会提供了新鲜而有深度的文化思想,对文艺创作和社会都具有极大的引领作用。那时文艺批评还有一个重要的特点,就是文联、作协系统自身的批评期刊和批评家都非常活跃,在文艺批评中发挥了重要甚至堪称核心的作用。雷达先生称其为"专业批评"。这种"专业批评"的重要特点是:紧密结合创作实际,具有"在场感";注重阅读作品的感觉,能对作品做出很好的美学和艺术判断;理解创作,能准确把握作品创作的得失,对作者和读者具有启示和引导作用;采用更加文艺化的表达方式,带给读者阅读快感。这种迥异于理论研究和学术论文的批评,更容易得到大众的认可,因而对社会和对作家都具有较大的影响力。

近些年,随着项目为中心的学术体制的建立,资金开始围绕项目流动,并形成一个自足的生态体系,文联、作协系统的大量批评家开始进入高校。同时,在重视学术性的旗帜下,一套以数量和发文刊物等级为标准的学术评价体系建立起来,追求文章的数量,追求学术的规范,成为普遍的风气,这些进入高校和科研机构的文艺批评家当然也包括在内。此时的文艺批评文章,已经日益向学术论文靠拢,可读性下降,对社会的影响力自然大大减弱。而且在这种畸形的学术体制中,表面化的学术规范代替了内在的精神思想,大量的文艺批评文章除了反复抄些早已成为常识的理论外,缺乏发现和创见,貌似深刻实则空洞无物,基本是学术垃圾,自然不会有任何实质的影响力。而即使那些有较深刻见解的文章,因其过于强调学术性,也写得更像学术论文,难以被大众读者接受。更为严重的是,文艺批评界出现了习近平总书记批评的套用西方文艺理论为标准,度量中国文艺作品、阐释中国文艺实践、裁剪中国文艺审美的错误倾向,这些文艺评论总是以西方理论来框架、解释文艺作品,离文艺创作的现实很远,离中国的社会现实更远。目前一些文艺评论家,热衷于政治批评、社会批评、文化批评,独独缺少美学批评的维度,实际上就是缺少了对作品艺术上优劣的判断,缺少了作品何以是好的、何以不好的分析,这样的评论对创作者和读者而言,自然是无效的。这是当前文艺批评社会影响力减弱的一个重要原因。

目前,提升文艺批评的有效性,扩大文艺批评的影响力,以更好地发挥文艺批评对文艺创作、对社会的重要作用,当务之急是加强美学批评。文艺批评说到底与一般的学术研究还是有所不同的,它应该有极强的现实性、具体的针对性、良好的可读性和切实的在场性,以及由此而实现的批评有效性。

加强美学批评,就是要自觉传承和弘扬中华美学精神,积极参与到中华美学精神的当代建构中,自觉以此指导批评实践,积极面对生活现实、创作现实,发现问题、提出问题,把真正优秀的作品推介给人民,并引导创作健康发展,为涵养社会主义核心价值观,为实现中华民族伟大复兴的中国梦发挥更大的作用。

(原载《文艺报》2016年4月20日)

中原作家群新论

中原作家群是一个以中原文化为背景的庞大创作群体，大致包括两类作家，一类是坚守在河南本土的作家，一类是生活、工作在外地的河南籍作家。坚守在河南的有田中禾、二月河、李佩甫、郑彦英、张宇、邵丽、乔叶等，而北京等地发展的则有周大新、刘震云、刘庆邦、朱秀海、阎连科、柳建伟、李洱、梁鸿等，都在全国文坛有着相当的影响。在中国新文学发端后的 30 多年时间里，浙江省曾涌现出了鲁迅、茅盾、徐志摩、郁达夫、周作人等一大批文学巨匠，可以说浙江撑起了中国现代文学的半壁江山。而中国当代文学史，特别是新时期以来的中国文学，中原作家群的兴起与壮大，差不多是一个可以和浙江作家群在现代文学史上相提并论的重要文学现象，论活跃作家的数量、创作成就以及实力和影响，鲜有地域性创作群体能与之匹敌。

对于中原作家群的兴起,在直观的理解中,通常认为源于中原文化的博大深厚。的确,中原是华夏文明的重要发祥地,中华文化的核心在此形成并逐渐向外辐射。直到今天,当我们说到东北、北方、南方、西北、西南、岭南、塞外这些概念的时候,仍隐含着对中原中心地位的肯定,其中不仅有地理意义上的认知,也有对中原政治、经济、文化中心地位的认同。然而,如果文化的源远流长就可以保证文学的繁荣的话,何以中原文学在南宋以后漫长的历史时期一直处于低潮呢?从政治历史的角度看,宋以后中央政权面临的主要矛盾转化为以农耕为主的汉民族与北方游牧民族的矛盾冲突,谁能解决好这对矛盾,就能够实现对中国的统治,于是政治中心向北偏移到农耕文明与游牧文明交界处的北京一带;而南方随着中原文化的进入,文明程度不断提高,并因较少经受战火和自然灾害而出现了经济文化的繁荣。于是,中原虽处于地理上的中心,在政治、经济、文化方面反倒从中心退居边缘。加之理学的兴起对文学的压制,中原渐成理学重镇而文学渐趋萧条。就文学自身的发展而言,这个时期俗文学兴起,戏剧、小说繁荣,而原本处于重要地位的诗文写作则在今天书写文学史时不被重视。这些因素交织在一起,使我们今天去看待宋以后的中国文学史时,感觉中原文学处于低谷之中。

与宋以后政治、经济、文化中心的失去相伴随的,是自然灾害的频繁发生和战火的不断蹂躏。从宋金对峙开始,拉锯式展开的汉民族与游牧民族的政权争夺,中原每次都是主要战场,加上黄河的屡次泛滥改道,苦难成为中原人最基本的人生体验。这种状况一直持续到20世纪上半叶。中原自古以来都是人口非常密集的地区,儒家文化、传统文化的长期浸润,使人们相互之间形成了一套微妙而复杂的伦理关系、人际关系;而战争的频繁发生,自然灾害导致的一次次逃难等,让这里发生的一切有着丰富的故事性。像边关大漠这样的地区,人际关系相对简单,给人的感受通常相对直观而强烈,这就很容易让人产生诗情,比较适合以诗歌的形式进行表达。而中原这样文化传统深厚、人际关系复杂、故事丰富的地区,则为小说发育提供了肥沃的优质土壤。2017年2月25日,李敬泽在接受河南日报社"中原风会客厅"采访时谈到,河南作家在说起自己和身边人故事的时候,你会发现他们经常模糊了现实和虚构的界限,一次平常的聊天,他们都会讲得极富故事性、趣味性,他们是天生的小说家。李敬泽的话虽然带有些调侃的意味,但某种意义上确实揭示了河南小说繁荣的内在成因。

长期的苦难体验,长期的不屈抗争,使河南人形成了直面苦难、坚韧不拔的生存态度,同时又不可避免形成了机智以及狡黠投机的性格。这使得河南人面对苦难时既有勇于正视、顽强不屈的一面,又有善于变通以求生生不息的一面。于是我们就看到了河南人特有的幽默和坚韧,他们敢于自嘲,甚至敢于自黑。据说很多讽刺河南人的段子实际上都是出自河南人的创造。而这样一种能够直面苦难、笑对苦难、敢于自嘲的河南人,往往在土气的外表和略带自卑的心态下,有着一种内在的大气和厚重。

　　河南人的这种性格表现在作家的创作中,就形成了关注现实、尊重历史、注重对价值和意义追求的基调。在题材上则以对苦难的抗争和对造成这种苦难的中原文化的反思为基本内容,在表现上则以厚重而风格多样为基本特点。这样的创作特征从中国新文学发端起一直延续到现在,像徐玉诺的《一只破鞋》、师陀的《果园城记》、姚雪垠的《长夜》到李準的《黄河东流去》、张一弓的《远去的驿站》、乔典运的《无字》《满票》、田中禾的《匪首》、李佩甫的"平原三部曲"、张宇的《疼痛与抚摸》,以及周大新的《湖光山色》《第二十幕》、刘庆邦的《遍地月光》《黄泥地》、阎连科的《日光流年》、刘震云的《一句顶一万句》等,都是如此。这样的创作特点也延续到了更年轻一辈作家的身上,比如李洱,虽然以先锋写作的姿态步入文坛,在叙事探索上走得很远,但他的《花腔》《石榴树上结樱桃》依然保持着对现实的关切和对价值与意义的追求。邵丽的"挂职"系列小说,乔叶的《拆楼记》《认罪书》等同样表达的是对社会现实的关注。梁鸿则通过《中国在梁庄》《出梁庄记》《神圣家族》等,反映了当下农村普遍的现实。

新时期以来,中原作家群一直保持着良好的创作态势,但创作并非不存在问题。特别是前些年,一些年轻作家在前辈作家巨大身影的笼罩下,失去了自我,以为重复李佩甫等作家的创作道路就可以取得成功。于是我们看到一批年轻作家的创作,仍然以农村现实为基本描写对象,但其写作无非是在重复前辈作家的经验,与当下全球化背景下的社会现实有了很大的隔膜。这成为一些作家难以很快得到广泛认同的重要原因。但近几年来,这种局面有了很大的改善,一批年轻的作家在继承中原作家群优秀传统的同时,表现出了新的特点,逐渐开始引起社会的广泛关注。

2016年,河南省文学院根据当下一批中青年作家的创作状况,选取安庆、尉然、宫林、张运涛、赵文辉、李清源、陈宏伟、南飞雁(以出生年月为序)等八位小说家集中进行研讨,名为"中原八金刚"。参加会议的评论家陈福民、张燕玲、李国平等对其创作给予了较高的评价。当然,河南活跃的年轻作家不只这八位,比如专业作家赵大河、赵瑜等未包括在内,女作家未包括在内。

八位作家中,南飞雁是八零后,但表现却相对成熟。他的写作主要以机关普通公务员为描写对象,表达他们面对复杂人际关系时微妙的内心体验和生存现实。虽然是八零后作家,南飞雁的创作与他同时代的作家显然有着很大区别,他的写作表现出了一种与其年龄不对应的成熟。南飞雁写作其实起步很早,他大学时代即以长篇写作步入文坛,并连续创作了多部作品。但此后他及时调整节奏,放慢了脚步,开始扎扎实实进行中短篇小说的写作,量虽然不大,作品质量却有了极大的飞跃,开始真正被文坛认可。

相对于南飞雁的"少年老成",安庆要算是"大器晚成"了。他早先以小小说写作起步,但引起广泛关注却是转入中短篇写作以后的事。他前几年的《加油站》,近年来的《扎民出门》等,都是值得关注的作品。安庆是年轻一辈作家中少有的注重语言美感的作家,而且对社会现实的表现细腻独到,对人物内心的揭示深刻敏锐。

陈宏伟和李清源是近年来异军突起的两位年轻作家。仿佛是忽然之间,他们即以各自颇具才情的写作得到了广泛的认可。陈宏伟的写作主要表现的是豫南小城的普通人物,他以对人情世故和人性的深刻体察,使看似普普通通的生活显示出不同寻常的意味。比如他获得第二届杜甫文学奖的《一次相聚》[①],即通过同学聚会这个司空见惯的题材,以对人物

---

① 本文对几篇获第二届杜甫文学奖作品的评价使用了由本文作者最终定稿的该奖授奖词的一些说法。

内心复杂性的生动描写,对人物外部言行与内心真实相扭曲的精准表达,呈现了当代人内心的焦灼、匮乏及隐秘的渴望,对人性的挖掘深入独特,结构布局精妙,人物感情真实饱满,显示了深厚的叙事潜力和超拔的文学才华。李清源的写作则更多对命运的探究和精神的探索。其获得第二届杜甫文学奖的作品《苏让的救赎》,在小人物物质、精神、情感甚至命运的不可解脱的尴尬中,深味体察、倔强叩问生存逼仄的诸般原由,又以天真慈爱、温暖宽谅之心观照世人,寻求让人栖居身心之处所,表现出作者异乎寻常的冷静态度和敏锐直接切入社会、人心深度地带的能力。

同样来自周口的尉然和宫林,都以写农村生活见长,但作品风格却大异其趣。尉然的作品带有一种反讽的意味,他在对生活夸张以至荒诞的表现中,对农村生活的现实和底层人的命运做出了有力的表达和深刻的揭示。而宫林的写作则更为质朴,他更多是以正面强攻的姿态,真实表现农村生活的现实和生活在其中的形形色色人物的性格与心理。相对而言,宫林的写作更多带有河南前辈作家的表现特征。

张运涛的写作不那么拘泥于题材的限制。他的写作在两个方面表现得相对突出,一个是对现实的认识和表达相对真实而准确,一个是善于讲故事。这两个特点使张运涛的写作较为顺畅。也正因此,他的写作不是那么着意于社会宽阔度的把握，更多是对个体的深入把握。

赵文辉是一位浸淫小小说多年，后来转入中短篇小说写作的作家。对农村现实的洞悉与表达是其小说写作的基调。第二届杜甫文学奖评选中，赵文辉以其小小说集《苦水玫瑰》而获奖。虽说是小小说集，但其中短篇小说写作的内容与表现特点也大体如此。其创作更多是基于对底层生活的洞悉而做出了扎实的表达。赵文辉的写作非常朴实，朴实其实也是一种力量，它常常能让一个个平凡的故事变得动人心扉，具有强烈的感染能力和深刻的启示意义。

"中原八金刚"之外，赵大河这些年在从事电视剧、话剧等剧本创作的同时，写出了一批相当优秀的中短篇小说。从个人意识和表达能力来说，赵大河是相当突出的，上世纪80年代注重叙事的先锋文学精神在他的作品里仍然有着鲜明的体现。第二届杜甫文学奖，赵大河以短篇小说《浮生一日》获奖。《浮生一日》在想象性叙事中穿插对人物的现场寻访，在虚构与现实的交错中，通过冷峻利索的叙事展现了动荡时代中个体命运不可预测的悲剧性，揭示了个体生命和大时代之间看不见的关联，表现出对历史与个体命运间关系的智性理解，以及对叙事艺术的高度追求。

赵瑜的写作相对来说则显得更为轻巧。其表现特点是常常从日常生活细小的切口入手去表现当下人物的生存和心理状态。获得第二届杜甫文学奖的《我们的精神生活》就是这样一篇作品。作品值得称道之处在于他对时代精神状况的揭示。

女作家孙瑜多以女性的视角关注生活,作品的表达相对轻盈。其获第二届杜甫文学奖的小说《危险时请敲碎玻璃》,通过丰盛而敏锐的直觉逼近生活中的人心本相,表现了当前高校知识分子紧张而难以言喻的种种压抑和无奈。视角独特、构思巧妙,是孙瑜写作的特点。

此外,更年轻的作家如张艳庭、尚攀、智啊威、墨柳等也都开始显露出各自在小说创作方面的才华。

长篇小说这些年在河南各地都不断有新作问世。专业作家的创作之外,历史小说依然在河南长篇小说创作中占有较大比重。其中,程韬光对李白、杜甫、白居易、刘禹锡等著名诗人的持续书写引起关注。现实题材的长篇小说也有很多,但总体而言,能在全国产生广泛影响的年轻作家还为数不多。

河南是小小说创作的重镇,拥有一支庞大的小小说创作队伍。近年来,张晓林以其笔记小说创作引起关注,其描写宋代书法家群体的《书法菩提》荣获第二届杜甫文学奖。作品通过对宋代书法家群体的全面描写,生动、鲜活地塑造了一系列立体、成长的人物形象,在还原宋代历史场景的同时,揭示了至今不变而又复杂微妙的人性,表现出历史的厚度和文化的韵味。作品继承中国笔记小说的精神气质,使笔记小说在现代背景下重新表现出巨大的活力。《书法菩提》之后,张晓林又创作了《夷门民国书法人物》系列。

河南的散文写作这些年也相当活跃。除王剑冰等专业散文作家之外,不少小说家、诗人、评论家也都不断有散文佳作问世。更可喜的是,近年来,河南有一批年轻的散文写作者崭露头角。第二届杜甫文学奖,散文类获奖的就是三位以前很少被大家关注到的写作者。阿慧的《羊来羊去》通过对乡村种种不同场景及其中人和事的扎实描写,表现了乡村文化朴实而有温度的真实,人与物之间不分彼此共同生活着的欢乐与痛楚,在字里行间流溢出作者的心境身影,使作品氤氲出一种浸人心脾的气韵和感人的力量。韩晓民的《民间记忆》以真正民间记忆的方式,记录了正在延续也正在消亡着的中国农耕文明背景下的乡俗生活,表现了中原农村民间文化的原始面貌和普通生灵的淳朴状态,显示出作者扎实的写作功底和厚实的生活积累。叶灵的《秦淮水骨》通过对一些历史文化片段带有生命感受和当下印迹的描写,散发着女性特有的人性温度,是历史文化个案面前个体的心灵回声,显示出一种宏阔悠远之美和与历史文化对话的乐趣。而纪实类获奖作品,如陈峻峰的《闽南纪行》,青青的《落红记》等其实也可以归入大散文的范畴。《闽南纪行》以当今中原文人的视野,考察祖辈南迁的历史及其对于闽南文化生态形成带来的影响,并关注仍然在迁徙之中的人群,表现了作者宽大的胸怀、气度,以及重新面对历史和传统时的智慧与勇气。《落红记》以个人视角审视萧红这位富于传奇色彩的知识女性,对其一生的考察蕴含着对于近百年来女性命运的思索,作品生动、细腻,将传统和现代融合起来,成为民族文化现代进程中的一面镜子,闪现着映照未来的精神之光。值得关注的还有胡亚才的《水的血脉》,作品通过对家乡风土人情的书写,表现出一种浸润于血脉中的精神追求。而河南众多散文作家中,最值得关注的是冯杰的写作,这位诗书画俱佳的写作者,对一花一草一食一物的信手书写,字里行间充盈着盎然的诗意和别样的意味,很值得欣赏把玩。

河南的诗歌创作形成了郑州、信阳、平顶山、周口、开封等多个群体。在河南的众多诗人中,蓝蓝之后,扶桑表现得非常突出,她通过日常生活的意象,书写个人的内心生活,作品具有相当高的艺术成就。第二届杜甫文学奖获奖的三部诗集,高金光的《人间呼吸》以本色而深切的笔触,写南水北调中线移民在被拔根的过程中那种撕心裂肺的感受,通过临终母亲在故土和新土之间催人泪下的两难表达,表现了作者移民之子的诚挚情感,最终完成了对于时代生活深处个体命运无愧于故土和历史的表达。温青的《天堂云》从宏大的时空观中看待灾难,在极端情境中表达对世界万物的温煦理解,是对于灾难的肃穆和神性表达,具有明亮、温暖、向上的品格和神性、诗性的灵光,是一部厚重的心灵之作。吴元成的《花木状》以诗人的敏感、植物学家的认真,对北方常见的各种花木完成了带着诗人独特的生命记忆与体温的诗性表达,使常见的花木在诗人灵动、闪回、机智的笔端,呈现出新的姿容和意味,表现出诗人对自然、人文和时代生活深入而独到的思考。

儿童文学方面,孟宪明以《念书的孩子》《青石臼》《花儿与歌声》,持续书写着农村儿童,引起了广泛关注。肖定丽也屡有佳作问世,同时周志勇、潘红亮、韩宏蓓、原草等也开始引起关注。

特别需要提起的是网络文学,这里主要是指网络类型小说写作。目前我省的庚新、度寒、高阳、苏迷凉、九哼、豫西山人等都相当活跃。但是与浙江、江苏、上海等地相比,我省网络作家中的大神级写作者还相对较少。

还有一个可喜的现象是,文学评论在多年相对沉闷之后,近年来重新开始活跃起来。河南省文学院与信阳师范学院、郑州师范学院合作,开展了一系列主要针对中原作家群的文学批评和研究活动,成效显著。河南大学、郑州大学等一批高校年轻老师的加入,使河南的文学评论出现了新的气象。

作为一个有着辉煌历史的创作群体,中原作家群在不同的时代贡献出了不同的优秀作品。在今天这么一个以文化的繁荣促进中华民族伟大复兴的时代,中原作家群理应创作出更多优秀的作品,使中原作家群保持其持久的辉煌和荣耀。以这个标准衡量,中原作家群依然任重而道远。

(原载《殷都学刊》2017年第1期)

传统的文人书法与文人的书法传统

2017年1月,中共中央办公厅、国务院办公厅印发了《关于实施中华优秀传统文化传承发展工程的意见》,并发出通知,要求各地区各部门结合实际认真贯彻落实。

中华优秀传统文化内涵丰富,涵盖广泛,结合实际认真贯彻落实,需要我们从每一个具体的方面入手,以不同的方式把中华美学精神、中华人文精神呈现出来。书法是一种最具中国特色的中华优秀传统文化形式,传承发展中华优秀传统文化,书法,包括中国画,理应受到特别的重视。但如何使独具魅力的书法艺术在当今的时代背景下,展现出其无与伦比的美学风范和文化内涵,需要我们深刻的思考,并付诸认真的实践。

历史进入20世纪,钢笔等书写工具进入中国,书法的实用功能逐渐减退,随着20世纪后期电脑的快速普及,书法的实用功能像盲肠一样成为一种进化后的残留。与此同时，摆脱了实用性束缚的书法，在线条运用、空间布局、墨色变化等方面，也因少了羁绊而变得愈加大胆起来。1981年5月，中国书法家协会及随后各省市书法家协会成立，相继随之而来的是专业书法家的出现。在此之前漫长的历史进程中，虽然书法名家代不乏人，但这些书家的职业大多是官员、文人、画家等，即使书法大受追捧的书家也绝少以书法为职业。

书法是在实用的基础上产生的，因而传统书法的内容和形式是统一的。同时，作为一项必备的技能，传统的文人大都具有深厚的书法功底，其中一些在书写方面特别突出，而在道德、文章等方面又为人称道者，自然就成了书法名家。过去，基于实用的原因，书法作品除了石刻墓志匾额等特殊的表现形式外，大都是手札、手卷，作品大都以案头欣赏和手头把玩为主。这种情况在明清之际虽有所改变，厅堂悬挂的作品多了起来，但总体来说，尺幅巨大的作品相对较少。进入现代，书法的实用功能退化，书写内容和表现形式不再密切相关，而是出现了一定程度的疏离。特别是书协成立后的这个时期，书法家成名的渠道主要是各种展览，书法家创作考虑的首要因素就是展厅效果。由于现在的展厅空间巨大，为保证作品能产生足够的视觉冲击力，书法家创作的作品往往尺幅巨大。同时为保证自己的作品能在众多作品中受到关注，书法家在墨色、空间布局、外在形式等各方面想尽了办法。这使现代书法在形式的丰富和完善等方面较之传统书法进步巨大。应该承认,这是中国书法发展数千年历程中的又一革命性变化。

现代书法的这种专业化发展道路导致的一个现象就是,现代专业书法大致等同于展厅书法,它使中国书法重情尚意、随性有趣、细腻耐品的传统被渐渐抛弃。书法专业化的另一个影响是,书法家片面重视作品的表现形式,把书写技巧和形式出新视作头等大事,不再重视作品的表现内容和文化内涵。这使很多书法家除了写"厚德载物"等几个烂俗的词句、诗句外,再也不知道该写什么。更有甚者,一些所谓的书法家在所谓的形式创新方面走火入魔,把书法搞成了杂耍。因此,现代"专业书法"近来开始受到一些文人的诟病,在一些注重传统的文人看来,现代的很多专业书法家,只知道玩弄一些技巧,因为作品丧失了基本的文化气息、精神内涵和生命律动,根本不能称为艺术品,这样的书法家即使把技巧搞得再熟练,最多也不过是个写字匠。

与此同时,由于中华文化的复兴被看作中华民族伟大复兴的重要标志之一,中华美学精神受到空前重视,中华优秀传统文化的传承发展开始被不少作家、诗人视为分内之事,他们也纷纷拿起毛笔,文人书法随即兴起。文人书法家中,贾平凹是一个突出的代表,他的影响力、市场追捧程度都到了令专业书法家眼热的地步。对于文人书法的兴起,很多专业书法家有一种异样的心态。实际上,现在的"文人书法"早已成为一些所谓的"专业书法家"对不太讲规矩的文人涂鸦的委婉说法。而与此同时,这些"文人"也对"专业书家"嗤之以鼻:历史上书法哪是什么专业?它不过是文人的一个基本技能而已。一部中国书法史,除却上世纪80年代以来的这短短30来年,完全是由文人书写的。

坦率而言,在今天的中国书法界,所谓的"文人书法",不讲规矩、信手涂鸦者多,其书法受到专业书法从业者的诟病是完全正常的。我以为,"文人书法"作为作家、诗人的书法创作,首先应该体现在对中国书法传统的继承方面,要在临好帖练好基本功的同时,通过书写内容与表现形式的统一来表现自己的性情、意趣,它可以随意、自由,但不能没有规矩。既然称为书法,没有法度不行,字都写不好还妄谈什么书法?因此,相对于专业书法来说,我认为"文人书法"是更重视传统的书法,这不仅体现在其书写造型方面要更有传统意味,体现书与文的统一,更能体现中国书法表达性情的艺术本质,而且就其随性洒脱的一面来说,它也是对魏晋精神、尚意传统的直接继承。

另一方面,专业书法今天出现的问题,很大程度上也是对中国书法传统的背离造成的。今天的书法创作固然在形式的创新开拓方面取得了不小的成绩,但它的健康发展,显然需要重新回到传统中去,重拾中华文化的精神实质和美学要义。因此,就中国书法的健康发展而言,专业书法和文人书法,应该殊途同归,应该实现某种程度的融合。只有这样,书法这一中华优秀传统文化才能得到更好的传承发展,中国书法才能永具艺术魅力。

(原载《河南日报》2017年5月17日第16版)

叙事文艺作品英雄主题的流变

　　内容提要：以小说为代表的叙事文艺作品通常会经历生活传奇化、人物性格化到内心生活审美化的发展过程，这个并非线性交替的过程也反映了叙事作品现实的存在状况，决定了英雄注定是叙事作品重要的表现主题。中国新文学以反封建、透析国民精神的姿态登上舞台，随着抗日救亡运动的展开，革命英雄主义成为其最基本的主题，并在新中国成立到"文革"期间发展到顶峰。此后，中国新文学中的英雄主义经历了一个时期的退潮。随着中国社会的发展进步，英雄主题重新回归并出现种种变体，英雄形象也更加立体饱满。新兴的网络文学以类型小说为大端，英雄仍是其最重要的表现主题。

　　关键词：中国新文学、叙事作品、类型小说、英雄主题、流变尽管每个人对英雄的理解有所不同,但通常来说,英雄是指在某些方面不同凡响、出类拔萃的人物。让自己的存在变得超凡脱俗、与众不同,是绝大多数人尤其是年轻人心中长久激荡的梦想。文艺始自对生活传奇化的记录,因而,文艺作品最开始基本都把英雄作为自己的主要表现对象,英雄主题是文艺创作最重要的主题。但在文艺漫长的发展历程中,文艺作品的主题,甚至就英雄主题本身来说,有着一个不断嬗变的过程。文学是一切艺术最重要的母体,本文主要以小说为例,兼及戏剧、影视等,探讨中国叙事文艺作品英雄主题的流变。

书写英雄是小说的基本主题

文学有多种体裁,包括小说、诗歌、散文、纪实文学、儿童文学等。不同的时代有不同的主流文学样式,这主要与传播方式相关。在机械印刷技术成熟之后,小说,尤其是长篇小说,成为最主流的文学样式。

小说是一种叙事文学样式,是以经验的方式对世界进行的表达。有些人注重表达的技巧,把小说的发展历程看作一个形式不断完善的过程;有些人则注重表达的内容,把小说理解为人类经验的记录,因而不同的时代有不同的文学经典。

不管是注重表达的技巧,还是注重表达的内容,我们看到小说的发展确实经历了一个从表达形式到表达内容都发生了重大变化的过程。今天的小说,特别是传统作家创作发表于专业文学期刊的小说,与古典小说相比较,总体上有着显著的区别。作为一种叙事艺术样式,今天的小说似乎故事性不那么强,甚至人物性格的塑造也不是那么突出,而人类的内心生活或者说微妙的经验、人性的灰色地带,成为表现的重点。回顾小说的发展历史,可以明显看到它经历了这样几个阶段:

一是生活的传奇化或故事化。小说在最初的发展阶段,主要是讲故事。中国古典小说的来源是唐传奇和宋话本,基本是讲述超出日常生活内容的、富有传奇色彩的故事。西方早期的小说短篇如《十日谈》,长篇如《鲁滨逊漂流记》《巨人传》等,情况也差不多。其实西方长篇小说的起源就是英雄史诗,表达的当然是英雄主题。这个时期的小说以讲述富有传奇色彩的故事为主,英雄人物的故事自然成为书写的重点。因此,小说在其发展之初,基本主题就是对英雄的书写。对读者而言,阅读小说最基本的心理动因在于,在阅读这些富有传奇色彩的故事时,通过"代入"而体验到了与日常沉闷的现实生活不一样的人生。成为英雄是很多普通人特别是年轻人内心的渴望,而阅读英雄小说则被这些读者视为成为英雄的向导,至少可以在想象中过一把"英雄瘾"。正因如此,直到今天,拥有最广大读者的依然是这类故事性强的小说。这类小说从本质上讲都是在书写英雄,只是不同的时代,英雄可能是不同生活领域的胜利者,包括政治、军事、经济、文化、社会等各个方面。从这个意义上说,小说最基本的主题天然就是英雄主题。而且我们今天把小说理解为一种虚构的艺术,从根本上讲,也正在于现实生活难以满足读者不断增强的猎奇心理,为不断增强故事的传奇性、英雄的超越性,虚构自然被引入到了小说的写作当中。

二是人物的性格化。小说发展的一个重要进步,是从单纯讲故事走向注重塑造人物形象、刻画人物性格,作品人物从类型化的扁平人物向性格化的立体人物转变。中国古典小说中,《三国演义》所写的基本是类型化的人物,而《水浒传》所写的人物则是性格化的。小说从注重讲故事,发展到注重写人物,是一个很大的进步。小说从注重故事到注重人物,并非一下子改头换面,而是关注的重点发生变化,从表现传奇性事件深入到对事件中人物的表现,要写好富有传奇色彩的不平凡人物,英雄自然仍然是表现的重点。而且,因为更加注重表现人物的性格,这时的英雄形象会更加饱满,更加立体。为表现人物性格,小说的表达就不会只停留在故事的描写上,而是关注人物的精神成长,深入到人物的内心世界。因而这样的英雄对读者而言,就具有更强的"代入感",也更有助于借此理解和把握世界。

三是内心生活的审美化。当小说写作从讲故事发展到刻画人物后,作品会更多表现人物的内心世界。小说发展到这个阶段,人物对世界微妙的情感和精神体验、人类复杂的经验逐渐成为表现的重点。今天,我们通常会把那些对人类经验的复杂性、对世界感受的丰富微妙性,包括对人性的灰色地带有着深刻而精准表现的作品,看作具有较高文学水平的作品。这时,凡俗的日常生活成为小说表现的内容,作家常常致力于在一些司空见惯的生活琐事中,发现人性的光辉或丑恶,表现人物内心世界的微妙和复杂。应该说,当内心生活的审美表达成为小说的表现重点时,英雄人物的内心世界并非单纯,也成为很多作家着力表现的内容,于是我们看到了很多有着正常人缺点的英雄,看到了出类拔萃的英雄同样有着平凡的一面。与此同时,更多的小说不再追求传奇性和故事性,平凡的生活和平凡的人物,得到越来越多的描写和表现。

小说发展所经历的这几个阶段,严格说并非一个后者替代前者的线性过程。实际上,包括当代网络类型小说在内的海量小说作品中,数量最多的仍然是将生活传奇化或故事化的作品,其次是注重将人物性格化的作品,然后才是将内心生活审美化的作品。这也和其读者的分布状况是一致的。小说的这个发展过程,表明小说这种文体实际上逐渐从一种大众文学样式发展为一种精英文学样式。任何一种文体都会经历这样一个从大众化到主流化再到精英化的过程；这也是其经典化的过程。

小说发展之初，主要以讲故事为主，英雄那些传奇的经历自然成为书写的重点。而在注重塑造人物形象的小说作品中，英雄仍然是一个重要的表现主题。到了将人物内心生活审美化这个阶段，表现英雄丰富内心世界的作品依然不少，只是更多作家将眼光投向了日常生活，表现英雄的作品比重逐渐减少。但不管从小说历史的发展过程看，还是从当下小说总体的创作数量看，作为叙事艺术，小说从根本上讲就是讲故事，而书写英雄则是其基本主题。

中国新文学中的英雄主义精神

中国新文学自"五四"新文化运动前后发端开始，以鲁迅、茅盾、巴金、叶圣陶、老舍等为代表的一批作家创作了一批优秀的现代白话小说。这些作品主要以反封建为主题，要么对国民精神进行深刻透析，要么表现中国城乡的社会政治经济状况，总体来看，较少以英雄人物为主要表现对象。随着全国抗日救亡运动的全面展开，英雄人物不断涌现。特别是毛泽东的《在延安文艺座谈会上的讲话》发表以后，工农兵成为文艺作品的描写重点，《吕梁英雄传》《新儿女英雄传》等歌颂英雄的文学作品大量出现。

中国文学素有"文以载道"的传统。新文学发端以前,中国文学的主流样式是诗、文,即诗歌和散文,"诗以言志,文以载道",诗文承担了教化的职责。新文学全面繁荣以后,小说成为主要文学样式,承担起了反映社会生活、启蒙民众、唤醒世人的重要使命。换句话说,新文学中的小说开始成为"载道"的主要文学样式。于是,小说成为进行革命和道德理想教化的重要工具,塑造符合这种理想的英雄形象,自然成为新文学的重要主题。

新中国成立以后,革命英雄主义成为中国新文学高昂的主旋律。"十七年"中国文学的代表作"青山保林,三红一创",即杨沫的《青春之歌》,周立波的《山乡巨变》,杜鹏程的《保卫延安》,曲波的《林海雪原》,吴强的《红日》,罗广斌、杨益言的《红岩》,梁斌的《红旗谱》,柳青的《创业史》。这些作品大多以革命战争为背景,描写的是在正面战场、敌后战场等领域,与敌人顽强斗争的不折不扣的英雄。其中的《山乡巨变》虽然描写的不是战争年代的事件,但作为《暴风骤雨》的续篇,这部表现农业合作化运动的小说,仍然高扬着英雄主义精神。类似的还有《创业史》,塑造了中国农村的社会主义建设中涌现出来的英雄形象。这个时期,革命英雄主义精神是所有文艺作品的基调,小说之外,像歌剧《洪湖赤卫队》《江姐》及电影《烈火中永生》《董存瑞》,唱响的同样是英雄赞歌。

"文化大革命"期间,英雄主义精神被推到了极端的地步。以《沙家浜》《红灯记》《智取威虎山》《杜鹃山》《红色娘子军》《白毛女》等"样板戏"为代表,文艺创作在人物塑造上形成了"三突出"理论,即"在所有人物中突出正面人物,在正面人物中突出英雄人物,在英雄人物中突出主要英雄人物"。按"三突出"理论塑造出来的英雄人物都是"高大全"的英雄形象。这样的英雄形象是道德品质与革命情操都高度理想化的人物,作为人性中任何自私的、欲望化的内容绝不允许存在。这样的文艺创作实质上近乎"造神",是把崇高的革命理想和绝对的道德理想肉身化的结果,本质上近似宗教中的"道成肉身"。

"文化大革命"结束之后,文艺创作延续中国新文学的传统,开始塑造与"四人帮"及其爪牙勇敢斗争的英雄形象,其中较有影响的戏剧作品有宗福先的《于无声处》、苏叔阳的《丹心谱》、赵寰和金敬迈的《神州风雷》、丁一三的《九一三事件》等,文学作品有从维熙的《大墙下的红玉兰》等。党的十一届三中全会之后,历史进入改革开放的新时期,文学创作从"伤痕文学""反思文学"到"寻根文学",开始对"文革"脱离现实极端拔高的做法进行反思修正,创作的基调从"神化"人物转向"人化"回归,作品主题主要是对社会历史的反思和批判。这时,革命英雄主义的精神虽然在文学创作中仍有延续,但总体上不再像"文革"及其之前,一直是文艺创作的基调。在军事文学领域,这个时期的作品在描写英雄伟大崇高一面的同时,也描写他们普通平凡的一面。比如李存葆《高山下的花环》描写的靳开来,就是一个爱发牢骚、讲怪话、有着明显缺点的英雄。而朱苏进的《射天狼》同样描写了英雄人物庸常的一面,并努力于平庸的生活中表现英雄的闪光点。总体来说,这个时期的英雄褪去了"神性",于平凡中写出不平凡的人物形象。改革开放的一个重要标志,就是改变了过去"以阶级斗争为纲"的革命思维,开始转向"以经济建设为中心"的发展思维。相应地,文学作品开始塑造在经济建设中涌现出的优秀人物,如蒋子龙的《乔厂长上任记》等,这实际上也是英雄主题在不同领域的新型表达。

英雄主义的退潮和英雄主题的变体

20世纪80年代,随着改革开放的不断深入,西方现代主义思潮风靡中国,文艺创作开始"向内转",由过去外在的社会关注转向关注个人感觉和内心生活。90年代以后,中国开始了社会主义市场经济的快速发展,社会大众普遍的关注点从意识形态和道德理想转向社会经济和日常生活。当全社会的关注点从"英雄主义"理想转向物质享受和快乐生活的时候,文艺创作中的英雄主义理想自然会逐渐褪色,代之而起的则是关注庸常生活的新写实主义。于是,从20世纪八九十年代开始,文学作品中英雄主义开始全面退潮。

中国文艺创作这次英雄主义的退潮,是外在的社会因素和内在的文艺思潮两方面相互作用的结果。

从社会层面来说,中国社会从晚清以来,开始了长达近一个世纪的对传统文化的否定,逐渐建立起了马克思主义的信仰。改革开放以后,随着西方思潮的进入和市场经济的发展,经典马克思主义理论面对新情况和新问题,未能做出令人信服的理论创新,使不少人产生了疑问和困惑,信仰危机成为一个时期全社会的重要问题。于是,理想主义开始被现实主义和功利主义代替。这样的社会情绪使文艺创作的英雄主义精神失去了现实土壤。

从文艺创作自身来说,"文化大革命"期间,以极端理想主义为基础的"三突出"创作模式塑造的众多"高大全"英雄形象,因严重脱离实际、漠视人性而成为"假大空"的代名词。这种创作思想一时成为统治性的文艺思想,其他创作模式完全没有生存的空间,使全社会对此产生了严重的反感情绪。随着对"文革"错误思想的全面清算,"三突出"创作思想自然被摒弃。也许是某种程度的矫枉过正,英雄主义精神也被不少作家、艺术家不自觉地予以放弃。

与此同时,西风东渐,西方现代主义思潮开始全面影响中国的文艺创作。相对于西方的古典主义精神,现代主义思潮具有强烈的颠覆性。西方的古典主义本质上建立在一神信仰的基础上,作品追求的是内在的神圣性。西方文化的宗教背景,使个体的存在因"神"而有了最后的依归。因为上帝的存在,任何个体现世的存在不过是通过赎罪救赎,经"末日审判",而实现"与主同在"的过程。西方现代主义思潮始于对个体生命认识的不断深入,达尔文进化论的提出,使人为上帝所造的观念受到严重挑战。在进化论的观念中,人不过是动物进化的最高阶段。而弗洛伊德精神分析和无意识理论的提出,进一步将人降到了与动物一样受欲望支配的地位。在此情况下,尼采提出:上帝死了!对上帝存在的否定,使个体的存在失去了根本的依据,生命于是成了一个毫无意义的荒诞过程,因巨大的无意义感和毁灭性虚无所带来的恐惧、焦虑,成为人的基本情绪。以存在主义等为代表的西方现代主义文学,主要表现的就是人的存在的这种无意义感、荒诞感,它为人的存在赋予的意义无非是对这种荒诞性的抗争。所以,现代主义文艺的基本特征就是对神圣的消解,是对个体存在的偶然性、随意性、不确定性、荒诞性的揭示。20世纪80年代盛极一时的先锋文学,正是在西方现代主义思潮影响下发展起来的,在当初对西方思潮不加分析的接受中,淡化理想主义,嘲讽英雄主义,消解神圣主义,成为当时文艺创作的主要潮流。

中国文艺创作中的先锋思潮到20世纪90年代以后,开始渐渐退潮,随之而起的是新写实主义的兴盛。在此后一个历史时期,文艺创作水平的高下似乎主要取决于写实的能力。从社会到文艺创作,极端现实主义造成的理想主义的缺失和信仰危机,成为全社会面临的严峻问题。随即,弘扬社会主义核心价值观成为意识形态领域各项工作的重要内容,文艺创作也开始重建信仰、重构理想主义,英雄主题也随之逐渐重新成为文艺创作的重要主题。

在改革开放、以经济建设为中心的年代里,那些不畏艰难、勇于改革的经济强人,成为新时代的英雄,成为文艺作品表现的新英雄形象。一个时期内,官场文学红极一时,这些作品与反腐败相结合,塑造了一批以"清官"形象出现的"当代英雄"。与之相对应的是职场文学,塑造的是在经济领域的成功者形象。这类作品其实来自《三国演义》和"包公戏"所开创的文化传统,反映了国人对权力、权术的迷恋。历史小说领域有二月河的"清帝系列"、熊召政的《张居正》、孙皓辉的《大秦帝国》等大量以帝王将相为主角的小说,实际上也源自这一传统。这些作品应该说都是英雄主题的变体。

受好莱坞电影、港台警匪片的影响,在影视创作中,许多公安题材的作品,塑造了不少警界英雄,其中不少带有明显的"孤胆英雄"色彩。

战争题材的文艺作品这些年也出现了不少优秀之作,如《历史的天空》《亮剑》《雪豹》等。这些作品从本质上仍然延续的是英雄主题,只是像姜大牙、李云龙这样的英雄,已不再是道德高尚到了不食人间烟火的圣人,相反,他们还带着一些比普通人更多的"痞气""匪气",因而是带有更多"烟火味"的另类英雄。所谓过犹不及,后来的一些作品,过分地强化了这种"痞气",从而使作品带有一种"精神流氓化"的实用主义倾向,走向了带有理想主义色彩的英雄主义的反面。同时还有一些作品,塑造的则是顽强奋斗走向成功的底层英雄形象,电视剧《我的兄弟叫顺溜》《士兵突击》等都是这一类作品。这些作品虽然总体上表达的仍然是英雄主题,但相对而言理想主义的色彩不再那么浓重,而是一些凭自己鲜明的个性实现成功的现实英雄。

类型小说的英雄主题

网络的出现使信息的传播方式发生了革命性的变化。而且,作为超越了过往诸种局限的全新媒体,它必然会成为文学创作、发表的重要平台。

20世纪90年代,随着互联网的兴起,一些作者开始依托网络进行写作。就中文网络写作而言,尽管上世纪90年代初就有一些留学生开始网络写作,但目前真正被广泛认可的第一篇网络中文小说是1998年台湾的痞子蔡发表在BBS上的中文小说《第一次的亲密接触》。随即,大陆许多作者开始进行网络小说的写作,其中最著名的有邢育森、李寻欢。实际上这个时期的网络文学创作,总体上延续的仍然是传统文学写作的路子,就文学品质而言,并没有太大的差异。

世纪之交,大批个人文学网站如雨后春笋般不断涌现。但这些网站主要是将传统文学作品数字化后放在网上供人阅读,原创作品并不多。随后,付费阅读模式的建立,网络原创文学逐渐发展起来。这些作品追求新奇,喜欢天马行空的想象,玄幻小说因而成为网络小说的主要类型;追求刺激,很多作品把对身体体验、性经验和生活享受的表达作为写作的终极目的;追求前卫,一些迎合小资情调的作品,标榜另类、前卫、脱俗、有品位,并发展成为重要的网络小说类型;追求叛逆,颠覆经典、戏说历史,如《悟空传》《唐僧传》《孙二娘日记》《乞丐说三国》《贾宝玉日记》《聊斋新传》;追求机趣,网络小说语言的特点是调侃、戏谑、嘲讽、诙谐,阅读的语言快感是很多年轻人读网络小说的一个重要原因。

个人文学网站经过一段时间的无序发展,终于在资本的强势介入下,由盛大公司一统江湖。付费阅读模式的建立和资本的强势推动,使中国的网络文学出现了类型小说空前繁荣的局面,并造就了一批年收入达数百乃至千万级的大神,进一步吸引众多青年投入到网络类型小说的创作中。盛大文学的成功,使众多大资本眼热,腾讯等大型网络公司也开始涉足网络文学领域,中国的网络文学创作在全世界独树一帜。

网络类型小说之所以能在中国得到如此好的发育,一个重要的原因是付费阅读商业模式的建立,它使网络文学网站和网络写手都能够获得相应的利益而发展。另一个不容忽视的原因是,20世纪90年代之前,中国长期遏制市场经济的发展,以商业利益为主要诉求的类型文学失去了生存的土壤。而在西方国家,由于市场经济的充分发育,类型小说得到了很好的发展,并形成了稳定的商业模式。在中国港台地区,市场经济的运作让类型文学发育良好,最典型的就是武侠小说,出现了金庸、梁羽生、古龙等一批广受追捧的知名作家。实际上在大陆,类型文学在网络文学兴盛之前,已开始悄悄发育,大量的官场小说、反腐小说、言情小说,甚至多数历史小说,都属于类型小说的范畴。中国是一个人口众多的大国,对类型小说有着巨大的市场需求,而网络这个全新媒体的出现,为其发育提供了肥沃的土壤。特别是因为没有固定商业模式的束缚,类型小说才能通过网络平台得到爆发式增长。

严格来讲,通俗文学、流行文学基本都可纳入类型化的范畴。网络文学既然是在资本的推动下发展起来的,必然要走类型化的道路。而类型文学作为大众文学,一定会走故事性强、富有传奇色彩的创作路子,这是吸引读者的最好手段。也因此,英雄主题在网络类型小说中自然会得到充分的体现。

其实在个人文学网站开办之初,由于缺乏监管,多数网站都是通过转载原发于纸媒上的作品来吸引读者的,像《大唐双龙》《星战英雄》等都是当时网站到处转载的作品。这些作品不管是历史类的还是幻想类的,表达的其实都是英雄主题,而且对以后网络原创小说的发展产生了巨大的影响。

类型小说是指题材选择、结构方式、人物造型、审美风格等具有固定模式,读者有固定阅读期待的小说样式。中国网络类型小说大约可分为玄幻、奇幻、武侠、仙侠、都市、言情、历史、军事、游戏、体育、科幻、灵异、盗墓、寻宝、官场、职场等类型,其中每个类型又包含若干子类型。

玄幻小说是网络文学一个最重要的小说类型。中国的玄幻小说融合了武侠小说、志怪小说、民间传说、神话故事及科幻小说、魔幻小说的特点,总体上说表现的都是身处逆境以至绝境的主角通过艰苦的修行和奇遇,成为绝顶高手的历程。《斗罗大陆》《斗破苍穹》《大主宰》《烽烟尽处》《星河大帝》《不死不灭》《长生界》《遮天》《完美世界》《星战风暴》《神控天下》《九天武帝》《择天记》等,是其中影响较大的作品。这类作品的主角总体来说都是从逆境走向超凡境界的英雄形象。

网络历史小说大多是以幽默的语言讲述历史故事,最有影响的是《明朝那些事儿》。这些作品虽然写英雄,但总体而言并非以张扬英雄主义精神为主要诉求。但也有例外,比如天使奥斯卡的《1911新中华》,表达了"我生国亡,我死国存"的铁血豪情。网络历史小说最为人关注的其实是穿越小说,早期走的是《寻秦记》的路子,主人公为男性,按武侠的套路写。男主穿越小说后来发展为架空历史这个子类型,其中一个类型是异界小说,如《天骄无双》《紫川》等,近乎玄幻,是按塑造英雄的模式来写的。目前网络上流行的穿越小说大都是女主,与言情小说结合,成为类型小说的一个重要分支。女主穿越小说描写最多的是穿越到清朝,即所谓的"清穿"。"清穿"最有影响的是流潋紫的《后宫甄嬛传》和桐华的《步步惊心》。这类小说还有个重要特点就是宫斗。这类作品表现的其实是女性斗智斗勇的权力斗争,是《三国演义》所代表的权术文化的女性表达。某种意义上,它塑造的是女性世界的"英雄"。

仙侠类小说如《莽荒纪》《星辰变》《凡人修仙传》等,与玄幻小说类似,主角本质上都是英雄形象。

网络军事小说作为一个类型,这些年也有不少作品产生影响,如《狼牙特战队》《雷霆反击》等。这类作品通常以特战队、狙击手为表现重点,表达的当然是英雄主题。但这类作品脱离实际的过度夸张,开了抗日神剧类作品的先声。

网络小说的其他一些类型,包括官场小说、职场小说,与传统小说注重描写现实存在的状态不同,它更偏重于想象,以满足读者的内在的心理需求,用网络流行的说法,它描写的基本都是"屌丝逆袭"的故事。这类作品从根本上讲,延续的其实同样是英雄主题,只不过是在职场、官场进行的另类表达。

网络小说的一个重要特点,是善于描写小人物,或背景强大但身处逆境者的绝世逆袭。因而网络小说的大多数类型,从根本上讲,都内含着英雄情结,表达的都是英雄主题。只不过是这种英雄少了道德完善的理想主义精神,多了些为了成功不顾一切的现实态度。

网络类型小说的写作因对商业价值的高度重视,而特别在意语言的机辨锋利、情节的生动曲折、细节的夸张离奇、想象的奇妙诡异,但相对缺少对作品价值和意义的明确追求。这也是目前网络文学虽然作品数量众多、读者群庞大,但难以成为主流文学样式的重要原因。

王国维说:"四言敝而有楚辞,楚辞敝而有五言,五言敝而有七言,古诗敝而有律绝,律绝敝而有词。盖文体通行既久,染指遂多,自成习套。豪杰之士,亦难于其中自出新意,故遁而作他体,以自解脱。一切文体所以始盛终衰者,皆由于此,故谓文学后不如前,余未敢信。但就一体论,则此说固无以易也。"① 传统小说从注重讲故事的大众文学样式,发展到今天注重叙事和微妙经验表达的精英文学样式,实际上基本走向了经典化,想再创新已经很难。而网络小说重新从大众文学的源头出发,正蓬蓬勃勃向前发展。目前的网络文学已到了该自觉"载道"的时候,应该对人类现实的经验做出表达。网络小说目前内在的英雄主题表达,要在歌颂成功者的同时,张扬理想主义精神,重建神圣,重构信仰,为弘扬社会主义核心价值观做出自己的贡献。如此,网络文学才能更快地成为社会主流的文学样式。

纵观小说的整个发展历程,可以看到,小说最初源自对生活传奇化的表达,英雄自然是其基本表达主题。特别是长篇小说,就其起源来讲,不管是中国的说史话本、说经话本,还是西方的英雄史诗,讲述的都是英雄非凡的故事。中国新文学自发端以来,一直高扬英雄主义精神,特别是中华人民共和国

---

① 出自王国维《人间词话》,黄霖等导读本,上海古籍出版社1998年12月第1版。本版本中该段"楚辞"二字加有书名号,我以为王国维此处所谓"楚辞"非特指屈原之《楚辞》,故去掉了书名号。

成立以后，出现了一大批讴歌英雄的优秀作品。这些作品的基本特征是带有明显的理想主义的色彩，可以给读者带来强烈的精神鼓舞。到"文化大革命"时期，这种理想主义精神被推向极致，以"样板戏"为代表，作品塑造的都是脱离实际的"高大全"形象。"文化大革命"之后，作为对这种极致做法的反对，加上西方现代主义思潮的冲击，中国文学、影视等叙事文艺作品出现了英雄主义退潮的局面，出现了解构神圣、嘲讽英雄的文艺思潮。这种思潮发展到一定程度，人们心中潜藏的英雄情结再次复苏，文艺创作重新开始塑造英雄形象。但这时的英雄形象，已带有更多现实的色彩，性格更为生动饱满。网络类型文学的发展，使文学表达重新回到小说的源头，对传奇性英雄形象的塑造成为其重要的主题。英雄是叙事文学的基本主题，对英雄的敬仰是人类基本的情感。叙事文艺作品不管从其自身的发展规律来讲，还是从社会的需要来讲，都应该为英雄主题的表达留下重要的位置。塑造英雄形象，应该合理张扬理想主义的精神，从而为弘扬社会主义核心价值观发挥润物无声的推动作用。

（原载《中国文艺评论》2017年第7期）

在文学现场、社会现实到灵魂探险的路上

自1984年进入南开大学中文系学习算起,我从事文学方面的专业学习与工作已经整整30年了。其间体验了文学无比的兴盛与荣耀,也亲历了文学的日益边缘化和衰落。当然,所谓的边缘也好,衰落也好,其实都是相对的。尽管不再是每个青年都天天做着文学梦,尽管征婚者不再把爱好文学作为一项必列或必备的条件,文学毕竟仍然拥有庞大的读者群。

但我所从事的文学研究与批评相对于创作来说,情况似乎更不乐观。因为文学批评一向被认为缺少独立性,文学评论家甚至被讥讽为寄生虫、吹鼓手或轿夫等等,总之是需要依附于创作而生存的不光彩的角色。现在,文学批评和研究更被许多人认为是与人类的现实生存无关的理论游戏,距离大众的生活似乎越来越远,越来越无关痛痒。当然现实情况也似乎的确如此,文学评论家好像既不能面对现实生活发现问

题、提出问题,也不能面对文学创作发现问题、提出问题,甚至连命名的能力也一并丧失。文学评论和研究差不多成了书斋里玩弄概念的无聊游戏,或为配合文学作品炒作的堂会表演。总而言之,文学评论家的边缘化感觉似乎从未像现在这么强烈,这曾令我产生一种走进了小胡同的感觉。

在上世纪60年代,美国文学批评家J.希尔斯·米勒关于文学批评曾有一个经典性的说法,称文学批评是"意识的意识,文学的文学"。想起米勒的这个说法,许许多多的文学评论家想必和我一样感到振奋。米勒认定"文学批评本身即是文学的一种形式……文学批评是二级的文学。它借着他人已经写出的诗歌、小说、戏剧、日记和书信,进入文学的世界……在一个新的形式中延展、完成、构造那些先已表现于文学中的主题。它像文学那样使用语言,并表现相同的现实。"他说:"这尤其意味着,文学批评家,像小说家或诗人一样,也是在进行着他自己的灵魂探险,虽然这种灵魂探险采取的是隐秘的或间接的形式。"米勒显然不同意将文学批评和文学研究当作科学知识方式的观点,同时也在与文学创作的关系对比中,为文学批评的独立性和生存权利进行了辩护。

然而,即便确立了文学研究和文学批评的独立地位,它对人生、对社会的价值究竟在哪里呢?对我而言,不管是创作还是评论,写作毕竟不只是一种专业技能那么简单,它涉及与人类精神生活、个人经验相关的一种信念,写作者应该对时代的问题和人类的生存体验进行有深度的表达。写作关乎着精神信仰问题,要追究到终极的问题上去,要对人的生命安立提供帮助。那么一个以文学批评为职业的人如何才能做到这一点呢?就在我颇感迷惑的时候,文化研究日渐受到重视,这促使我去关注那些决定我们生活方式的重要因素,把目光投射到人们现实生活的方方面面,出版了研究计算技术、网络对人类生活和生存的影响的专著《生存的革命》。我由此发现,评论家一样可以表达自己对于人类现实生活与生存的深度关切,一样可以对人类的现实生存发挥积极的作用。

是什么正在影响我们的生活?什么又即将影响我们的生活?在这个纷纭变幻的时代,我愿意关注那些影响我们生活与生存方式的重要因素,愿意进行灵魂的探险,为自己也为大家寻找精神的寄托和灵魂的处所,对文学更对人们的生活发挥积极的影响。我想,尽管文学评论和研究可能的确处在社会的边缘,但我关心的这些与我们的生活息息相关的问题,其实都处在技术和社会发展的前沿,对人类生存与生活的影响也是全新的。从另一个角度讲,前沿其实也处在边缘,处身前沿就远离了中心。在这种思想的指导下,我写作并发表了一系列文章,于2005年辑为《探险者——何弘文化文学论集》,由河南文艺出版社出版。

当然，现实的研究工作并不能完全按自己的兴趣进行。在世纪之交，从先前的河南省文联文艺理论研究室到之后的河南省文学院，我从事文学评论的同事耿占春、王鸿生等相继调离，只有我跟随院长孙荪先生守在原地，廖化般地做起了河南省文学院理论研究部主任、院长助理、副院长、院长。职责所在，对文学豫军或者说中原作家群的研究自然成为工作的重点。在此期间，我担任了河南几乎所有重要文学奖项的评委，也担任了包括鲁迅文学奖、茅盾文学奖在内的全国重要文学奖项的评委，成为名副其实的职业读者。正因如此，不管愿读还是不愿读，每年都要阅读大量文学作品，其中有令人愉悦的好作品，也有不少索然无味的糟糕作品，对其中一些作品，还得发表自己的看法，如此所积渐多，于2009年辑为《我看》，由河南文艺出版社出版。

当然除了对具体作品的阅读和对作家个体的关注之外，对中原作家群总体的关注和研究自然是必不可少的。这些年，我撰写了一系列中原作家群的综述性文章，如发表于《人民日报》中的《中原作家群：关注现实，厚重大气》，发表于《光明日报》中的《贴近乡土，沉稳大气——中原作家群创作风格综述》，发表于《小说评论》中的《中国新文学中的中原作家群》，发表于《中原文化研究》的《新世纪中国文学地理版图中的中原作家群》等。同时组织相关专家撰写文章，主编出版了

《走在重振雄风的路上——改革开放30年的河南文艺》《坚守与突破——中原作家群论丛》等。

  在研究、撰写文章的同时,组织相关文学活动也是一个工作重点。我做院长之前,在孙荪先生的主导下,"文学豫军"一直是我们介绍河南和豫籍作家时使用的一个概念,并得到全国同行的认可。在我接任院长之后,随着中原经济区建设的推进,我们提出了"中原作家群"的概念。除前述的一些文章反复阐释推广之外,2010年我们在郑州组织了"坚守与突破——中原作家群论坛",铁凝等全国文学界的重要作家、评论家参与了活动,对中原作家群给予了充分肯定,"中原作家群"作为一个学术概念,逐渐被文学界乃至社会所接受。2012年8月28日至9月1日,我们利用北京国际图书博览会设立中国作家馆的机会,使河南成为中国作家馆的首个主宾省,面向世界代表中国,展示文学整体成就,包括在京豫籍作家在内的近40位作家以强大的阵容,连续五天不间断参加了一系列活动;新华社、《人民日报》《光明日报》、中央电视台、《工人日报》《中国文化报》《中国艺术报》《文艺报》《中华读书报》《中国图书商报》和新浪网、中国新闻网、人民网等,超过40家媒体连续进行跟踪报道,在京城以至全国,刮起了一股强大的"文学中原风",取得了良好的效果。作为此次系列活动的重要组成部分,29日下午,"中原崛起——中原作家群论坛"在中国作协十楼会议室举行,全国众多一线评论家和"中原作家群"全部与会作家参加了研讨。会议对中原作家群的整体创作情况给予了充分肯定,再次确立了中原作家群在全国的影响和地位。当然,关于中原作家群的个案研究及其他活动还有很多。

作为"中原作家群"建设的一个主要推动者,我把自己写的一些文章,辑为《超越还是重复——中原文学论稿》,于2013年由河南文艺出版社出版。我的这些研究以回顾总结为主,更重要的是为了对今后的创作产生意义,"超越还是重复"是其中一篇文章的标题,我以它为书名,正代表了我对中原文学今后发展的思考。

在关注并将主要精力放在中原作家群研究上的同时,我内心深处对影响我们生活与生存方式,同时也必然影响文学的那些重要因素的关注一直没有停止。多年前,我就开始了"网络化背景下的文学"的课题项目,并得到了中国文联、中国作协、社科基金的资助。这项研究先后有《网络化背景下的小说观念》等文章在《小说评论》等刊物发表,但项目总体至今尚未完成。我始终认为,这是一个非常重要的课题,值得我花更多的精力把它做好。

在多年的文学实践活动和研究工作中我发现,文学的发展总是与其传播方式的变化息息相关。网络的发展对文学传播方式的影响是革命性的。在过往的历史中,口头文学到书面文学是一次革命性的变化;而书面文学的传播方式尽管经历了各种变迁,总体上说都有物质形态;网络文学的传播是以数字化方式进行的,物质形态的消失使传播的便捷性前所未有地增加,"作品"本身不再有可资珍重的形式,内容的无限延伸放大成为可能。因此,网络文学因传播方式的变化直接造成了阅读方式的变化,并对读者的审美习惯、作家的写作方式都产生了巨大的影响。

纵观整个文学发展史,每一个时期都会有其主流的文学样式。在纸张出现之前,书写和携带的不便,使文学不可能以长篇大论的形式展开,这时的诗、文都非常精短。纸张的出现,使长篇文学作品的传播成为可能,于是诗由四言、五言而至七言、长短句,文章的篇幅也相应拉长,并出现了一些民间流传的通俗样式。到印刷技术成熟,特别是大规模机械印刷普及之后,长篇小说迎来了其发展的黄金时代。很难想象,如果没有大规模印刷技术的普及,会有长篇小说的繁荣;也很难想象,在机械印刷时代,长篇小说会不是主流的文学样式。但无论如何,这时的文学作品都有其具体可感的物质形式,篇幅必然会受到物质形式的制约。这样的文学作品,有一个最基本的审美约定,就是力争在有限的篇幅内表达尽可能丰富的意蕴。因此,对传统文学来说,只有那些耐品味、经琢磨,常读常新的作品才是好作品,可资把玩是传统文学的一个基本特质。

但是,网络技术的发展,对文学的存在形态产生了颠覆性的影响。严格来说,真正意义上的网络文学并不是放在网上进行传播的文学作品的通称,而是那些依靠网络方式进行写作并进行传播,同样通过网络进行阅读的文学作品。这样的文学作品其实是不能或非常不便于以传统的形式存在、传播阅读的。目前在世界范围内,华文网络文学呈现出一枝独秀的局面,这主要与我们发展出了一套可行的商业模式有关。现在的原创文学网站主要运营方式是,作者自由注册为会员、自由发表作品,当作品发表到一定量,比如 30 万到 50 万字后,如果达到相应的点击量,即与作者签约上架销售。此后,读者如果要继续阅读该作品,就需要付费获得相应篇幅的阅读权限,阅读量越大作者的收益就越多。对网络写手来说,除了吸引更多的读者来阅读作品之外,对有一定读者群的作品,不断拉长篇幅是获得更多收益的有效手段。这种商业模式造成的一个后果就是网络文学作品的篇幅越来越长,500 万以至上千万字的作品俯拾皆是。这种商业模式导致网络文学的另一个重要特点是,它不像传统文学作品那样,作者创作完成经反复修改并编辑出版后,读者才能阅读,它基本上是即时写作、即时发表、即时阅读。尽管作者会避免"断更"(中断更新)

导致读者流失,会预先"缓存"一定篇幅的内容,总体上说写作与阅读近乎同步,读者不知道,甚至作者也不知道,作品的终点到底在哪里。这使读者对网络文学作品的阅读与传统文学的阅读有着明显不同的心态和阅读期待。如果说对传统文学作品的阅读更多基于审美需求的话,网络文学的阅读则更接近消费和消遣,甚至成为一种持续不断的生活方式。这样的阅读与传统把玩式的欣赏是截然不同的,网络文学的阅读基本都是一次甚至一过性的、不会重复的阅读,这种阅读的审美特点与传统文学作品肯定是不同的。手机的流行使网络文学呈现出了一些新的特点,比如一些新的精短文字开始流行,但总体而言,与其传播特点和商业模式密切相关。

网络文学的另一个特点是,由于基本没有进入门槛,导致作品数量极为庞大。于是,在众声喧哗中,如何吸引眼球成为网络写手最主要的考虑事项。目前,网络文学基本是类型文学的天下,这是市场主导的必然结果。严格来说,所有的流行文学基本都属类型文学的范畴,只是在网络文学领域表现得更为充分罢了。这些年网络文学的发展,使玄幻、奇幻、武侠、仙侠、都市、言情、历史、军事、游戏、体育、科幻、灵异等类型文学有了充分的发育,并培育了相对稳定的读者群,并反过来影响了网络文学的发展形态。这种类型化的写作,作者更多在意的是语言的机辨锋利、情节的生动曲折、细节的夸张离奇、想象的奇妙诡异,相对而言,作者对作品的价值和意义缺乏明确的追求,除部分类型外,作品内容也大多与个人的生存经验无关。

网络文学的主要读者是年轻人,随着时间的推移,网络阅读必然会成为文学阅读的主流。而网络文学在注意对作品价值和意义的追求、注重表达个人经验和时代经验并不断提高品质之后,一定会成为主流并走向经典化。

我坚信,网络就是今天影响我们生活与生存方式的最重要的因素,关注人类的精神生活必然关注网络,因为它必然也是影响文学的最重要因素。我应该也必须对此给予更多的关注,把更多的精力放在对此问题的研究上。

(原载《东京文学》2014 年第 3 期)

河南文学:厚重而多元

中原作家群是一个以中原文化为背景的庞大创作群体,既包括坚守在本土的河南作家,也包括寓居外地的河南籍作家。新时期以来,论活跃作家的数量、创作成就以及实力和影响,地域性创作群体能与之匹敌的不多。

从宋金对峙开始,中原屡屡成为农业民族与游牧民族争夺政权的主要战场,加上黄河的屡次泛滥改道,苦难成为中原人最基本的人生体验。长期的苦难体验,长期的不屈抗争,使河南人形成了直面苦难、坚忍不拔的生存态度,同时又不可避免地形成了机智以及狡黠投机的性格。这使得河南人面对苦难时既有勇于正视、顽强不屈的一面,又有善于变通以求生生不息的一面。于是我们就看到了河南人特有的幽默和坚韧,他们敢于自嘲,甚至敢于自黑。而这样一种能够直面苦难、笑对苦难、敢于自嘲的河南人,往往在土气的外表和略带自卑的心态下,有着一种内在的大气和厚重。河南人的这种性格表现在作家的创作中,形成了关注现实、尊重历史、注重对价值和意义追求的基调,在题材上则以对苦难的抗争和对造成这种苦难的中原文化的反思为基本内容,在表现上则以厚重而风格多样为基本特点。这样的创作特征从中国新文学发端起一直延续到整个新时期。

关注现实的优秀传统

进入新时代,中原作家群继承关注现实的优秀传统,在题材和表达上大胆开拓,改变了之前以乡土题材和历史题材创作为主的状况,随着时代的发展变化,不断开拓题材领域,表达也更加多样化,开创了新时代繁荣发展的新局面。具体来说,上世纪四五十年代出生的老作家继续保持旺盛的创作势头,不断有优秀的新作问世;六七十年代出生的作家创作走向成熟,开始成为中原作家群的中坚力量;八九十年代出生的作家开始崭露头角,继承中原作家群的优秀传统并有所创新,保证了河南文学队伍梯队的完整。

近年来,周大新一直保持着良好的创作状态,相继出版了反腐题材长篇小说《曲终人在》和反映老年人生活状况的长篇小说《天黑得很慢》。《曲终人在》是周大新对反腐题材小说创作全新开拓的结果,作品不回避人性中复杂幽暗的成分,但更多地表现了主人公在为社会发展、为百姓做事等根本问题上,踏踏实实所做的一切,寄托了作者的社会理想。《天黑得很慢》关注中国社会老龄化现实问题,写出了生命的蓬勃与死亡、爱与疼惜。李佩甫继《生命册》获得茅盾文学奖之后,又创作出版了《平原客》。李佩甫的作品从底层人物不断向中低层官员、城市白领、企业精英、知识分子拓展,终至《平原客》开始描写高级知识分子、中高级官员,延续了他一贯描写在特定文化土壤中人性的生长的主题,并有新的开掘。刘庆邦的《黑白男女》描写的是三个死难矿工家庭面对灾难互相温暖、自尊自强自立的故事。他的散文《我就是我母亲》则真实而详细地记录了作者在母亲病重到离去的日子里陪护母亲时的所见所闻、所思所想,视角独特、思想敏锐,表达了对生命的深切理解和深深的感恩之情。田中禾继《父亲和她们》《十七岁》之后又创作了《模糊》,仍然是通过主人公的人生经历表达对人生、社会全面而深入的理解。刘震云等作家也有新作面世。这些作品在题材的开掘上,显然已不能再用"乡土小说"进行简单的概括,而是与时代发展同步,从不同的侧面表现了更为广阔的生活。

　　出生于上世纪六七十年代的作家,尤其是其中的女性作家,则走出了以个人情感体验为主要描写内容的局限,开始更深入地关注广阔的社会现实,作品变得深沉而厚重。邵丽以其挂职经历为背景,创作了一系列中短篇小说,如《刘万福案件》《第四十圈》《大河》等,直面当下社会问题,在表达上更加朴素真实,却更加有力。乔叶从《拆楼记》开始,创作出现明显的转向,作品不再重点表达情感和身体性体验,而是开始关注社会现实,特别是《认罪书》,显示出人性和灵魂拷问的力量。《藏珠记》则是探索新的表现手法的大胆尝试。梁鸿继非虚构作品《中国在梁庄》《出梁庄记》之后,创作了虚构作品《神圣家族》和《梁光正的光》,作品重在表现普通人内心的"光",即对远方和理想的追求,殊为难得。计文君的《化城》表现的则是生活在北京的"北漂"对理想生活的追求。申剑近年来在中短篇小说创作上表现出强劲的势头,作品切实地指向了当下社会问题和人的内心世界,表达相当到位。

揭示个体和大时代的关联

赵大河注重叙事的先锋性,注重揭示个体生命和大时代之间看不见的关联。赵瑜常常从日常生活细小的切口入手去表现当下人物的生存和心理状态。继二月河之后,历史小说依然在河南长篇小说创作中占有较大比重,程韬光以其对李白、杜甫、白居易、刘禹锡等著名诗人的持续书写而引起关注。

作为小小说创作重镇,河南拥有一支庞大的小小说创作队伍,张晓林以其笔记小说创作独树一帜。

2016年,河南省文学院根据中青年作家的创作状况,选取安庆、尉然、宫林、张运涛、赵文辉、李清源、陈宏伟、南飞雁(以出生年月为序)等8位小说家集中进行研讨,名为"中原八金刚"。8位作家中,南飞雁的写作主要以机关普通公务员为描写对象,表达他们面对复杂人际关系时微妙的内心体验和生存现实;安庆注重语言美感,而且对社会现实的表现细腻独到,对人物内心的揭示深刻敏锐;陈宏伟的作品对人情世故和人性有深刻体察,使看似普普通通的生活显示出不同寻常的意味;李清源的写作则更多对命运的探究和精神的探索;尉然的作品带有一种反讽的意味,在对生活夸张以至荒诞的表现中,对农村生活的现实和底层人的命运,做出了有力的表达和深刻的揭示;宫林的写作更为质朴,他以正面强攻的姿态,真实表现农村生活的现实和生活在其中形形色色人物的性格与心理;张运涛对当下现实的认识和表达真实而准确,作品重在对个体的深入把握;赵文辉以对农村现实的洞悉与表达为基调,常常让平凡的故事变得动人心扉,具有强烈的感染力和深刻的启示意义。此外,更年轻的作家如张艳庭、尚攀、智啊威、墨柳等也都开始显露出各自在小说创作方面的才华。而活跃在北京、广东等地的郑在欢、寒郁等,在小说创作方面也有不俗的表现。

散文诗歌作品丰富

河南的散文写作这些年也相当活跃。除王剑冰、鱼禾等专业散文作家之外,不少小说家、诗人、评论家也都不断有散文佳作问世,陈峻峰的《闽南纪行》、青青的《落红记》、胡亚才的《水的血脉》等都值得称道。近年来,河南有一批年轻的散文写作者崭露头角,阿慧、韩晓民、叶灵等是突出的代表。河南的诗歌创作形成了郑州、信阳、平顶山、周口、开封等多个群体。在河南的众多诗人中,蓝蓝之后,扶桑表现得非常突出,她更多地通过日常的生活意象书写个人的内心生活,作品具有相当高的艺术成就。高金光、张鲜明、吴元成、温青对社会与自然也都有着良好的诗性表达。儿童文学方面,孟宪明以其《念书的孩子》《青石臼》《花儿与歌声》,持续书写着农村儿童,引起了广泛关注。肖定丽也屡有佳作问世。周志勇、潘红亮、韩宏蓓、原草等也开始引起关注。特别需要提起的是网络文学,柳下挥、庚新、度寒、高阳、苏迷凉、九哼、豫西山人等都相当活跃。但与浙江、江苏、上海、广东等地相比,河南网络作家中的"大神"级写作者还相对较少。

总体来说,新时代的中原作家群仍然保持着老中青相结合的完整人才梯队,继承关注现实、注重对作品价值和意义追求的优秀传统,以现实主义为基调,题材开掘更为全面,作品表达更加多元,创作出了一批优秀的文学作品,并保持着良好的发展势头。

[原载《人民日报》(海外版)2018年8月8日]

网络时代之文学

中国网络文学迎来了 20 岁华诞,但"网络文学"这个概念还受到不少人的排斥。这些人认为,既然历史上从来没有"印刷文学""手写文学"这样的概念,"网络文学"这个概念自然也不成立,当文本的数字化、网络化呈现基本取代印刷品时,所有的文学都可以说是"网络文学","网络文学"这个概念也因此失去了意义。

这种说法虽然并非毫无道理,却忽视了文体定型的决定性因素,缺乏历史的眼光。

口头传播的需要决定了诗歌的韵味特征,诗歌可以说是"口头文学";手写的局限形成了散文的文言规范,以便用简约的文字表达丰富的内容,散文可以说是"手写文学";印刷技术的成熟促进了小说的发展,长篇小说更是随着机械印刷技术的普及而走向繁荣,小说尤其是长篇小说,可以说是"印刷文学"。这样一路梳理下来,"网络文学"这个概念自然就容易理解了。

数字化、网络化使信息传播变得极为方便,即时性成为信息传播的重要特征。基于此而发展起来的网络文学,因摆脱了物理形态的局限,传播变得空前自由。尽管报纸的出现催生了连载小说,但网络显然为其发育提供了更加肥沃的土壤,规模巨大的网络类型小说因而空前繁荣。当然在以后的发展中,一定会出现更加适应网络的新特征。

网络之前的文学,受物理承载方式的局限,需要限制在一定的规模上,好的文本应该用尽可能简约的文字传递出尽可能丰富的内容。因此,好的传统文学作品一定是耐品味、耐把玩的,使读者可以在反复的探究中不断有新的发现。这是传统文学作品基本的审美要求。而网络"流式"传播的特征,使网络文学的阅读具有了碎片化、一过性的特征,这进一步影响了网络文学的审美规范的形成。

适应一过性阅读特点而形成的审美特征,巨大的体量,使传统的、基于文本细读建立起来的批评方式受到挑战。如何正确认识和把握网络文学的审美特征?如何建立适应网络文学特征的评价体系?这是当前摆在网络文学评论和研究者面前的重要课题。

一时代有一时代之文学。在网络时代,网络文学必将是此一时代之文学。

[原载《网络文学评论》2018年第4期(卷首语)]

我看中国网络文学 20 年

1998 年 3 月 22 日,台湾理工男蔡智恒开始在台南成功大学电子布告栏(BBS)连载小说,到 5 月 29 日,他用了两个月零 8 天的时间,在网络上完成了《第一次的亲密接触》34 集连载。这篇小说迅速在网络走红,"痞子蔡"成为中国网络文学开山宗师级的人物。后来,中国网络文学界通常把该事件作为中国网络文学开端的标志。这样,到 2018 年,中国网络文学正好走过了 20 年的发展历程。

虽然《第一次的亲密接触》《悟空传》等受到了狂热追捧,但中国网络文学的爆发却是在资本的推动下完成的。由于付费阅读商业模式的建立,中国网络文学找到了自己的发展模式,类型小说创作空前繁荣,并在世界范围内一枝独秀。

因此,中国网络文学今天的繁荣,主要是由类型小说支撑的。而类型小说,特别是玄幻类小说,却并非直接继承自《第一次的亲密接触》这样更具传统文学品质的精短作品,而与更早的《风姿物语》有着直接的继承关系。1997年,台湾的罗森开始创作玄幻小说《风姿物语》,到2006年初完结,总共有77册之多。向更远处追溯,有专家认为,华文网络文学的写作应该始自1991年创刊于美国的电子期刊《华夏文摘》发表的《不愿做儿皇帝》,或者是《奋斗与平等》,又或者是《鼠类文明》等。不过这些作品和现在的网络类型小说在风格特点上显然有着很大的差异,而金庸、梁羽生、古龙,特别是黄易,对今天的类型小说创作则有着巨大的影响。

回顾这段历史,是想说明,中国网络文学的发端,可能和中国新文学的发端一样,从不同的角度理解会有不同的说法,但还是有一个"最大公约数"。今天说"中国网络文学二十年"就是这么一个"最大公约数",让我们可以在某一个时间节点,一起探讨相关问题。

2018年又恰值中国改革开放40周年。应该说,中国网络文学20年的繁荣发展,是改革开放的结果。40年前的改革开放,打开了封闭的国门,新技术被引进,互联网进入中国;同时,改革开放带来的思想解放,使过去僵化的文学观念被打破,文学从形式到内容都不断创新发展;改革开放带来的经济发展,使中国人民基本解决了温饱问题,开始有了更大的文化需求,为网络文学的发育培养了庞大的读者群;改革开放使中国市场经济充分发育,类型小说因此在中国发展并繁荣起来。可以说,没有改革开放就没有中国网络文学的发展繁荣。

党的十八大以来,以习近平同志为核心的党中央高度重视网络文艺。近年来,网络文学从幻想类、历史类向现实题材创作拓展,并取得了令人瞩目的成就,并且为电影、电视剧、动漫、游戏制作提供了新的文学资源。同时,网络文学也成为中国文学走出去的重要力量,发挥了排头兵的作用。目前,网络文学已成为中国社会主义文学的重要组成部分,在文学版图中所占比例越来越大。

党的十九大以来,网络文学进入了繁荣发展的新时代。以习近平同志为核心的党中央高度重视包括网络作家在内的新文艺群体,对做好相关工作多次做出重要指示。相信网络文学界一定会以习近平新时代中国特色社会主义思想和党的十九大精神为指导,肩负新时代的新使命,不断开创网络文学繁荣兴盛、健康发展的新局面。

中国作协对网络文学一直高度关注,为进一步延伸工作手臂、扩大覆盖范围,专门成立了网络文学中心,作为对网络作家和网络文学统一进行联络协调、管理引导、评论研究的职能部门。我因长期从事文学研究、创作和组织工作,并较早开始关注网络文学,被中国作协选调挂职担任网络文学中心主任。在此之前,我的文学评论研究工作涉及文学的各种文体、各个方面,网络文学是其中的一部分。以后,网络文学将成为我关注的重点、工作的中心。

欧阳友权是中国网络文学研究重要的奠基者、开拓者和实践者,一直身处行业前沿,是当之无愧的"大牛"。我此前曾读到过欧阳教授的一些著作,也在一些会议、活动中有过不少接触,一起参加过茅盾文学奖的评奖工作,应该算是比较熟悉了。现在因为工作原因,我和欧阳教授建立了更密切的关系,相互之间在网络文学研究的项目开展等方面有了更多的交流与合作。

在中国网络文学走过20年发展历程的时候,欧阳教授把握这个重要的时间节点,完成的这部具有网络文学史意义的专著《中国网络文学二十年》,全面梳理了20年来中国网络文学发展的缘起和历程,对作家作品进行了全面的概述与分析,对网站运营和产业发展状况进行了全面的总结,同时从读者阅读的角度、理论批评的角度以及网络文学亚群体的基本情况,进行了系统的归纳与清理,对正确认识与评估网络文学发展20年来的得与失,全面把握网络作家队伍的整体状况,准确研判网络文学未来发展的趋势,都有着重要的意义和价值。

《中国网络文学二十年》总体来说,在以下方面有着重要价值:

在文学创作的意义上,该著作对中国网络文学创作的总体状况进行了系统的研究梳理,对类型小说兴盛的成因及发展轨迹进行了详细分析,对存在的问题进行了深入探讨,对网络文学如何向现实题材拓展、如何向精品化方向发展提出了极有针对性的意见,对网络文学的未来趋势做了判断和预测,这无疑对促进中国网络文学的健康发展、繁荣兴盛具有重要的指导意义。

在队伍建设的意义上,该著作对从底层写手到白金大神的整个网络作家队伍的基本状况进行了全面介绍,对其成长历程进行了系统描述,不仅有助于全社会了解新文学群体重要组成部分的网络作家,更有助于相关管理部门更好地联络服务、团结引领网络作家队伍。

在产业发展的意义上,该著作对文学网站的发展历程、在推动网络文学创作过程中所起的作用等,进行了总体概括;对网络文学产业的经营状况、IP 开发情况等,进行了全面研究;并从读者、粉丝的角度对网络文学、"粉丝经济"的发展模式,进行了深入细致的探究,对促进网络文学产业的健康发展大有助益。

在文学史的意义上,该著作是对中国网络文学 20 年发展的系统总结,对网络文学的历史地位、贡献及其问题、局限,做了概括与研判,初步勾绘出中国网络文学史的概貌。该著还对中国网络文学的理论评论进行了专门的概述,形成了中国网络文学批评史的雏形,这显然有着重要的历史意义。

《中国网络文学二十年》是一部具有重要学术价值和现实意义的优秀著作,可以使读者全面了解中国网络文学 20 年来发展的基本状况,了解网络作家和网络文学究竟是一些什么样的人、写的是什么样的作品;也有助于研究人员对中国网络文学 20 年发展所取得的成绩、存在的问题及其历史地位,有一个正确的认识和估价,成为今后研究的重要基础;还可以为网络文学管理部门的决策提供基本的参考和依据,为把握网络文学未来的发展走向,提供基本的判断。

如此重要的一部著作,欧阳教授不以我浅陋而见弃,嘱我为之作序。却之不恭,只好抖擞精神,勉力写下自己阅读后的一点感受,以表达对欧阳教授长期坚持网络文学研究的敬意和对中国网络文学健康发展的祝福,并权以为序。

(本文是为欧阳友权《中国网络文学二十年》作的序,原载《网络文学评论》2018 年第 4 期)

理解

用优秀作品引领时代风气

10月15日,习近平总书记亲自主持召开文艺工作座谈会并发表讲话。这不仅对文艺工作者来说特别重要、特别有意义,而且对中华民族的长远发展具有不可估量的意义。

改革开放以来,随着市场经济的不断发展而出现的一系列问题,比如价值观混乱、信仰缺失等,已经造成了众多社会问题,并影响了政治、经济、社会的进一步健康有序发展,且会直接影响到民族的未来。习近平总书记在文艺工作座谈会上的重要讲话,找准了解决这些问题的重要切入点,准确、及时、必要。

作为一名文艺理论工作者,我深切体会到,习近平总书记在文艺工作座谈会上的讲话继承毛泽东同志《延安文艺座谈会上的讲话》精神之精髓,结合新形势下政治、经济、文化、社会发展的现实,创造性地回答了事关文艺繁荣发展的一系列重大问题,提出了很多新思想、新论断、新观点,为今后的文艺工作指明了方向、提供了遵循,为文艺更好地在实现中华民族伟大复兴中国梦的进程中发挥作用,开辟了广阔的前景,必将成为今后相当长一个时期文艺工作的纲领性文献,其意义和价值将在文艺工作实践和社会发展中逐步显现出来。

文艺具有主体性,不是附属物

任何一个时代,在历史长河中能占有重要的地位,绝不仅仅因为它有丰厚的物质积累,更在于其伟大的文化创造;任何一个民族,能够屹立于世界民族之林而广受尊重,同样绝不仅仅因为它具有充裕的物质财富,更在于其具有辐射力、影响力的文化实力。正因如此,党对文艺工作一向高度重视。但是,在不同的历史条件下,我们曾把文艺看作"匕首和投枪",也曾把文艺看作"从属于政治"的附属物,更多强调文艺的工具性、服务性。近一个时期,以前那些带有历史局限的文艺观念逐步得到了修正,习近平总书记的讲话,前所未有地明确肯定了文艺的主体地位,强调了文艺在实现中华民族伟大复兴进程中的主体性作用。

习近平总书记在讲话中强调:"文艺是时代前进的号角,

最能代表一个时代的风貌,最能引领一个时代的风气。实现'两个一百年'奋斗目标、实现中华民族伟大复兴的中国梦,文艺的作用不可替代,文艺工作者大有可为。"显然,在习近平总书记看来,文艺并非风花雪月之事,而是实现中国梦的重要力量。更重要的是,习近平总书记把文化看作支撑中华民族生生不息的重要力量。中华民族在世界民族之林中之所以有着广泛的影响,正是因为有中华文化的强大支撑。中华民族之所以历经苦难而顽强地坚持下来,正是一代代中华儿女创造的中华文化,为我们的民族提供了精神支撑。

今天,中华民族正行进在实现民族伟大复兴中国梦的征途上,将面临种种艰难险阻,这就更需要发挥文化的精神支撑作用。因此,文艺将在我们今后的工作中具有更加重要的地位,发挥更加强大的作用,它将不只扮演从属的角色,而是拥有主体地位,发挥精神支撑和风气引领的作用。

精品高度决定文化高度

习近平总书记在文艺工作座谈会上的讲话,是在总结中外文艺数千年发展历史和我党近百年文艺工作具体实践的基础上,结合当前的新形势、新情况、新任务,形成的既有理论高度又有实践基础的科学论断,对文艺规律,特别是社会主义市场经济条件下的文艺规律,有着更全面、更深刻、更准确的认识和把握。"讲话"对文艺规律的尊重,首先体现在对以创作为中心的充分重视上。没有创作,哪来的文艺繁荣?没有创作,如何反映这个时代的风貌?没有创作,如何引领这个时代的风气?习近平总书记强调以作品为本,以创作为中心,抓住了文艺工作的根本。"讲话"对文艺规律的尊重,还体现在对精品生产的高度重视上。任何一个民族,任何一个时代,文化的高度是由精品的高度决定的,这是文艺发展的基本规律。"讲话"对文艺规律的尊重,还体现在特别强调文艺的创新上。在市场经济大潮中,由于对文艺规律缺乏深入准确的把握,导致一些片面强调文艺商品属性的倾向泛滥。文艺作品作为一种精神产品,与一般的物质产品毕竟有着本质的差别,文艺创作如果像物质产品一样以机械化复制的方式生产,必然带有很多问题。文艺创作是创造性的精神劳动,创新是其生命所在,文艺创作者只有在充分交流、博采众长的基础上进行创新,才能创作出真正的精品力作。

世界可以是什么样,应该是什么样

好的文艺作品,不仅要让读者和观众看到世界本来是什么样子,还要让读者和观众看到世界可能是什么样子,更要让读者和观众看到世界应该是什么样子的。揭露黑暗固然必要,有助于让读者和观众深入认识社会现实,但缺少了对可能性的探索和对理想状态的描绘,作品怎么能发挥其引领作用呢?习近平总书记对这一问题的强调,我觉得在矫正文艺低俗化倾向的同时,对那些以为单纯揭露就是深刻、就是艺术性高的倾向,也是很好的警醒。

坚持文艺的人民性,还有一个重要原则就是要把人民作为文艺作品优劣的最终检验者,习近平总书记批评了文艺批评领域以西方文艺理论为标准,度量中国文艺作品、阐释中国文艺实践、裁剪中国文艺审美的错误倾向,强调要"把人民作为文艺审美的鉴赏家和评判者"。这一点,切中了当下文艺评论的要害。当下的文艺评论,在庸俗的吹捧之风外,还有个问题就是所谓的"学院派"批评,总是以西方理论来框架、解释文艺作品,离文艺创作的现实很远,离中国的社会现实更远。

文艺创作是富有个人特色的创造性劳动,作家和艺术家的艺术修养、道德风尚都会在作品中表现出来,并对读者、观众产生潜移默化的影响。我们要努力"成为时代风气的先觉者、先行者、先倡者,通过更多有筋骨、有道德、有温度的文艺作品,书写和记录人民的伟大实践、时代的进步要求,彰显信仰之美、崇高之美"。只有做到这些,我们才能用自己的道德修养、学识见解和生活积累外化的作品,来为人民提供精神支撑,来引领时代风气和社会进步,我们才能真正以作品立身。

(原载《河南日报》2014年10月31日第14版)

在河之洲

转眼间,《大河报》创刊20年了。

这20年,是我亲眼得见《大河报》忽焉而兴的20年,也是切身感受到一众同仁漫漫坚守的20年。20年,汲汲又漫漫。

记得《大河报》创刊的时候叫《大河文化报》,以文化来保证报纸的品格是这份报纸20年来一贯的原则。后来,"文化"二字从报名中去掉了,但对文化的守候却始终如一。《大河报》的历任总编都是在河南卓有影响的文化人,他们以自身的文化品位保证了这份报纸的品位。创刊之初,《大河报》以其大胆、敏锐而富有深度的社会报道引起了全社会的广泛关注,发行量达百万份以上,迅速跃居世界报纸发行百强之列,令人啧啧称奇。20年来,《大河报》之所以一直和我的生命紧密相连,成为我生活的一项重要内容,是因为有文化元素的存在。因为始终重视文化、坚守文化,《大河报》才会在这个日渐庸俗化的世界里始终给人以脱俗之感,始终成为许许多多文化人心中的一片文化绿洲。

在市场经济大潮席卷一切的时代,一些人找不着北了,文化界也不例外。一时间,一些报社也开始围着金钱转,完全以能否争取到广告决定栏目的去留。于是,文化栏目在一些报纸上消失。但《大河报》一直保持着它的文化栏目,因为有"河之洲""茶坊"等栏目,我和我的许多朋友才始终觉得这是一份不一样的报纸,是值得阅读的报纸。《大河报》在竞争激烈的环境中,能够一枝独秀,想必众多读者和我有着类似的想法。

实际上,随着新媒体的兴起,报纸切割文化的自宫行为并未给自身带来好运,未让自己的荷包鼓胀起来,反而日益步履维艰。在新媒体时代,每个人似乎都无所不知,打开手机,微博、微信及各种各样的客户端,不停地把世界各地发生的事件推送到大家眼前;而每个人也有自己的媒体发布平台,不断把看到的各种事件甚至自己的"吃喝拉撒"发布到网上。可以想见,在这样的背景下办报纸是一件多么艰难的事。当此之时,报业人士重新发现,文化的存在是报纸胜过碎片化的新媒体的重要方面。也由此,我们发现,《大河报》能持续受到关注,也许是由于他们一贯重视文化的远见,注定了今日的辉煌;也许是由于他们一直坚守文化,而得到了回报。

多年来,作为组织文学创作的主要单位,河南省文联为中原作家群在全国地位的确立做了大量工作,我们的工作能取得今日的成就,与《大河报》的持续支持是分不开的。在推介作家、作品方面,《大河报》一直是不遗余力的。在我们组织作家深入生活、外出采风的活动中,也总能见到《大河报》编辑记者的身影。多年来,我们的作家和《大河报》的采编人员,早就超越了朋友关系,甚至像一家人一样,一起为河南的文化建设共进退。

与《大河报》的亲近还有另一层机缘。我的儿子2003年出生的时候,正值"非典"肆虐,办他的出生证很费了些周折。等终于可以办好孩子出生证的时候,一时面对为他起的一堆名字犯了难。名字需要现场填一个,不知怎么就从"关关雎鸠,在河之洲"的诗句里,为孩子谐音取了"何之舟"的名字,并成为他现在的大名。如此一来,就对"河之洲"有了更多的亲切感,于是就常常在那里发表些文字,仿佛与其有某种内在的隐秘联系。

我一直从事文学评论工作,所写的专业文章大都发表在一些专业的文学或理论评论期刊上,这些文章在社会上不会有太多的读者。与此同时,我也写一些通俗的书评、随笔、散文等,刊登在"河之洲"等栏目中。今天,我在与很多新朋友相识的时候,常常听到的一句话就是:"早就听说过你,经常读到你的文章。"这里面除了"久仰久仰"的客套之外,我知道很多人所读的文章主要是发在《大河报》上的。所以,我是沾了《大河报》的光的。

"关关雎鸠,在河之洲。"这只可爱的鸟儿已在中国文化史上吟唱了差不多三千年。今天,通过《大河报》,仍然可以听到这么一只鸟儿在"河之洲"上放声歌唱,确实是让人庆幸、让人愉快的事。

(原载《大河报》2015年6月19日A23版)

行走太行,感悟丹江

尽管差不多所有的作家都承认文学来源于生活,但每个人对生活的理解却大有不同。

在深入生活方面,河南作家有很好的传统,他们大都有自己的"根据地"。比如刘震云、刘庆邦、阎连科、周大新、李佩甫,表现的主要是其故乡豫北、豫东、豫西、豫西南、豫中的生活,其他作家也都各自在自己的生活"根据地"持续挖掘深井。因此,对大部分河南作家来说,深入生活是一种自觉的意识。

但是,还是有一些作家,通常是那些自认为深刻、不会随波逐流的作家,保持着一种也很有代表性的观点。在他们看来,每个人每天都处在生活当中,生活是每个人想脱离却无法脱离的存在,即使你独处深山或宅在家中谁都不见,这仍然是生活,所以"深入生活"根本就是一个伪命题。他们认为,对作家来说,重要的不是"深入生活"而是"认识生活",这就是一个一辈子生活在农村的老农民写不好农民而作家可以写好的原因。这种观点并非毫无道理,但显然对"生活"的理解存在着绝对化和泛化的问题,存在着极大的偏颇。从根本上讲,这是作家究竟要表现什么的问题。如果一个作家完全以个人生活和内心世界为表现内容,比如普鲁斯特,这样做当然也没有什么不妥。但假若所有的作家都只表现自己的生活而对广阔丰富的外部世界视而不见的话,我们的文学会是一个什么样子?这种完全是关于作家自身的文学,怎么能够引起社会大众的阅读兴趣?对于一个作家来说,如果要很好地表现这个时代,表达这个时代的经验,并以文学的方式对这种经验做出很好的解释,那就必须深入生活,了解在作家自身之外,广大的人民在如何生活,如何感觉和理解这个世界。否则,作品局限于自身,那永远只能是小众的圈子化的文学,不可能得到大众的认可。何况,全面而深刻地表现我们这个时代,也是作家的责任和使命。所以,对于有责任、有担当的作家来说,"深入生活"是进行创作必不可少的重要前提。

　　文学批评是我的主业。但这个行业这些年广受诟病,其重要原因,我认为一是与创作现实脱节,二是与社会现实脱节。与创作现实的脱节,源于我们的一些批评家热衷于从理论到理论的推演,或用现成的理论来框架作品。这些批评家不愿或没有能力对作品下功夫进行文本阅读,然后对作品的优劣做出准确的判断,并讲清楚作品为什么是好的或为什么是不好的。与社会的脱节,源于我们的一些批评总是从文学内部来看问题,片面重视诸如语言、叙事、修辞、结构等文学自身的元素,对作品反映现实的广度、深度、准确度等,不愿或没有能力关注。这样的批评可能会得到业内人士的好评,但社会大众则不会有阅读的兴趣。文学说到底是经验的记录和表达,好的文学作品应该在准确表达时代经验的同时,通过叙事的链条为这种经验给予很好的解释,使读者可以借此对个人、社会、时代有全面、准确、深入的理解。文学批评家如果与社会脱节、与生活脱节,怎么可能对作品的表达是否准确、深入有正确的判断呢?因此,好的批评家,应该入乎文学之内,对作品的表达是否完善有准确的判断,同时还应出乎文学之外,对作品表达的经验是否到位有准确的判断。这就要求批评家要有关注现实的热情,要自觉深入生活。

这些年,我利用业余时间在为大型电视纪录片《中国太行山》撰写脚本,其重点是表现太行精神及其形成的原因。在太行山区,形成了愚公移山精神、红旗渠精神以及由抗日战争所表现出来的坚强不屈、勇敢抗争的民族精神。如何理解太行精神,相信多数人和我一样,内心存在着一些疑惑甚至不屑。就拿愚公移山来说,我们最早的接触都可能源于神话故事和毛泽东的《愚公移山》。在这个神话故事中,大家可能对愚公顽强精神的感动远远少于对其不讲科学、不懂变通的嘲笑。我最初也有同样的看法,觉得愚公搬家的成本远远低于挖山的成本,举家搬迁、生态移民不是更好的选择吗?但多年在太行山区的行走、观察和采访,让我认识了太行山人的性格和精神特征。隐忍、自强、不屈、抗争,是他们性格中最突出的重要成分。这种性格表现在现实生活中,就是他们靠自己的双手去修红旗渠,去建筑"挂壁公路"。红旗渠的故事大家都比较熟悉,另一个典型事例就是郭亮村修路。郭亮是辉县太行山一个山顶的小村子,周围全是千仞绝壁,上下都需要四肢并用的攀爬。如果当初是为了躲避战乱、追杀等尚可理解,但在社会安定之后,他们并没有选择搬迁下山,而是靠自己的力量硬是在太行绝壁上生生掏出一条公路,使得车辆可以通行。类似的事例在太行山区还有很多。正是在不断行走太行山的过程中我发现,不走进去深入地体验、切身地感悟,就不可能对太行精神有深刻的理解。

我的老家在河南南阳,那里是南水北调的水源地。当年修丹江口水库大坝,我家乡南阳的很多县都派了大量人力参与。在我的少年时代,时常听到无土地、无户口的丹江口水库回迁移民的悲惨故事。为解决北京的用水问题,丹江口水库的修建使上百万人背井离乡,历时长达半个世纪。其中很多人经历了到青海高海拔山区、到湖北柴湖的沼泽地,再返回再搬迁的多次反复,更有不少人死于非命。在南水北调通水之前,丹江口水库大坝加高到175米高程,又有一大批村庄被水淹没,很多人不得不再次移民。有的移民曾去过青海、湖北,又多次后靠,最终移到黄河以北,前后搬迁达6次。我曾多次去过淅川,为深入了解移民,走访了多个移民点,还计划一一走访青海、湖北和河南多地的主要移民点,以期对这个长达半世纪的大规模移民有全面、准确、深入的把握。在走访移民点的过程中,我的一些看法也在发生变化。以前总觉得移民离开故土远走他乡是一种巨大牺牲,通过走访我发现,接收移民的地方又何尝不同样做出了巨大牺牲。接收移民的地方通常要把有限的土地中最好的部分拿出来给移民,为一个移民点,需要周围村庄、乡镇一个接一个"滚地",最终牵涉的村庄会绵延很远。在经历大规模的移民和工程建设后,南水北调终于通水。但我们不断听到的却是各种各样质疑的声音,有从生态角度提出批评的,有从经济角度提出批评的……那么,究竟应该怎样看待这项世纪工程,真的需要我们深入其中,进行深入的观察和思考,从而对这个工程的方方面面有全面准确的反映。这就是我创作大型报告文学《命脉》的基本设想。为此,我会进一步深入移民点和工程建设的有关单位,使自己的想法最终转化为切实的文学成果。

人生于世,总要有些责任感和担当精神,作家更是如此。

作为作家,要想无愧于这个时代,创作出足以代表这个时代文化发展水平、足以表达这个时代丰富复杂的经验、足以对这种经验做出审美化的准确解释的作品,无疑应该积极深入生活。

(原载《河南日报》2015年7月31日第13版)

不负时代著好文

在文艺工作座谈会召开一周年之际,习近平总书记的重要讲话全文公开发表。一年来,在工作实践中一边学习习近平总书记的重要讲话,一边贯彻落实,我的认识和理解不断加深。此时阅读讲话全文,自然会有很多新的感受。

学习习近平总书记的重要讲话,我最深刻的体会是,文艺工作者应该走出个人情趣的狭窄天地,不能把眼光盯在风花雪月之事上,而是应该从中华民族伟大复兴的高度看待文艺,确立责任感和担当意识,自觉深入生活、扎根人民,努力创作出无愧于时代的优秀作品,反映时代经验,引领时代风气,为实现中华民族伟大复兴的中国梦提供强大的精神动力。

我所从事的文学批评工作,这些年受到各方面的一些质疑,其中的一个重要原因就是评论与创作现实脱节、与社会现实脱节。与创作现实的脱节,缘于我们的一些批评家热衷于从理论到理论的推演,或用现成的理论来框架作品。这些批评家不愿或没有能力对作品下功夫进行文本阅读,然后对作品的优劣作出准确的判断,并讲清楚作品为什么是好的或为什么是不好的。与社会的脱节,缘于我们的一些批评总是从文学内部来看问题,片面重视诸如语言、叙事、修辞、结构等文学自身的元素,对作品反映现实的广度、深度、准确度等,不愿或没有能力关注。这样的批评可能会得到一些圈内人士的好评,但社会大众则不会有阅读的兴趣。文学说到底是经验的记录和表达,好的文学作品应该在准确表达时代经验的同时,通过叙事的链条为这种经验给予很好的解释,使读者可以借此对个人、社会、时代有全面、准确、深入的理解。文学批评家如果与社会脱节、与生活脱节,怎么可能对作品的表达是否准确、深入有正确的判断呢?因此,好的批评家,应该入乎文学之内,对作品的表达是否完善有准确的判断,同时还应出乎文学之外,对作品表达的经验是否到位有准确的判断。这就要求批评家要有关注现实的热情,要自觉深入生活。

今年,我参加了第九届茅盾文学奖的评奖工作,通过大量阅读,评选出了《生命册》等五部获奖作品。因为对李佩甫及其作品都很熟悉,我切实感受到,李佩甫能够获奖,与其坚持深入生活的实践和作家的社会责任感、担当精神密不可分。在30多年的探索与思考中,李佩甫扎扎实实地稳步推进,以其一系列作品,全面、深刻地反映了新中国数十年的时代变迁,在社会价值、思想价值和艺术价值方面,都有新的突破。这靠的是在历史责任感驱使下不回避艰难、锲而不舍地坚持。他自觉把"平原"作为他的写作领地,每年都要去乡下走一走,深入到生活中间,扎根于群众当中。可以说,正是由于坚持深入生活、扎根人民,李佩甫的作品才能如此厚重与扎实。李佩甫在注重作品思想性的同时,对艺术精益求精。通读他的作品,可以发现他总是在不断阅读、思考、实践中,寻找适合自己的表达方式。他特别注重语言,努力使表达感性而有韵味。在网络时代浅阅读流行的今天,他坚持使自己的小说能够保持足够的语言魅力。早在获奖之前,李佩甫已经是一个具有巨大市场号召力的作家。但是,他从不因此放松对自己的要求,决不在艺术上苟且。他的每一部作品都是经过严肃思考、认真创作、反复修改之后,才奉献给读者的。对自己不满意的作品,他宁可推倒重来也绝不勉强应付。这种认真的艺术态度是李佩甫能够取得成就的重要保证,也是特别值得学习的地方。

进行文学创作,就应该像李佩甫这样,真正把心沉下去,把身子扑下去,不搞花架子,认认真真地向生活学习、向人民学习,同时不断通过书本知识的学习,提高认识生活的能力和艺术表达的能力,对艺术精益求精。这样才能创作出真正优秀的作品,为实现中华民族伟大复兴的中国梦提供强大的精神支撑,用优秀作品引领时代的风气。

(原载《河南日报》2015年10月26日第6版)

说"杜奖",话大势

时值暮春,岁在丙申,《河南日报》"中原风"改版并新增4个周末文化版,河南文坛的春意一下子盎然起来,且看中原文艺百花园姹紫嫣红开遍吧。

《三国演义》写历史,先讲"滚滚长江东逝水",讲"话说天下大势,分久必合、合久必分",要的就是这种开阔的眼光,对大势的把握。开篇谈河南文艺,先从文学说起,也说一说河南文学的大势。

河南文学,远的就不说了,只说近的。文学豫军也好,中原作家群也好,全国都是充分认可的,河南文学在全国一直有着很高的地位。当然,我们也有自己的尴尬,比如"茅奖",虽然基本上每届都有河南籍作家获奖,但守着本土的作家一直与"茅奖"失之交臂。这差不多成了河南文学界的软肋,总怕别人有意无意捅到。而且因此我们自己就有人不太自信,觉得我们的中原作家群是拉了在京的一帮河南籍作家的大旗做虎皮。现在好了,李佩甫《生命册》不负众望,荣获第九届茅盾文学奖,一扫佩甫一次次阴差阳错无缘全国大奖的郁闷,也让河南文学扬眉吐气。

既然说到获奖,干脆就放开多说几句。近年来,中国作家获得国际大奖,已经成了一个高概率事件。最近的是曹文轩获得国际安徒生奖,让官方到民间很是热闹了一阵。更早的是莫言,获得诺贝尔文学奖,捅破了一层窗户纸,让中国作家再获任何国际性文学奖,都让人有理所应当之感。在他们两位中间,还有两位:一位是河南籍作家阎连科,得了卡夫卡文学奖;还有一位是刘慈欣,得了雨果奖——世界科幻文学界的最高奖。阎连科一直被看作是中原作家群的干将,他的多数作品基本描写的是豫西山区的生活。刘慈欣其实也是河南籍,祖籍信阳固始,但他生活在山西,写的又不是河南而是宇宙的事,于是中原作家群就从来没把他圈进来。

在河南,现在关于文学的热词,肯定是刚刚公布结果的杜甫文学奖。"杜奖"是第二届,也是子项最多的一届,基本涵盖了所有的文学体裁,共10类,其中小小说、网络文学是首次单独作为子项进入。这届"杜奖",省作协主席团成员均未参评,以前获过奖的原则上如无重大突破也不考虑,同时还有其他一些回避因素,所以大家看到的获奖作家名单中,少了一些大牌、老面孔。但通过这个名单,我们还是可以看到不少令人欣喜的地方。比如中短篇小说,过去一直是河南作家的强项之一,但一个时期以来,河南基本靠几位女将打天下,后继乏人,令人忧心忡忡。这次我们看到,河南一批相对年轻的中短篇小说作家已经显露出良好的势头,得到了广泛认可。像获奖的陈宏伟、李清源,在最近两届中国作协"21世纪之星"丛书的评选中,都以第一名的身份入选,充分显示出自己的创作实力。中短篇获奖作家中,赵大河、赵瑜是专业作家,暂且不说,安庆、孙瑜等也都势头不错。其他未获奖的作家,有些其实创作水平也很高。为此,我们计划组织一次非专业作家的8位中短篇小说年轻男作家的研讨,人选包括南飞雁、蔚然、安庆、陈宏伟、李清源、张运涛、宫林、赵文辉等,拟称之为"中原八金刚",不知大家以为如何?

评奖,对参与其中的人来说,总是高兴者少,不高兴者多;对旁观者说,总是有满意的,也有不满意的。"诺奖"尚且如此,何况"杜奖"乎?但是,作为对河南近年文学创作的一次检阅,我以为这次评奖的目的达到了。除按规定回避的之外,肯定还有一些好的作品因种种原因未能参评,就申报作品情况及评选结果看,我以为还是基本代表了这几年河南创作的整体水平。而且,我们从中看到了河南文学发展的总体趋势,知道中短篇小说创作形势不错,小小说强势得以保持,长篇小说创作任重道远,报告文学正向多元化方向演进,散文、诗歌应该向更文学、更专业的方向努力,儿童文学有待进一步加强,理论评论队伍正得到整合并显示出了相当高的水平,网络文学进入视野,期待我们进一步延伸服务手臂。就此而言,此次"杜奖"评选让我看到了新情况,明白了新问题,发现了新人才。对此,我很欣慰。

(原载《河南日报》2016年5月19日第15版)

怎样写好中国式童年

"六一"快到了,照例该谈谈儿童。

一个时期以来,中国的儿童文学出现了空前的繁荣。儿童文学作家勤奋创作,推出了一大批优秀作品,当然居功至伟;中国作协儿委会、各种阅读推广机构等组织和个人的大力推动,也是功不可没。而在此背后,市场需求的空前强烈也是一个重要的推动因素。近年来,很多媒体不时发布一些统计数据,结论都指向一条:中国人不爱读书。其实重视阅读,是中国悠久的传统,所谓"耕读传家久,诗书济世长"说的就是这个传统。我们常常会看到这样的现象,家长们不管是在打麻将还是在刷微信,总不忘回头教导孩子:好好读书!对这些家长来说,孩子们只要读书,他们就高兴,就会全力支持。学校和各种阅读机构推荐的图书,只要孩子提出,家长一般都会买来给孩子读的。时代变了,怪现象已经多到让人见怪不怪的地步,其中之一就是读书和不读书的家长都在督促孩子读书,他们也就对儿童文学的繁荣有了推动之功。正因如此,儿童文学的繁荣里,多少也就有了些问题。

随着网络化进程的不断加快,商业出版的繁荣,中国的文学生态实际已发生了显著的变化。其中重要的一点就是,传统文学日益精英化,成为少数人欣赏和把玩的东西,大众的阅读热点则集中在包括网络文学和畅销书在内的类型文学上。而这种分化在儿童文学领域则表现得极不明显。其中一个重要因素在于,儿童阅读出于自己主动选择的比例相对较低,家长和老师通常不鼓励孩子们的网络阅读,纸质书的阅读总是受到普遍的赞赏。于是,儿童文学的创作和出版仍然处在纯文学创作、类型文学创作和文学教育、商业推广混杂不清的混沌状态。这种状态对纯文学创作来说,有推动发行的积极作用,同时也容易使作家受商业利益的驱使,出现粗劣化、批量化的问题。前段时间儿童文学界专门对儿童文学创作中的系列化及中国式童年表达的问题进行过讨论,这些问题从本质上讲都与此相关。

儿童文学创作的系列化问题我们且不去谈它,因为从本质上讲,这是一个商业利益驱动下的市场操作问题,对儿童文学作家来讲,这就是一个进入类型化写作的问题。我们只谈坚持严肃的纯文学创作方面存在的问题。一个时期以来,中国文学,包括成人文学和儿童文学在内,实际上都存在面对社会现实表达苍白无力的问题,所以"现实比文学更精彩"的说法喧嚣一时。这个问题在成人文学领域表现得更明显。其实现在很多小说都写得非常精致,语言叙事都无可挑剔,但就是难以引起广大读者的阅读兴趣。根本原因就在于,这些作品没有触及社会的痛点和大众关心的热点,在精神层面也无法给读者提供启示和支撑。梁鸿作为一个学者,甫一出手创作的文学作品即迅速引起广泛反响,重要的原因在于她面对当下的社会现实发出了有力的声音。这个问题在儿童文学创作领域并非不存在,只是被畸形的繁荣遮掩了而已。我一向把文学看作经验的表达,今天儿童文学存在的问题即在于对当下中国儿童现实的经验没有做出有力的表达。换句时髦的说法,就是没有讲好当代儿童的中国故事,没有书写好当下的中国式童年。

儿童文学对当下中国儿童现实经验表达的无力,说到底是原创性不够的问题。原创性不够固然缘于作家的一味模仿、重复,而对现实缺乏深入的观照恐怕也是重要的原因。模仿、重复,作家无须深刻了解现实即可进行创作,这使他们失去了深入到儿童中去把握儿童现实经验、内在心理的能力。不能面对鲜活的现实进行全新的表达,作品自然就失去了原创性。当然,客观的因素可能在于,今天儿童的经验与作家本人的经验存在着很大的差异,比如对于今天流行于网络和儿童生活现实中的"萌""搞""虐""污"等亚文化类型,成人的理解就相当有限,因而很难对此做出切合儿童心理的表达。

现实经验永远是创作最重要的基础,曹文轩的《草房子》《青铜葵花》等作品之所以受到广泛的关注,重要的原因在于很好地表达了一个时代儿童的现实经验,这种经验就来自作家自身的切实体验。相对而言,他的《大王书》尽管是幻想文学,但因为缺乏现实经验的支撑,表达就不够有力。这也从另一个侧面启示我们,文学的力量永远来自现实的坚强支撑,书写好当下的中国式童年,必须从接近儿童、感受儿童的现实经验、走进儿童的内心世界开始,别无他途。

(原载《河南日报》2016 年 6 月 15 日第 13 版)

以身体之，全力行之

2014年10月15日，习近平总书记主持召开文艺工作座谈会并发表重要讲话。随后出台的《中共中央关于繁荣发展社会主义文艺的意见》，把习近平总书记的讲话精神转化为具体的可操作的措施。日前正式印发的《中共河南省委关于繁荣发展社会主义文艺的实施意见》（以下简称《实施意见》）则是对习近平总书记讲话和中央意见精神的具体落实，并结合我省的工作实际，提出了具体的办法。《实施意见》以中原人文精神文艺精品创作、文艺普及、优秀传统文化传承、文艺人才培养、特色文化基地建设"五大工程"为抓手，统摄文艺工作的各个方面，既突出了地方特色，又易于操作和把握。

出作品，永远是文艺工作的重中之重、核心之核心。习近平总书记反复强调，文艺家要以作品立身，要把创作生产优秀文艺作品作为中心环节。所谓出作品，并非泛泛推出一些平庸的文艺作品,图个热闹,而是要推出思想精深、艺术精湛、制作精良的文艺精品。这是改变当前文艺创作有数量缺质量、有"高原"缺"高峰"局面的关键。就文学创作而言,现在每年仅长篇小说的出版量已达四千到五千部,这还不包括大量的网络小说。尽管作品数量如此巨大,全社会对文学的不满却在日益加剧。究其原因,还是精品力作太少。更深层的原因,不是作家们叙事能力、艺术表现力不够,而是我们对时代经验的把握不够,对人们内在情感的理解不够,无法触及大众内心的痛点和兴奋点。因此,深入生活、扎根人民,就成为作家讲好中国故事、弘扬中国精神的基本功课。在深入生活方面,河南作家有很好的传统。这也是中原作家群能够在全国产生广泛影响的重要原因之一。文艺要引领时代的风气,为人民提供精神支撑,文艺家就要坚持以人民为中心的创作导向,以精湛的艺术形式表现时代大潮中人们的经验和情感,才能创作出精品力作,才能从"高原"登上"高峰"。

出人才,永远是文艺事业繁荣发展的根本保证。中原作家群在全国能够产生如此的影响,就在于我们有一支优秀的作家队伍。但人才建设是一项系统工程,需要持续不断地努力做好,否则就会出现人才断层问题。《实施意见》特别把文艺人才培养列为"五大工程"之一,从政策、制度、资金、项目、保障等各个方面为人才的脱颖而出创造条件,为名家大师的成长奠定了基础。文学方面，我们通过实施签约作家制度、开办培训班等多种方式，努力使中原作家群保持一个完整的人才梯队。最近，我们组织了"中原八金刚"作品研讨会，重点推介了以中短篇小说创作为主的八位男性青年作家，社会反响很好。其实，目前河南还有些青年女作家，中短篇小说写得也不错；散文、诗歌、小小说等其他文体，也都有一批很有潜力的青年作家在创作。如何尽快使青年文艺人才在全国显露头角、红起来、火起来，我们还有很多工作要做。

文艺评论是保持正确创作导向和推出精品力作的重要保证。一个时期以来，尽管文艺评论的从业人员和文章数量不断增加，但从作家、艺术家、读者和观众到文艺管理部门，似乎全社会都对文艺评论的现状极为不满。究其原因，可能在于我们的文艺评论既脱离了创作的实际，又脱离了社会实际，变成一种自娱自乐的学术游戏。当前加强文艺评论工作，从理论层面讲，一是要加强马克思主义文艺理论建设，二是要加强中华美学精神的建构，这是文艺创作能够讲好中国故事、弘扬中国精神的重要理论保证。从批评层面讲，要加强文艺批评的有效性，就是要使我们的评论真正切合文艺创作的实际，切合社会实际，能够真正褒优贬劣，对文艺家和受众起到切实的引领作用。在发挥文艺评论的作用方面，《实施意见》特别提出要"积极引导文艺评论前置，推动文艺评论参与文艺作品创作生产全过程"。这可以有效改变文艺评论放"马后炮"的现象,切实助推精品力作。在文艺评论队伍建设方面,充分发挥省文艺评论家协会的作用,整合各方力量,实行签约评论家制度,创办文艺评论刊物,必然会使我省的文艺评论局面有大的改观。

文艺评奖对文艺创作和评论具有重要的激励和引导作用。这些年来,评奖过多过滥、评奖不规范的问题,严重影响了文艺评奖的声誉,中央有关部门加大力度进行了整顿。但目前我省原有的政府奖文学艺术优秀成果奖,因故多年未评;省各文艺家协会的奖项也因故未能列入整顿后的奖项目录。这对我们积极发挥文艺评奖的作用产生了一定的影响,需要按照中央有关精神,进一步规范和改进,改变我省目前没有正式省级文艺大奖的现状,使文艺评奖的积极作用能够充分发挥出来。

《实施意见》涉及了文艺工作的方方面面,既有宏观指导意见,更有详细、具体、可操作的方案,只要我们全面深入地落实,我省的文艺事业一定会出现进一步繁荣发展的大好局面。

(原载《河南日报》2016年6月29日第13版)

战战兢兢,敬慎以待

河南省网络文学学会于8月2日正式成立了。有关领导和网络文学界的代表们推举我担任学会的负责人,我深感荣幸,同时又非常不安。尽管我从网络文学出现的时候就开始关注,也多年从事文学研究和组织工作,但就网络文学而言,比我更熟悉情况的大有人在,比我有能力的大有人在。有关领导和各位代表选择让我来担起这副担子,说明了大家对我的信任,对此,除了表示感谢和努力工作之外,我还能说些什么呢?

由于工作关系,我在文学界和评论界兼任了不少职务,其中网络文学学会会长这个职务可能是级别最低的,但对我而言,它却特别重要,我切实感觉自己接过的是一副沉甸甸的担子,所要承担的是一份沉甸甸的责任。说实话,对网络文学而言,我确实感到有一种切实的无助感、无力感。其他体裁、其他门类的文学样式,我们很清楚它的边界在哪里,工作应该怎么抓。而网络文学作为一种新型的文学样式,正处于蓬蓬勃勃的发展阶段,新现象、新问题层出不穷,边界也在不断地延伸,需要我们以新的思路、新的手段去应对、去解决。此时,我想起《诗经·小雅》中的一句诗:"战战兢兢,如临深渊,如履薄冰。"曾子在临终的时候,把他的弟子叫到床前,让他们掀开被子看看自己的手脚,并引用这句诗作为最后的遗言,表达自己对于身体敬慎戒慎的态度。我引用这句话,一是要表达自己面对一个未知领域时内心的不安,二是要表达我对于网络文学事业敬慎戒慎的态度和爱惜之情。

文学的发展与传媒的变化密切相关。很难想象在龟背牛骨上刀刻,甚至竹简木简上写作的时代,会有长篇大论的文学样式出现。那时主流的文学样式,就是精短的诗文。随着印刷技术的成熟,才有了长篇小说的繁荣。所以,网络这种革命性传播方式的出现,必然带来文学革命性的变化。而且我相信,网络文学一定会发展成为主流的文学样式。当然,今天对网络文学,文学界和社会存在着不同的认识。对网络文学狭义的认识,主要限于网络类型小说这个层面。现在各大文学网站推介的作品基本都属这一类。而广义的理解,则将依托网络进行创作和传播的作品,包括诗歌、散文、言论等,都纳入了网络文学的范畴。这样做的好处是覆盖面更宽,但也存在着边界不清的问题。河南省网络文学学会则是以网络类型小说创作者为基础,兼容了其他类型网络创作者和新媒体从业者等各群体人员,以使我们的工作具有更宽的覆盖面。

总体来说,不管对网络文学如何定义,从中央到地方,各级领导和部门,对网络文学的重视是毫无疑问的。习近平总书记不仅在主持召开的文艺工作座谈会上,专门请网络文学创作者参加,更是在群团工作、统战工作等讲话中,表达了对网络工作的重视。从中宣部、中国作协到省委宣传部、省文联、省作协,对网络文学工作也都非常重视。《中共河南省委关于繁荣发展社会主义文艺的实施意见》特别把成立河南省网络文艺家协会作为一项内容,写进了文件,省文联也把这项工作作为做好网络文艺工作的重要抓手,认真落实。这对做好网络文学工作是巨大的鼓舞和鞭策。

河南是一个有着悠久传统的文学大省,中原作家群曾取得过辉煌的成就。如何让绵延数千年的中原文脉在我们这里延续下去,在我们这里得到很好的传承并发扬光大,需要网络文学界的全体同仁加倍努力,使中原作家群这个光荣的群体在我们这里依然能成为中国文学的重要力量,依然是中原人民的骄傲和荣光。

对网络文学学会来说,重要的工作是做好服务。成立网络文学学会本身就是延伸服务手臂、扩大服务范围的重要举措。网络文学作家与其他创作者不同,人员分散,流动性大,很多没有固定工作单位,给联络、协调、服务工作带来了不便。如何做好服务,没有现成的经验可以借鉴,需要不断摸索、不断探索,加强与网络作家的联系,建立他们与文艺领导部门、与社会沟通的桥梁,进一步帮助他们处理好诸如版权纠纷、对外联络等各种事务性工作,使他们能安下心来,踏踏实实地创作,拿出更多更好的优秀作品。为广大网络作家提供服务,使网络文学学会成为河南网络作家的服务中心,这是学会服务的宗旨。

进一步加强网络文学创作,是协会工作的目的和重点。河南的文学创作这些年来确实取得了不小的成就,但我们的网络文学创作总体来讲在全国的位次并不靠前。同时,作品的品位、质量等方面,还存在着不少问题,需要我们在今后的创作中予以解决,使作品水平不断提高。

进一步加强网络文学评论和宣传推广工作,是当务之急。河南新时期文学能有今天的成就,和有一支与创作相辅相成的评论队伍是分不开的。但相对于传统文学而言,河南的网络文学评论基本处于空白状态,需要不断加强。这些年来,河南的评论队伍重新整合,引导部分评论家把工作重点放在网络文学方面,对促进河南文学评论的健康发展,更好地推动网络文学创作,具有十分积极的意义。

进一步加强网络文学培训工作,非常必要。网络文学事业的持续发展,需要充分的人才保障。目前的网络作家,总体来说处于自发写作状态。网络文学创作中还存在着暴力、色情倾向,存在着作品价值观不正确等问题,需要加以引导。如何提高网络写作的艺术水平,如何引导网络作家坚持以人民为中心的创作导向、坚持把社会效益和社会价值放在首位、坚持培育和弘扬社会主义核心价值观、坚持把创新精神贯穿于创作生产过程等,都需要通过培训工作予以引导。

进一步加强联系工作,要持之以恒。加强作协与网络作家的联系、加强网络作家相互之间的联系、加强网络作家与传统作家之间的联系、加强网络作家与社会的联系,是网络文学学会的重要工作。通过广泛的联系,可以更好地使这个群体凝聚在一起,使包括网络作家在内的中原作家群凝聚在一起,相互促进,共同提高,发挥出更大的影响力,不断提高河南文学在全国的地位。

中原作家群具有关注现实、注重追求作品价值和意义的优良传统,这是河南作家在全国具有巨大影响力的重要原因之一。相对而言,网络文学创作在这一方面比较薄弱。如果网络文学要想在全社会产生更大的影响,真正成为主流的文学样式,必须在这些方面有所突破。河南文学拥有良好的文化基础和群众基础,这对网络文学的发展也是一笔宝贵的财富。相信经过大家的共同努力,河南的网络文学事业一定会更加繁荣兴旺,一定会走向全国前列!

(原载《河南日报》2016年8月24日第14版)

立心铸魂，筑就高峰

习近平总书记这次重要讲话，站在中华民族伟大复兴的历史高度，在准确把握文艺的地位和作用、深刻认识文艺的内在规律的基础上，紧密结合当前的社会现实和文艺现实，对如何搞好文艺创作、如何做好文艺工作，进行了深入的理论阐述和具体的分析指引。

这次重要讲话应该和2014年总书记在文艺工作座谈会上的重要讲话结合起来读。上次"讲话"深入分析当前文艺的现实，提出了文艺创作存在有"高原"缺"高峰"的问题，这次"讲话"则系统地阐述了我们需要什么样的文艺、应该创作什么样的作品、怎样创作这样的作品等一系列问题，不仅有全面深入的理论分析、论述，更有切实可行的具体指示、引导，是我们今后搞好文艺创作和文艺工作的又一纲领性文献，为如何筑就中华民族伟大复兴时代的文艺高峰指明了方向。

总书记从坚定文化自信、振奋民族精神,坚持服务人民、积极歌颂人民,勇于创新创造、推动文化发展,坚守艺术理想、引领社会风尚四个方面,对如何搞好文艺创作、发挥文艺作用进行了全面的阐述。既有系统的理论性,又有具体的操作性,是文艺观,也是方法论。总书记在讲话中还对当前庸俗化、娱乐至上、缺乏价值引领和担当等不良文艺现象进行了批评。对加强党对文艺工作的领导、深化文联作协改革、发挥文联作协的作用、搞好文艺评论等,提出了具体的意见,对今后的文艺工作意义重大。因此,习近平总书记的这次重要讲话,是对如何实现由"高原"到"高峰"的理论阐述,也是具体的行动指南。

对作家艺术家来说,把总书记的讲话精神落到实处,努力筑就中华民族伟大复兴时代的文艺高峰,首先需要明白自己肩上的责任,有坚定的文化担当,就是总书记说的应该"胸中有大义,心中有人民,肩上有责任,笔下有乾坤"。刘云山同志12月3日下午在给新一届中国文联、中国作协全委讲话时,把作家的责任概括为"为国家立心、为民族铸魂、为人民立传"。这让我想起理学创始人之一的张载的名言:"为天地立心,为生民立命,为往圣继绝学,为万世开太平。"作为作家,应该有这样的责任意识,有这样的担当精神。中原作家群具有关注现实、注重对作品价值和意义追求的优秀传统,这是这么多年来中原作家群能够屹立于中国文坛的根本。中原作家群要想在中华民族伟大复兴的时代筑就新的文艺高峰,应该继承和发扬这个优秀的传统,以坚定的文化自觉和文化自信,深入生活、扎根人民,从人民的生活实践中获得丰厚的创作资源,找到思想的源泉、力量的源泉、快乐的源泉,秉持创新创造的精神,真正讲好中国故事,创作出真正体现中华文化精髓、反映中国人审美追求、传播当代中国价值观念又符合世界进步潮流的优秀作品。显示出中国特色、中国风格、中国气派,为民族、社会和人类提供强大的价值引导力、文化凝聚力和精神推动力。

我相信,只要我们认真学习、深入贯彻,坚定地把总书记的讲话精神落到实处,我们就一定能早日筑就中华民族伟大复兴时代的文艺高峰。

(原载《河南日报》2016年12月7日第13版)

我与时代同步走

2018年,改革开放走过了40个年头,中国特色社会主义也已进入新时代。

回想40年前的往事,感觉如在眼前;追忆40年的历史,变化天翻地覆。

1978年12月,党的十一届三中全会召开,揭开了改革开放的序幕。当年我小学毕业升入初中。我们这一届,是"全日制十年制"教学改革实行后的第一届,教材也开始全国统一。当时实行的十年制,小学五年,初中三年,高中二年。实际上,说是十年制,很快高中也改为三年,我们这一届一共读了十一年。这样,1983年就没了应届高中毕业生,这一年参加高考的基本都是复习生。因此,1981年进入高中的,1984年进入大学的,是接受全国统一教材正规教学的第一届。

1988年,改革开放走过了10个年头。我从南开大学中文系毕业,离开天津来到郑州,正式走上工作岗位。我上大学的这段时间,恰值西风东渐,学术界以至全社会思想空前活跃。今天回头看,这是一个思想大于学术的年代,大家脑子里基本没有条条框框,兼收并蓄地接受各种新思想、新理论,并大胆提出自己的新见解。今天的情况则是,处处讲学术规范,这本身当然也没什么错,问题在于手段被当成了目的,论文总是千篇一律地梳理别人的成果,用现成的理论框架现实,却没有自己的思想,造成了学术垃圾泛滥的局面。我所从事的文学评论之所以广受质疑,原因大概也在这里。实际上在我毕业的1988年,文学已不像我读大学时那样受到全社会狂热的追捧。我毕业后的第一个工作岗位是担任河南省文联《当代人报》的编辑、记者。《当代人报》当时号称全国第一家纪实文学报,主要刊发纪实文学作品。该报原名《文艺百家报》,我去的时候刚刚改刊,由主要介绍文艺家和文艺作品,改为主要介绍企业家,并成立了河南省文艺家企业家联谊会。坦率地讲,这种名为采访实则到处拉广告的工作,我虽然也能取得不错的成绩,但内心极不适应而且反感。好在很快该报就停刊了,我转岗到文艺理论研究室,专业从事文学评论工作,直到今天。

1998年,改革开放走过了20个年头。这一年,"痞子蔡"的《第一次的亲密接触》在BBS上贴出,并迅速在网络走红,

1998年也因此被称为"中国网络文学元年"。应该说,中国网络文学的繁荣发展,正是始于1978年的改革开放。改革开放打开了封闭的国门,新技术被引进,互联网进入中国;同时,改革开放带来的思想解放,使过去僵化的文学观念被打破,文学从形式到内容都不断创新发展;改革开放带来的经济发展,使中国人民基本解决了温饱问题,开始有了更大的文化需求,为网络文学的发育培养了庞大的读者群;改革开放使中国市场经济充分发育,类型小说因此在中国发展并繁荣起来。可以说,没有改革开放就没有中国网络文学的发展繁荣。也正是在这一年,1995年已经下文,但一直未实际成立的河南省文学院正式挂牌开展工作。我从一名普通的研究人员到主持工作,在这里走过了整整20年。也正是在这个时候,我开始关注网络对文学、对社会、对人们生活的影响,开始撰写相关论文,也开始编撰网络技术的专业书籍。没想到,这对以后我的职业发展产生了重要影响。

2008年,改革开放走过了30个年头。这个时候的中国已经富起来了,国力日益强盛。虽然有汶川大地震的发生,全国人民表现出了空前的团结和信心,迅速完成抗震救灾,并成功举办了北京奥运会,向全世界成功展示了中国繁荣富裕的新形象。这一年,我开始实际主持河南省文学院的日常工作;同时河南省文艺评论家协会成立,我作为副主席承担了大量日常工作,并与孙荪先生一起创作完成了《走在重振雄风的路上——改革开放30年的河南文艺》一书,对新时期河南文艺的发展进行了全面总结和梳理。

2018年,改革开放走过了40个年头。这时的中国已经开始从努力"富起来"向努力"强起来"转变,在以习近平同志为核心的党中央领导下,迈步进入了新时代。这一年,中国网络文学经过了20年的发展,类型小说空前繁荣,在世界范围内独树一帜。中国作协根据中央批准的《中国作协深化改革方案》,正式成立了网络文学中心,承担联络、协调、服务、管理、团结、引导网络作家,并肩负网络文学研究评论的职能,进一步推动网络文学在新时代的繁荣发展。我有幸被中国作协选中,挂职担任中国作协网络文学中心主任。

网络文学的发展日新月异,党和国家对此又高度重视,这对网络文学和我个人来说都是难得的机遇。但网络文学相关工作无规可循,我又初到新部门,自然面临诸多挑战。但无论如何,在新时代,我会自觉担负起新使命,力争有新的作为。

(原载《河南日报》2018年6月27日第11版)

评论

坚忍的探索者和深刻的思想者

——李佩甫论

李佩甫的创作与中国新时期文学一同起步,并延续至今。在30多年的时间里,每个时期他都有重要的作品问世,并产生一定的影响。但是,由于各种各样的原因,李佩甫一次次与中国的顶级文学大奖失之交臂,他也一直没有得到与其文学成就相当的重视与评价。全面考察李佩甫的创作历程,认真解读李佩甫的文学作品,会使我们对李佩甫的创作有更深入的认识和更正确的评价。我相信,随着时间的推移,李佩甫作品的价值终会得到正确认识,并在文学史上占据其应有的地位。

李佩甫不是天才型的作家。那些才华横溢的天才型作家随便拿个故事都能讲得津津有味,而且常常是形式感极强,使人惊艳。李佩甫的成功是通过一天天、一年年的坚持,在不断思考和探索中苦修得来的。面对不断变化的社会生活,李佩甫没有像很多天才型作家那样,回避社会生活的复杂性和疑难点,着意通过新颖的表现形式、出人意料的视角或惊心动魄的故事情节吸引读者,他一直坚持以正面强攻的姿态,面对社会生活并努力做出有深度的艺术表达。李佩甫有散步的习惯,每天晚饭后,他都会一个人在大街或小巷中长时间地散步,这差不多是他在写作之余唯一的锻炼方式,而这段时间也是他集中思考的时间。在回答《中华读书报》记者舒晋瑜的提问时,李佩甫曾这样描述他的散步习惯:"很多个晚上,我穿越大街小巷,像狼一样在各个街头徘徊,想写好作品,想找好素材,想找好方向,这种状态持续了很多年。"[①]一年年日积月累,他对中国社会的变迁、对人性、对命运等问题,都有了自己独特的认识,对小说这种文体的表现特征,也有了自己独特的认识。我想,也正是这样一种对文学的执着、对艺术的坚守、对社会的思索,才成就了李佩甫,才使他的作品有了难得的厚重与深刻。

全面记录时代经验

小说是时代经验的记录。当然,所谓时代经验需要通过

[①] 舒晋瑜:《李佩甫:上网写字不能叫创作》,《中华读书报》2012年4月25日第18版。

处于时代变迁中的个人经验进行表达。在很多评论家的笔下,李佩甫通常被归入乡土作家的行列。实际上,在 30 余年的写作历程中,李佩甫作品所涉及的范围涵盖了从 20 世纪 50 年代到当下、从农村到城市、从田间地头到工厂兵营、从底层小民到政界高层、从一般工人到商界精英、从贫困穷人到资本大鳄等各种人物、各个方面,可以说相当全面地记录了中华人民共和国成立以来各个时期的经验。

李佩甫的创作始于 20 世纪 70 年代中后期,目前所知他最早的作品发表于 1978 年第 1 期的《河南文艺》,这一年,他共发表了《青年建设者》《谢谢老师们》《在大干的年月里》等 3 个短篇小说。他也因此从工厂调入市文化局开始从事专业创作。但李佩甫真正显示出文学创作上的才华,是他 1986 年发表中篇小说《红蚂蚱 绿蚂蚱》之后。紧接着,他在《小说家》发表了长篇小说《李氏家族的第十七代玄孙》[①]。1990 年发表中篇小说《无边无际的早晨》《画匠王》,1992 年发表中篇小说《豌豆偷树》。此后,他尽管也创作了曾引起一定反响的不少中短篇小说,如 1996 年发表于《青年文学》并被《新华文摘》转载的《学习微笑》,以及当时以中篇发表后来被补充进《李氏家

[①] 《李氏家族的第十七代玄孙》单行本于 1999 年由百花文艺出版社出版,改名为《李氏家族》;长江文艺出版社 2001 年 6 月也出版了同名版本,把其中篇小说《败节草》的内容作为一条线加进了其中。

族》的《败节草》等。但他主要的创作精力开始转向长篇,先后创作了《金屋》《城市白皮书》《底色》①《羊的门》《申凤梅》《城的灯》《等等灵魂》《生命册》等长篇小说及《颍河故事》《难忘岁月——红旗渠故事》《红旗渠的儿女们》等电视连续剧剧本。

1978年,李佩甫发表《青年建设者》《在大干的年月里》《谢谢老师们》等作品时,还是一名普通的工厂工人。此时尚是改革开放的前夜,尽管批判"文革"各种错误的思想开始积聚发酵,但文学创作基本沿袭着"十七年"以至"文革"期间形成的模式向前滑行。李佩甫此时的创作关注的是他身边的普通工人、老师,作品回荡的自然是对这些普通劳动者歌颂的旋律。此一时期,和李佩甫一样开始创作的作家还有不少,他们的创作无论在思想上还是在艺术上,也都处于大致相当的水平。后来,不少人转而从事了其他行当,而李佩甫则执着地坚持下来,并在不断的探索中取得了越来越大的成就。

20世纪70年代后期的创作,对李佩甫来说最重要的意义在于,凭借这几篇小说,他得以离开工厂,先是在许昌文化局,后来又调到河南省文联,从事专业的文学工作和创作。在1985年发表《车上没有座位》前,李佩甫创作并发表了《小小老百姓》《有这样一个厂长》《夜长长》《憨哥儿》《二怪的画》《多

---

① 《底色》是根据其描写工人生活的电视剧《平平常常的故事》改写而成的长篇小说,1997年由河南文艺出版社出版。

犁了一沟田》《我们锻工班》《十辈陈轶事》《小城书柬》《青春螺旋线》《蛐蛐》《森林》等作品。从这个作品名单可以看出,他此阶段的创作除表现工人生活的作品外,也有一些描写农村生活的作品,但比例很小。应该说,这一时期他基本处于摸索阶段。在八十年代思想解放和西方文艺思潮的影响下,李佩甫的创作渐渐走向自觉,开始形成自己的风格。经过创作初期的摸索之后,1985年开始,李佩甫把目光聚焦在了"平原"。"1985年是他极其困惑的一年,他感到随'流'写作的没底。后来他找到了他的大平原,他说:'找到了那平原,我就不害怕了。'"①于是,李佩甫迎来了他的第一个创作高峰。

1985年,李佩甫发表了《小小吉兆村》,这是他有意识书写平原的开始。1986年1月,中篇小说《红蚂蚱 绿蚂蚱》在《莽原》发表,这篇以表现乡村中人性真善美为主要内容的作品,写得清新质朴,是一曲对平原大地的悠扬颂歌,成为李佩甫早期创作的代表作。

1986年,李佩甫的第一部长篇小说《李氏家族的第十七代玄孙》在《小说家》第5期发表。受当时寻根文学思潮的影响,这部作品把笔触伸向了平原乡村遥远的过去,着力通过一个家族的变迁,描写几代人不同的命运,特别是在商业大潮的

---

① 刘海燕:《来自平原的声音——李佩甫论》,《莽原》2005年第5期。

冲击下,金钱和权力对数百年乡村伦理、文化的改变。

1988年,他的第二部长篇小说《金屋》在《当代作家》第6期发表。在这部作品中,扁担杨村外出打工的杨如意回到村中,在村头建起了一座现代化的小洋楼,"它像怪物一样竖在人们眼前,躲是躲不过的,只要有阳光的地方就能看到它,它简直把一个村子的光线都收去了"①。这座"金屋"作为一个象征,成为平原大地的异数,代表着商业社会对农业社会的冲击。

1989年,李佩甫的《送你一朵苦楝花》在《莽原》第3期发表;1990年《北京文学》第1期发表了他的《无边无际的早晨》;同年,他还有《黑蜻蜓》《画匠王》《村魂》3个中篇发表;1991年,《小说家》第2期发表了他的《田园》;1992年,《长城》第4期发表了他的《豌豆偷树》。此外,他创作的同类作品还有《乡村蒙太奇》《满城荷花》《红炕席》《带锯痕的树桩》《天眼》等。至此,他关于平原农村的中短篇小说创作基本告一段落,除1998年应《十月》杂志社之邀创作并于第5期发表的《败节草》。

这些作品描写的基本都是变革时期中国农村社会的现实。以感恩的姿态表达对于土地的热爱,是李佩甫此一时期

---

① 李佩甫:《金屋》,《当代作家》1988年第6期。单行本由长江文艺出版社2000年出版。

作品的基调,也正因此,作品时时显露出对于冲击乡村文化与传统的金钱与权力的批判锋芒,并有了厚重的底气和深沉的意蕴。而这一时期李佩甫着墨最多的正是处于城市与乡村、现代与传统挤压中的人物,作者以深刻的理解与深沉的爱,描写他们在变革时期的生存状况与奋斗历程,揭示在时代变迁中人们的挣扎与无奈,这些人物也因此被塑造得立体、圆满、鲜活、生动。

可能正是因为李佩甫对土地的这份情感、对农村生活的细致表现,很多人都把他看成一个出身农民并主要写农村题材作品的作家。实际上,李佩甫出生在一个工人家庭,在经历了几年短暂的知青生活后,就进厂当了工人。写农村题材的作品也并非他着意的选择。他说:"许多年来,在我的创作意识里是没有题材概念的,我只是在回忆中写作,在写作中回忆。这是一个缓慢的认知过程,不是要翻题材的'山',而是在掘生活的'井'。平原,我是指记忆中的'平原',一直是我创作中需要一次次重新认知的'大地',是我创作的源泉。"[①]所以,李佩甫着意选择的并不是农村,而是"平原",是"平原"上生长的一切,包括传统的农业形态,也包括她的现代化、城市化进程,从根本上说是这片土地上形形色色人的生存与生长,包括

[①] 舒晋瑜:《李佩甫:上网写字不能叫创作》,《中华读书报》2012年4月25日第18版。

其中一些人的逃离和回归。正因如此,李佩甫作品的表现范围得以大大拓宽。

1995年由人民文学出版社出版的《城市白皮书》,在李佩甫的整个创作中,是一部显得相对突兀的作品。在创作了大量表现农村生活并获得广泛关注的作品之后,李佩甫把目光转向了城市。这部描写城市生活的作品,选取家庭这个社会细胞,主要描写了李佩甫对城市的内在感受,着重表现了在现代化进程中,城市面临的各种问题及对人们内心的影响。这是李佩甫全面关注并处理城市经验的第一部重要作品。

在此之后,李佩甫重新回到他的"平原"。1999年《中国作家》第4期以"特别推荐"方式全文刊出的《羊的门》,随后由华夏出版社出版,是他对这片土地及土地上生长的植物和像植物一样生长的人的最深刻、最具价值的书写。李佩甫在《羊的门》扉页上,用《新约全书·约翰福音》的一段话给这部作品做题记[①],我们可以这样理解:"羊"就是作品所描写的广大民众,或者说"人民",也就是芸芸众生;而"羊的门"就是"耶稣",在《羊的门》中,"羊的门"可以说就是呼天成,或者说呼天成自认为自己就是"羊的门"。正因此,我们从呼家堡这个小小的

---

① 《羊的门》引自《新约全书》的题记是:"……耶稣对他们说,我实实在在地告诉你们,我就是羊的门。我就是门。凡从我进来的,必然得救,并且出入得草吃。盗贼来,无非要偷盗、杀害、毁坏。我来了,是要叫羊得生命,并且得的更丰盛。"

村子中看到了整个中国和它的历史。呼天成仅仅是一个村子的首脑,而我们从他的身上看到的却是带着农民意识和中国传统君权思想的一些领导人的影子。这部作品也因此显得更具穿透力和包容性。对于这部塑造了一个"国中之国"呼家堡和一个"东方教父"呼天成的作品,李洁非称其"是一部改变了五十年来中国乡农文学面貌的作品,一部前所未有地演绎和再现了'封建共产主义'的特质的作品,一部对于当代中国史有着社会百科全书式的意义的作品"①。

2003年,《城的灯》由长江文艺出版社出版。此时,李佩甫已经确定了创作"平原三部曲"的想法,《羊的门》《城的灯》是前两部。与《羊的门》相比,《城的灯》表现的生活面显然更为开阔,它在一个更为宏大的视野里,描写了农民由农村走向城市的精神史,很好地把握了大的社会趋势。同时在这部作品中,李佩甫用很大篇幅写了他此前作品从未涉及的部队生活,而且写得真实而生动,是其作品表现范围的进一步拓宽。在与周百义的对话中,李佩甫谈到了《城的灯》相对《羊的门》的拓展,他说:"就《城的灯》这部小说来说,它的不同,首先在于'城'的出现,'城'的诱惑。写的是'逃离'和'建设'。如果将《城的灯》与《羊的门》相比较的话,前一部是客观,而后一部

---

① 语见李佩甫《羊的门》封四,华夏出版社,1999年7月第1版。

更多的是主观;前一部诉说土地的沉重,后一部则是'植物'(人)的精神成长史。"①

在大家都以为李佩甫会一鼓作气完成"平原三部曲"第三部作品的时候,李佩甫转身将目光对准城市,创作了《等等灵魂》,于 2007 年 1 月由花城出版社出版。这部小说将整体背景转移到了现代都市,整个故事基本围绕商战来写。小说在现代背景下,围绕商业竞争这个金钱、权力角逐的主战场,深入描写了人性的挣扎、畸变和追求,并发出了召唤灵魂回归的深情呼唤。单从作品的表现范围而言,这无疑是李佩甫作品题材范围的又一次拓展。

到 2012 年,李佩甫终于完成了他"平原三部曲"的收官之作《生命册》,作品在《人民文学》发表并由作家出版社出版。《生命册》是快速转型的中国当下经济文化社会的真实写照,作品的表现范围更是有了极大的拓展。小说以一半篇幅描写了以普通的中原村庄无梁村为代表的中国农村,自五十年代大集体、三年困难时期、"文革"以及改革开放至今,城市化进程日益加快的发展变迁,全面描述了乡土中国几十年来的变化。作品的另一半篇幅以主人公吴志鹏在城市的生活、工作经历,对改革开放以来中国城市的发展变化进行了全方位的

---

① 周百义:《李佩甫:我一直在研究"土壤"》,《中国文化报》2003 年 3 月 20 日第 3 版。

展现。作品通过吴志鹏这个从农村走出来的知识分子的经历,对知识分子、文化人在商品经济大潮中的沉浮做了准确的描写;通过吴志鹏与骆驼的合作,对国企转制、实体经济的发展、资本经济的运作,以及官、商、媒体、金融等各个方面的相互关系等有着很好的表现;通过与吴志鹏各种各样的关联,刻画了如传销、官二代、艺术家、上访户等各种各样的社会现象和人物形态。作品把两位主人公的活动背景放在几个当下中国最为现代化的城市,更好地表现了与乡土中国相对的另一面。当然,作品也有对二、三线城市以至县城的描写。如此一来,当今中国社会的各个层面在作品中就有了非常全面的表现。不唯如此,《生命册》不仅对中国传统农业经济的社会形态、文化形态、大众心理有着全面的反映,对自改革开放以来中国的现代化进程及现代经济运行的社会形态、文化形态、大众心理同样有着深刻的反映,同时对大众心理以至人性有着深刻的揭示。这部作品对整个平原地区各种风土人情、地理环境及各色人等的生动描写,对都市芸芸众生相的精彩描摹,使之成为描绘当代社会生活的百科全书式文学作品。因此,称《生命册》为当代中国社会的全息画卷可以说毫不夸张,堪称迄今为止全面、准确、深入反映当代中国社会变迁的最好的作品,就反映当代中国社会生活的广阔度而言,少有作品可与之比肩。

由此我们可以看到,李佩甫作品的表现范围几乎涉及新中国成立以来社会生活的各个方面,对中国半个多世纪的时代变迁做了真实的记录和精彩的表达。实际上,李佩甫还有不少优秀作品未被纳入他的创作谱系进行研究,比如描写下岗工人的中篇小说《学习微笑》、描写国企改革的电影剧本《挺立潮头》、描写由旧艺人成长为戏曲表演艺术家的长篇小说《申凤梅》等,把这些作品纳入研究范围,就会看到,李佩甫作品表现范围之广,在当代作家中应该说是很少有人可以企及的。

深入思考时代变迁

小说作为个人经验、时代经验的记录,当然不仅仅是讲好某种时代背景下一个或一系列故事那么简单。好的小说应该是在故事的讲述中,通过构成这个故事的一系列事件,表达出个人经验、时代经验的复杂性;同时,要通过这一系列事件内在的因果关系,使读者对这种经验有所体悟,亦即为这种经验赋予解释,这种解释就是作品内在的思想性,就是作者的历史观、价值观。

通读李佩甫30多年创作的一系列作品,可以清楚地看到,他确实是一个不倦思考,使自己对社会的认识不断深化、思想一步步深刻的作家。应该说,李佩甫对中国社会变迁和人物命运的思考已经达到了相当的高度。他因对国民性格、国民精神的深入剖析,某种意义上堪称继承鲁迅精神最好的作家。

李佩甫早期的创作,包括多部中篇和几部长篇,侧重于描写变革中的乡村现实,作品的基调是对土地的挚爱。也正因此,此时的作品描写了农民的纯真、善良与美好,表达了对于改变乡土传统的商业与金钱的拒绝与批判。他的第二部长篇小说《金屋》集中表现了其此一时期的思想观念,对金钱的欲望、对人性的伤害、对物质主义的泛滥进行了有力的批判。这种批判精神在此后的创作中一直得到延续,以至后来很多文章都把李佩甫称为"批判现实主义"作家。

1995年,李佩甫把目光转向城市,创作了《城市白皮书》。这部写城市的作品,通过揭示家庭这个细胞的病变,透视了几十年来社会变化的历史,其中依然隐藏着李佩甫对土地深深的眷顾,把城市看作一个病态的社会,秉持着坚决的拒绝和批判态度。从某种意义上说,《城市白皮书》还带有某种站在农业文明的立场上批判城市文明的意味。但在坚决批判城市病态的同时,作品并没有表现出末世的悲观或绝望,作品最后给孩子"施洗"这个情节,清楚地显示出李佩甫用精神追求、灵魂拯救社会的意图。在以后的创作中,这一点得到不断发挥,堕落与救赎成为他中期创作的一个基本主题。

《城市白皮书》之后,李佩甫重新把目光转回"平原",创作了使其获得广泛声誉的代表作《羊的门》。与之前的作品不同,《羊的门》对于土地及生活在这片土地上的人民,不再一味地唱赞歌,而是进行了深刻的反思。《羊的门》写出了一个"国中之国",塑造了一个"东方教父"的形象。《羊的门》虽然主要写的是作为"教父"或救世主的"门",更关注的却是其治下的百姓"羊",向读者充分展示的是"羊"赖以生存的土地。不只是在李佩甫这里,在中国新文学的整个作品谱系中,"人民"总是勤劳、善良而伟大的,而那些凌驾于"人民"之上的特殊人物,以种种恶劣的方式对"人民"进行奴役、剥削和压迫,因此对这些特权人物必须予以批判。《羊的门》让我们看到,问题的出现其实与"羊"自身的问题直接相关,有必要对"羊"本身、对"羊"生存的土地——问题产生的历史根源和现实基础进行深刻的反思。正是在这个意义上,这部小说才显得更为厚重。因此,《羊的门》具有一种前所未有的穿透力和巨大的包容性。这部作品在展现"门""羊"及其生长的"土地"的过程中,穿透、超越了对具体事件的描绘,直接深入到绵延数千年的中国传统文化的根源和现实的政治基础中,因而具有很强的思想性。

作为"平原三部曲"的第二部作品,《城的灯》没有获得像第一部《羊的门》那样的广泛赞誉。但是,这部作品在中国新文学史上具有突破性意义。在中国新文学特别是革命文学的发展史上,贫穷一直作为光荣的象征被赋予正面的意义。而《城的灯》则审视了贫穷的负面、阴暗面,对贫穷的毒与恶进行了深入的拷问,表达了"贫穷产生罪恶"这样一种社会思考。以前,我们总是把乡土、田园视作理想的生存环境,甚至是精神家园。但是农村的社会现实告诉我们,事实并非如此。李佩甫的作品,特别是《羊的门》和《城的灯》有一个共同的主题,就是深入剖析土地与人的关系,他把这比喻为土壤与植物的关系。《城的灯》中老梅关于"树",特别是盆景的一段论述,讲的其实就是环境对人性的扭曲。通过作品我们看到,所谓"田园牧歌"只不过是文人的幻想。长期以来,农村自然的、政治的、经济的、文化的种种因素,及其所造成的持续的贫穷,对人性是一种极大的戕害,使人性被扭曲,自私、冷漠甚至残忍成为一种普遍现象。而当今农村的现实环境,特别是贫穷对人性的摧残,很容易使人性中恶的一面表现出来。所以,目前绝大多数农民其实都有一种逃离的心态,甚至不惜为此付出巨大的代价。对于冯家昌逃离过程中表现出的无情、自私、放弃人格等,甚至不能称之为恶,而只是一种现实的生存技巧和手段。《城的灯》用大量的篇幅讲述的就是冯家昌及其周围许多人逃离的故事,它触及了当今中国社会城乡二元对立的现实,并对此做了很好的表达。但可贵的是,在《城市白皮书》中那个已经出现的拯救主题,在此清晰地呈现出来,成为这部作品的一个重要特点。因此,《城的灯》在"逃离"之外,有一个更重要的主题:"回归"。冯家昌等人拼命逃离的结果是进入了城市,但现实的城市并非人间净土,与农村相比,它一样充满了罪恶。那么人世间是否存在一方净土,或者说精神家园在哪里呢?《城的灯》通过刘汉香这个人物向我们讲述的是一个寻找并回归精神家园的故事。而且相对来说,"回归"是《城的灯》的根本主题。《城的灯》的内在结构可以和《圣经》相比,它们都是关于逃离与回归的故事,都是关于受难、拯救与复活的故事。在上梁村,刘汉香出身高贵,她的受难完全是自觉的。刘汉香得知被冯家昌抛弃,进城而后返回的经历,其实是一次精神上的死而复生。然后,刘汉香自觉承担起了拯救者的责任,并成了一名殉道者。所以,刘汉香就是基督的现代化身,就是"城的灯",照亮了人们回归精神之城的道路。这样具有宗教情怀的作品,在当今中国的社会现实中,很有现实意义。

《城的灯》之后,李佩甫暂停了"平原三部曲"的写作,完成了描写商战的作品《等等灵魂》。应该说,在此之前,李佩甫的作品在人性的描写上已经非常深入了,他总是努力把人物的性格往极致上推,他对生活在中原文化背景下人的精神和性格的揭示,已经达到了无人能出其右的境界。《等等灵魂》写的是一个商业帝国的建立和坍塌,但延续的依然是"堕落"和

"救赎"的主题。李佩甫多次表述过这样的看法,当人们从物质的匮乏中走出之后,精神问题就显得更加突出,社会上会有越来越多的人患精神疾病。所以,他的小说要关注人精神上的失落,要写人的精神成长史,他提供给读者的就是这样一部"精神病相报告"。李佩甫此前的两部主要作品——《羊的门》和《城的灯》——名字就来自于基督教的《圣经》①,这表明他这一时期的创作明显有一种宗教情怀作为支撑。所谓宗教情怀并非对于某种特定宗教的笃信,它只是表明,作家在有意识地追问人存在的终极问题,关注的是人的精神问题,对人的终极关切成为他关心的重点。在《等等灵魂》中,我们看到,不只是任秋风、苗青青、江雪、邹志刚、老刀、胡梅花、胡跃进,以及郭老大、老千、薛行长等,都在贪婪地追求着权、钱、色,都处在"从本质向生存转化"的"堕落"过程中。从这个角度说,尽管李佩甫一次次写到与权力相关的故事,但真正让他感兴趣的并非权力本身,而是人何以会如此追逐权力,人性中何以因此生长出恶的东西。李佩甫也没有就此止步,他在努力寻找一条救赎之路。作品中,上官和小陶就提供了对抗"堕落"的道路,那就是"信"。从这个意义上讲,《等等灵魂》是李佩甫思想上更趋成熟的一部作品。在《城市白皮书》中,他更多的还是

---

① 《城的灯》的名字来自《新约全书》的一段话:"那城内不用日月光照,因有神的荣耀光照,又有羔羊为城的灯……"

站在农业文明的立场上,以审视和批判的眼光看待城市,因而看到的都是负面的东西,所以才有"城市病了"这样先验的结论。在《羊的门》中,他通过一个村子,向我们展示了"羊"——芸芸大众和"门"——统治者及其生长的土地,促使我们对问题产生的历史根源和现实基础进行深刻的反思。这两部作品更多体现的是作者的社会批判意识。与《羊的门》相比,《城的灯》有一个突破,就是作者开始努力寻找出路,让刘汉香以自身的牺牲,化身为"城的灯",照亮人们回归精神之城的道路。《城的灯》的下半部,主要是在这样的宗教情怀中完成的。但在现实生活中,作者其实并没有找到一条解决问题的出路,所以显得不够扎实,现实感不足,多少显得有些飘。而《等等灵魂》在这一方面就做得非常成功,它在看透了人性的弱点、人类生存处境的无奈之后,仍然以美好善良的情怀包容世界,并力求以自身的绵薄之力努力改变世界,消除人性中丑恶的东西。不像刘汉香那样具有宗教殉道的意味,小陶和上官尽管也像刘汉香一样"信",但她们选择的是从实实在在的小事做起,开个花店,把美好的东西带给人间,开个书店或到山区支教,以文化遏止人性中恶的宣泄。应该说,如何对抗人性的弱点,如何消除人性的丑恶,如何使世界更为和谐美好,《等等灵魂》提供的是一条更为现实的出路,它使我们在无神的年代,依然能"信",能从身边具体的事物中发现生存的意义,能够在内心有种坚定的力量对抗堕落,留住灵魂。回顾李佩甫的创作,可以看到,自《城的灯》以后,其作品越来越让人感到温暖,让我们在人性的黑暗中看到了光明的生长,在人类存在处境无奈的绝望中看到了希望的孕育,显示出一种博大、宽容的情怀,及善良、美好的愿望。

在此之后,李佩甫终于推出了"平原三部曲"的压卷之作《生命册》。其中,吴志鹏这个"背着土地"在都市行走的知识分子,不仅是自20世纪50年代以来,50多年社会生活的亲历者、观察者,同时也是一个深入的反省者、追问者。也正因此,《生命册》不仅是50多年中国广阔社会现实的真实写照,更是由乡村进入城市的一代知识分子的心灵史,是国民精神的透视图谱。吴志鹏吃百家奶、百家饭,在农村长大。然后通过读书走进城市,成为一个现代知识分子和成功商人。成长经历正是当今中国迅速城市化的社会现实的一种隐喻,李佩甫对平原的持续书写因此显示出了重要的意义。"平原三部曲"的基本主题是土壤和植物,即在一定文化土壤和社会环境中,人的生存状态及生长可能。《羊的门》描写的是一个"东方教父"的成长,这部作品重在探究封建集权形成的土壤,对"人民"进行了深入的反思,因而又被称为"人民批判书"。《城的灯》则重在探究生长的方向,作者以浓重的理想主义色彩,塑造了一个"圣母"式的人物刘汉香,以图帮助我们找到回归精神之城的道路。这部作品改变了过往"金钱是万恶之源"的庸常思维,对贫穷,特别是精神贫穷进行了深刻反思,揭示了贫穷对人性成长的巨大伤害,可以说是一部"贫穷批判书"。《生命册》则更为宽阔、更为本真、更为质朴,它更贴近我们的生活经验,更贴近现实的生存环境,它对如何过上理想化生活的思索与追问,与每个人的内在精神追求高度吻合。堕落与救赎或受难与拯救,一直是李佩甫小说创作的重要主题,也是基本的内在结构方式。到《城的灯》,作者将这个主题与这种结构方式推向了极致。但这样的方式无论在现实中还是写作中,都遇到了极大的困难,以至于刘汉香只能走向死亡,成为一个"殉道者"。而刘汉香这个理想人物形象也多多少少显得有些虚幻。《生命册》则重新回到坚实的土地上,走进了真正属于中国人的内心世界中,努力从中国现实的土壤中,从中国人现实的生活经验中,探究人类追求理想生活过程中的建设与破坏,寻找"让筷子竖起来"的方法。《生命册》较之前两部书的改变,其实表明李佩甫放弃了过去的思维方式和结构方式,转而以中国化的方式理解时代和人生,探究人的可能性和命运的奥秘。因此,《生命册》可以说是李佩甫为中国近五十多年来的时代与人生撰写的新《易传》,传达了作者对时代变迁中众生命运、人生秘局的参悟心得。描写在某种文化土壤中人的生长,一直是李佩甫创作的一个重要着力点。《羊的门》关注的是权力文化,描写了集权人物在特定环境中的生长;《城的灯》关注的是人性,揭示的是贫穷对人性的伤害;《生命册》关注的是"土壤",揭示的是人性的丰富性、复杂性与可能性。总体上说,李佩甫的这些作品,剖析了自20世纪50年代以来,在广袤的中原土地上、在政治斗争的漩涡中、在喧哗与骚动的都市中奔走的各色人等的灵魂状态。《生命册》在以浓墨描绘时代变革中知识分子的生存现实与灵魂状况的同时,把笔触伸向普通群众,不仅通过共同养育孤儿等细节写出了他们的纯朴与善良,也通过他们对待梁五方、虫嫂等人的行为,写出了普通人的恶,揭示了人性中幽暗的一面。这种普通人的恶、平庸的恶的存在,使新的极端恶行随时可能出现。《生命册》从文化根部思考这些曾在历史上出现,并可能还会在未来出现的极端行为,无疑具有重要的意义。同时,《生命册》中包括吴志鹏在内的很多人,在进入城市的过程中,渐渐成为"漂泊者"和无根之"树"。这种描写表达了佩甫在迅速转型过程中,对文化遭受破坏、精神家园丧失、建设与破坏相伴的现代化进程的忧思。

自20世纪90年代中期以来,简单写实的倾向大行其道。这种写作在叙事上降低难度,在精神上取消向度,似乎把故事讲好、讲得离奇刺激,就是写作的全部。李佩甫的创作,坚持以理想光芒照耀下的批判精神透析社会、透析人性,对时代变迁进行深入思考和表达,体现出了一个专业写作者应有的责任感和担当精神。

持续坚持艺术探索

以往谈到中原作家群的时候,评论界常用的一个词是"慢半拍"。因为在形式探索盛行的 20 世纪 80 年代,河南作家很少能领风气之先,显示这方面的才华。这其中应该也包括李佩甫。但是,如果仔细考察李佩甫的创作,就会发现,李佩甫其实是一个文体意识极强的作家,只是,他很少为形式而形式、为创新而创新,他总是把形式的创新与内容的厚重结合在一起,稳扎稳打地将作品的艺术性、思想性一起向前推进,表现出一种难得的大气。

在 30 多年的创作历程中,许许多多的评论家在谈到"先锋写作""现代派""后现代"等与文体相关的问题时,从不会想到李佩甫,似乎他从来就是一个只会老老实实靠经验写作、用故事讲话的作家。实际上,从写小说开始,李佩甫就具有强烈的文体意识,并在不断地阅读、思考、实践中寻找适合自己的表达方式。

在早期的写作中,李佩甫表现出了对于细节特有的敏感。他善于在对人物、事件细致入微的精确刻画中,表达自己对人性、人生与社会的理解。这是其小说写作的一个突出特点。1985年前后,李佩甫对小场景、小细节的把握、处理能力已经非常娴熟。此时,他开始把目光放远,着手建立大的叙事格局。1986年,李佩甫第一部长篇小说《李氏家族的第十七代玄孙》发表,这部作品带有鲜明的"80年代"特色,可以明显看出"寻根文学""先锋小说""魔幻现实主义""新写实小说"等多种思潮的影响。多年后,李佩甫在重新谈到这部作品时,认为它写得"太碎了"。这部作品中,李二狗坐牢时自言自语的章节,明显带有意识流小说的特点;而作品对于李氏家族遥远历史的追溯,又明显具有"寻根文学"的特点;以马尔克斯为代表的拉美魔幻现实主义的影响也于此清晰地表现出来。尽管可以清楚地看到不同流派写作手法对李佩甫都有影响,但李佩甫并没有在盲目模仿中迷失自己,他总体上依然坚持了写实的路子,并开始向更宏阔更有历史感的叙事转变,为其以后的创作确定了一个非常好的基调。

李佩甫对文体的思考和探索从来就没有停止过。几年之后,李佩甫将《败节草》作为一条线加进《李氏家族的第十七代玄孙》,并改名为《李氏家族》重新出版。从此时开始,复调的表现手法已经深深地潜伏在李佩甫意识的深处。《城市白皮书》有小女孩和魏征两条叙事线索,《羊的门》有呼天成和呼国庆两条线索,《城的灯》有冯家昌和刘汉香两条线索,《生命册》

有农村与城市两条线索,他的每一部重要作品几乎都采用了复调的叙事方法。

最能体现李佩甫文体探索精神的非《城市白皮书》莫属。这部作品采用日记体的形式,通过一个不会说话孩子超能的视角和魏征的现实视角展开叙事,描述了一系列感觉意象。赋予声音以颜色,将物人化,使小说于荒诞中显出真实,于巧妙中显出深刻,于灵动中显出浑厚。这部作品舍弃对城市现实的具体描写,把它作为一种心理状态予以表现,显示出李佩甫从整体上把握时代与社会的艺术表现倾向。实际上,远在此之前,李佩甫发表于1989年的中篇小说《送你一朵苦楝花》,就已经带有明显的理性思辨色彩和自我剖析特征,这些在《城市白皮书》中再次体现出来,并成为他以后创作的基本特征之一。《城市白皮书》尽管不能说是一部成熟的作品,但李佩甫由此摸索的一些艺术表现手法为其以后的创作找到了很好的表现形式,为其代表作的创作奠定了基础。比如其散点透视的手法,在《生命册》中就被更好地加以利用,极大地增强了作品的表现力。

经过《城市白皮书》的探索之后,李佩甫终于开始了其代表作"平原三部曲"的创作,推出各方面都趋于成熟的《羊的门》。《羊的门》在表达上突出的地方在于其语言的张力和充沛的激情。在叙事上,这部作品以历史和现实两条线索交织进行,扩大了作品的包容性,同时也避免了作品的平直和单调。作品在这两条线索的交织中,完成了对新中国成立后几十年历史的描绘。与侧重描写新中国成立前的那段历史的《白鹿原》相比,《羊的门》的叙事显得更为智慧,它花费笔墨不多,以隐喻性或寓言式的方式描绘了新中国成立后的历史。接下来的《城的灯》,同样采取了两条线索交织的叙事方法,分别描写冯家昌和刘汉香的现实与精神历程,依然达到了很好的效果。至此,李佩甫基本找到了自己的小说叙事方法和表现风格。

作为"平原三部曲"收官之作的《生命册》,在延续以复调叙事提高作品表达效率特征的同时,又有了进一步拓展。这部作品浓缩了作者五十多年的成长历程,凝聚着作者的所见、所闻、所思、所想,塑造了一大批遍及城乡各个行业的人物形象,其表达效率之高、表现力之强,当下长篇小说鲜有能与之匹敌者。《生命册》采用的是第一人称的叙事方法,其中涉及的一系列人物和事件,许多并无直接关联,全靠"我"的讲述串在一起。因此,整个作品的结构,从横向看,呈放射状展开,书写了一个个鲜活的人物及其命运变迁。也许正因如此,李佩甫称这部作品是"树状结构",即由"我"这个枝干向不同的方向伸展出一个个枝杈。虚拟讲故事现场,"花开两朵,各表一枝",这种中国传统小说的叙事技巧,在李佩甫这里得到了很好的继承和发扬。《生命册》正是通过"我"的讲述,从乡村到繁华都市,从底层小民到上层高官,从传统农民到现代富豪,从五十年前的生活到当下的现实,把形形色色的人物很好地描绘出来,使作品的生活宽度和厚度得到了极大的拓展。而这种第一人称叙事,在吸收中国传统小说表现优长的同时,并未放弃现代小说的叙事优长,使二者很好地融合在一起。从传统小说"说书"的角度看,作品向横的方向伸出了一个个枝杈,故李佩甫称之为"树状结构"。如果按其内在的时间走向和空间转移看,作品的总体叙事脉络非常清晰,即以无梁村为代表,描写中国自 20 世纪 50 年代以来农村的变革,以"我"在城市的生活来描写改革开放以来城市的变革。全书共十二章,基本上奇数章节写的是现代经济背景下城市生活的故事,偶数章节写的是传统经济背景下农村生活的故事,到最后一章,两条线才合并起来,这样的结构其实是典型的"复调"叙事。《生命册》的这种叙事方式,使作者以最经济的笔墨从容表现不同时代乡村和城市、农耕文化和都市文化、农业经济与现代经济的不同环境中人们的生存现实。第一人称自我言说的方式,又可以很好地表达作者的思考和感受,比如他对中国传统命理与时代变迁中人的生命可能性之间关系的思考等,使作品具有深刻的思想内涵。《生命册》的写作体现了作者举重若轻的叙事功力,使作品在表达经验的丰富性和思想的深刻性上达到了极好的效果,是真正高效的艺术表达,对中国长篇小说的叙事艺术有创造性的贡献,代表着中国当代长篇小说创作一流的艺术水平。

李佩甫是一个特别讲究语言的作家,语言考究、富有诗意是其创作的一贯特点。在谈到小说创作时,他常说的一句话是:"语言就是思维,过程不可超越。"可见他对语言的重视程度。在过往的写作中,李佩甫湿润、诗意又蕴涵意味、透着力量的语言,甚至多少会给人一丝雕琢的感觉。在《生命册》中,李佩甫保持了他一贯讲究语言的特点,而且表达得更加自然、从容。因为采用第一人称叙事,而且是以重新叙述的方式展开故事,作品的语言因而带有明显的口语化倾向。这使读者阅读《生命册》时,可能会觉得语言不如《羊的门》等作品那样富有诗意,那样有冲击力,但这部作品语言的自然从容及由此透出的人物内心的淡定,却是过往作品所没有的。尽管语言较为口语化,但《生命册》的语言仍然极具韵味、极耐琢磨,会让人觉得每一个词的意蕴都是那么的丰富,每一个词似乎都关联着广阔的世界,让人产生无限的联想,作品的意涵也因此显得空前的充沛。

大的方面,在现实主义的框架下,通过总体象征、隐喻这些具有表现主义特征的手法来传达对于时代和人物的总体理解和把握;小的地方,通过贴近现实、精细描摹日常生活中震撼人心的细节来提高作品的表现力,是李佩甫作品基本的艺术特征。因此,李佩甫的小说特别重视细节,在他几乎每一部作品中,都可以找到许许多多让人过目难忘的细节。比如在《城的灯》中,点心匣子、脚上的蒺藜、地上的枪眼、分鱼、打耳等细节,哪一个不令人赞叹？李佩甫对细节的重视,使他在电视剧剧本创作上也有突出的表现。从《颍河故事》开始,李佩甫相继创作了《平平常常的故事》《难忘岁月——红旗渠故事》《申凤梅》《红旗渠的儿女们》《等等灵魂》《河洛康家》等多部电视连续剧剧本及电影剧本《挺立潮头》等,他以一个优秀编剧的身份蜚声影视界。我们见到过许多作家因电视剧剧本的写作而使小说创作的表现力大打折扣,但李佩甫则在电视剧剧本的创作中,发现了电视剧细节密度高、桥段精彩、情节紧凑的优长,并把它用在小说创作中,让作品能够以不长的篇幅、精妙的细节展现众多人物的命运。如《生命册》就描写了春才、梁五方、虫嫂、杜秋月等一个个人物的命运变迁,使作品的可读性大为增强。

　　对于李佩甫的创作,一些论者对其人物形象以至细节的重复使用多有诟病。李佩甫常说:"过程不可超越。"这种重复实际上是他不断探索和深入思考过程的见证。如果以时间顺序阅读李佩甫的作品,就会发现,这些重复出现的主题、人物、细节、事件,其实处于一个不断丰富深化的过程中,这种重复实际上如滚雪球般在不断放大,从而使人物形象更加丰满,使作品内涵更加丰富,使主题思想更加深刻。

作为一个富有责任感与担当精神的作家,在30多年的探索与思考中,李佩甫扎扎实实地稳步推进,以其一系列作品,全面、深刻地反映了新中国数十年的时代变迁,在社会价值、思想价值和艺术价值方面,都有新的突破,代表了中国当代长篇小说创作的最高水平。这样的成就单靠文学方面的一点才华和聪明是做不来的,靠的是在历史责任感驱使下,不回避艰难、持之以恒的坚持。在和我谈到一些作家的创作时,李佩甫由衷地说:"顿悟的最终比不过苦修的。"我以为,这正是他对自己创作历程最深刻的体认,也是值得每个年轻作家记住的名言。

"我还会写,不过会有一个充电期。创作不能太功利,首先要把它变成精神的事情,变成产生快乐的事情,虽然创作在某一个阶段是苦的。"[①]对李佩甫,我们有理由保持充分的信心和期待,相信他会有更好的作品,会带给读者更多的惊喜。

(原载《小说评论》2013年第2期)

[①] 舒晋瑜:《李佩甫:上网写字不能叫创作》,《中华读书报》2012年4月25日第18版。

儿童小说的轻中之重

《念书的孩子》是一部让人读来不时会眼睛湿润的儿童小说。它触及的是当下中国农村实实在在的现实问题，描写的是他们生活中的苦难，更有浓浓亲情。这大概是由此改编的电影《念书的孩子》及《念书的孩子 2》连续两届获得美国圣地亚哥国际儿童电视节最佳影片奖的原因。

随着现代化进程的加快，农村绝大多数青壮年纷纷离开农村到城市工作，过上了候鸟般的生活，定期在工作所在地城市和家庭所在地农村间迁移。这种在中国各地普遍存在的现象，带来的一个极大的现实问题就是，这些在城市工作的务工者把孩子留在农村由老人抚养，致使留守儿童成为一个数量极为庞大的社会群体。可以说，对留守儿童的关注，连带着打工者的生活、打工者父母及子女的生活，反映的必然是中国农村最基本的生存状况，揭示的是当下中国最重要的社会问题。

《念书的孩子》就是一部反映当代留守儿童真实生活的作品：九岁的小主人公路开的父母为生计在外打工，他和爷爷在老家生活；后来爷爷因病去世，路开只好随父母到城市借读。就作品的结构设计来看，作者所关注的不仅仅是留守儿童当下的生活状况，更在寻找解决留守儿童问题的出路。在反映留守儿童生活的作品中，《念书的孩子》是正面表现且极有深度的一部。

前些年，由于"快乐文学"观念的倡导，儿童文学作品中充斥着各种调皮捣蛋、古灵精怪的儿童形象。这些作品随后受到了庸俗、浅薄的质疑，于是一批反映儿童生活和内心苦难的作品面世，但很多作品写得过于沉重，其中一些作品甚至对儿童的苦难进行了极为夸张的描写。如何正视儿童生活和内心的苦难？如何教会儿童正确面对死亡？这是保证儿童内心能够健康成长的重要问题。《念书的孩子》很好地处理了儿童生活和内心苦难的问题。离开父母的路开，内心充满了对父母的思念，时时会和被他收养的流浪狗"小胆儿"相顾流泪，心中的苦楚难以言表。生活中，生病的爷爷对他的照顾已经力不从心，他每天早早起来，自己做饭；在爷爷离世后的一段日子里，更是一个人独守空旷的旧房子，忍受着内心的恐惧，和"小胆儿"一起靠硬馍凉水度日。特别触动人心的是，一个九岁的孩子，经历了煤气中毒的爷爷被从死亡线上拉回来，又亲历了爷爷在自己身边静静地离世。就内容来说，《念书的孩子》是一部关于儿童如何面对苦难、面对死亡的文学作品，但是阅读作品的时候，读者不会有惊悚感，作品在具有深刻的思想内涵的同时，又保持着积极、健康、阳光的基调。

其实，作品的感人处、催人泪下之处甚至并不在对苦难的书写上，而在于对亲情的描绘。作品通过一个个温馨感人、发人深思的生活细节，对开开的可爱懂事、燕子的善良活泼、朱靓的精明多谋、爷爷的慈祥宽厚、老师的责任爱心等都做了非常生动的刻画，使一个个人物形象显得异常鲜活。而且，这部作品相较于很多儿童作品的成功之处，还在于它写出了儿童内心生活和经验的复杂性。比如路开和爷爷生活在一起，但对爸爸妈妈的思念却无日不在。对爷爷述说似乎是在表达对爷爷的不亲和不满，不说内心又异常酸楚，于是他在作文中讲，对同样没有爸爸妈妈陪伴的小狗讲，并因此把"小胆儿"看作亲密的朋友。和爸爸妈妈一起生活后，路开又时时思念爷爷，思念"小胆儿"，一个人悄悄拾废品卖了钱，打电话给"小胆儿"。这些细节很好地表达了儿童内心世界的丰富性和经验的复杂性，让作品更具真实感、更见深度、更有艺术感染力。

从追求"快乐"到表现苦难，从流于庸俗到失之坚硬，儿童文学创作常常从一个极端滑向另一个极端。对苦难的表达不一定意味着文字的坚硬干涩，它一样可以写得生动有趣。在这方面,《念书的孩子》处理得非常到位。作品从儿童的视角看待问题,很多看似平淡无奇的生活和问题都变得生动起来,变得趣味盎然。这部作品除情节构思、人物塑造做得非常好之外,特别注重语言,特别是人物的对话。作品中,开开与爷爷有大量对话,除推进情节、日常表现人物性格的对话外,作品还设计了一系列很有趣的问题。比如胡子比头发晚生20年,为啥比头发白得多?狗为什么四条腿?当开开以儿童的理解向爷爷解释这些问题时,文本变得活泼有趣。此外,作者孟宪明同时是一位民俗学家,作品中有大量民俗方面的描写,比如春节请去世的爷爷、奶奶回家等。这些民俗不仅是人物生活的文化基础,在增加作品的知识性、趣味性的同时,也进一步增强了作品的真实感和厚度。

"小胆儿"堪称《念书的孩子》的第二主角。这只被开开收养的流浪狗,在开开看来,和自己有着相同的命运,因此二者之间形成了很好的互文关系,对强化作品的主题发挥了重要作用。同时,"小胆儿"也是推进情节展开的一个必要道具,没有"小胆儿",作品整体的叙事就难以进行。更重要的是,灵巧善解人意的"小胆儿"作为作品的一个重要角色,使作品具有了动物小说的许多元素。对于儿童文学作品来说,它比设置一个承担同样功能的人物角色更有趣味,更能抓住读者。

苦难中体现出真情、真情中见证着成长,轻松包裹着严肃、趣味包裹着知识,阅读中不时让人会心而笑,又不时让人眼含热泪。文学性、思想性、趣味性兼具,是优秀的儿童文学作品的特征,而《念书的孩子》正是其中的一部。

(原载《中华读书报》2014年4月16日第12版)

程乃珊和她的"蓝屋"

4月22日一大早,在微博上看到程乃珊离世的消息后,我想,在媒体乃至全社会的注意力都放在雅安地震上的时候,除了文学界,大概没有人会注意到这个"上海 Lady"的远行。然而我错了,上午到办公室,即有不同媒体的记者就此事电话采访,要我谈程乃珊和她的作品。

记者的嗅觉总是敏锐的,作为20世纪80年代以后上海"小资情调"的开拓者,程乃珊无疑拥有大量的"粉丝"。近两年,她写上海历史和人物的系列纪实作品《上海探戈》《上海 Lady》《上海 FASHION》《上海罗曼史》《海上萨克斯风》《上海女人》等畅销一时,就是很好的证明。程乃珊最有分量的作品大概要算《金融街》了,这是以他爷爷为原型的一部关于穷小子奋斗成为金融家的长篇小说。但让程乃珊成名的则是发表于1983年的《蓝屋》。

《蓝屋》描写的是新中国成立前上海滩富豪钢铁大王顾福祥子孙辈的故事。作品以"蓝屋"为象征,描写了不同的生存方式和不同的人生选择:蓝屋的主人顾福祥、顾鸿基、顾传业三代人的生活是腐朽的;离开蓝屋的顾鸿飞、顾传辉父子二人则有着独立的人生追求。尽管这部作品暗含着一种对身世显赫的隐约炫耀,但在 20 世纪 80 年代前期,让独立自强的精神战胜不劳而获的私欲必然是作品最终的主题。

而程乃珊对这样简单的处理肯定是不满意的。"蓝屋"的原型其实就是上海铜仁路上颜料大王吴同文的"绿房子"。程乃珊的丈夫就是吴同文的外孙,她对"绿房子"的感情自然非同一般。随着时代的变迁,程乃珊日益对老上海的人和事,表现出非同一般的怀恋和向往,认为只有从"蓝屋"或"绿房子"里走出来的才是真正的绅士和淑女,除上海和香港(其实是上海的延伸)这两个大都会外,中国其他地方不管多大的城市都不配称为都会,甚至都是乡下。所以,程乃珊要重写"蓝屋",要把上海作为一个大的"蓝屋"来写,要让在中篇中死去的顾福祥活过来见证它的建成和变迁。遗憾的是,程乃珊没有完成这部作品。我想如果完成的话,顾福祥、顾鸿基、顾伟业可能同样"腐朽",但肯定都是绅士,是今日年轻人学不来的老克勒。从程乃珊后来写的一系列纪实作品看,对昔日荣光的怀念、对老克勒的赞叹,会成为她这部未竟之作的基调。

程乃珊走了,不管是作为一个独特的作家让我们怀念,还是作为一个最后的"上海 Lady"让小资们膜拜,她已经不朽!

(原载 2013 年 4 月 24 日《大河报》第 A37 版)

亦农:勤奋的有心人

亦农的老家紧邻我的家乡,都在文学界中人有所耳闻的南阳。尽管是老乡,之前我们并不相识。

郑州是全国小小说创作的中心,时常举办全国性的小小说活动,全国小小说界的最高奖金麻雀奖也定期在这里举办。我和亦农的邂逅是在2010年郑州的小小说金麻雀奖颁奖大会上。此时我才知道,亦农已经辞去收入不菲的稳定工作,专事写作三四年了。

在亦农辞去工作的2006年之前,他主要从事小小说创作,不少作品被《小小说选刊》和《微型小说选刊》选载,并被《微型小说选刊》评为"当代中国微型小说百家"。2001年还在《京华时报》开过专栏。其作品《棋杀》等,多次被河北、成都一些省市地区选作中考试卷的阅读理解题。这也是小小说作家的一项重要荣誉,说明亦农在全国小小说界已经有了相当的影响。

就在此时，亦农毅然辞去工作，准备专职创作了。要知道，此时的文学早已从中心退居边缘，传统文学不景气、图书市场每况愈下，想靠文学维持一家老小的生存，委实不是一件容易的事。由此可见，亦农对文学的热爱和执着，更有令人敬佩的勇气。

辞去工作后的亦农把主要精力转移到了长篇小说创作上，先后出版了长篇小说《石佛镇》《美人蹄》《血纸人》《北京记者》《为诅咒的狗》等，他同时也进行散文创作，出版有散文集《七零后·私人史》等。这个时期的亦农，创作题材广泛，类型多样，从悬疑小说、职场小说，到诗歌、散文随笔等，都有涉猎。也许是以文为生之后，忙不择路，急于打开一片天地吧。

2012年8月，国际图书博览会在北京举行。中国作家协会为落实中央领导指示精神、推动中国文学"走出去"的重要战略，决定设立中国作家馆，作为面向世界展示中国作家形象和中国文学整体成就的重要舞台。中国作家馆首次设立主宾省，选择的是中原作家群，我则是这次活动河南方面的主要组织者。活动中，来自河南本土的作家和在外地的豫籍作家聚集一堂，亦农也和我联系，来到了活动现场。这时我才得知，亦农已把主要精力投向了儿童文学创作，单2012年他就出版了"金牌三人组"系列探险励志小说《兵马俑密码》《一号追杀令》《仙家奇兵传》《网络大营救》《神探狗嘟嘟》,以及《功夫女生》《龙迹》《怪兽星球》《桐桐的点点狗》等多部作品。

一分耕耘,一分收获。亦农的勤奋得到了应有的回报,2009年,其小说集《因为有爱》获冰心儿童图书奖;2010年,他的小说《桐桐的点点狗》获《小说选刊》长篇小说奖,后被浙江文艺社列为"当代名家少儿文学精品典藏"出版。亦农还先后获得了曹禺微剧本奖、首届世界华文奖,作品还入围全国优秀儿童文学奖等。

勤奋的亦农还是一个有心人。现在微博异常火爆,很多人一天到晚守着电脑、抱着手机刷微博,不过是打发无聊;有些人则是以此发泄生活中的失意,看什么都不顺眼,逮谁骂谁;当然还有一些也是有心人,把微博变成炒作的工具,有的炒自己,有的炒别人,结果有些就被炒糊了。亦农则自觉地把微博变成了文学创作的一种手段——不知是否和他当年写小小说有关。

河南作家中,李佩甫爱散步,他曾这样描述自己的散步习惯:"很多个晚上,我穿越大街小巷,像狼一样在各个街头徘徊,想写好作品,想找好素材,想找好方向,这种状态持续了很多年。"正是这样的散步,成就了李佩甫,他的《羊的门》《城的灯》《生命册》《等等灵魂》等作品,就是在不停地散步中构思出来的。亦农爱跑步,他自称是"像村上春树一样"的长跑爱好者,坚持多年,风雨无阻。多年的长跑不仅锻炼了亦农的体魄,更活跃了他的思维,使他常有意想不到的收获。《在鸟巢边跑步》记录的就是亦农在国家体育馆鸟巢长跑时的所思所想。

话虽这么说,我相信《在鸟巢边跑步》所记录的绝不仅仅是亦农跑步时之所得,许多应当来自其日常生活中脑海里闪现的灵感火花。这些灵感,这些一闪而逝的思想,大多数人并不在意,过去了也就过去了。可亦农的用心在此表现了出来,当多数人用微博信手涂鸦以为消遣时,亦农一开始就有意识地通过微博汇集自己的思想碎片,数年所得,微博短文已达十几万字。他将这些积淀重新加工,掇菁撷华,整理成书,就有了我们现在看到的《在鸟巢边跑步》。

亦农是执着的写作者,也是坚定的思想者。没有思想作为支撑,任何华丽的语言、炫目的技巧,都如镜花水月,空洞而无意义。年届不惑的亦农不懈地坚持写作,其实也是在不断地探索人生。一个在风风雨雨中走过四十年的男人,一个坚持思考的男人,对于人生、社会、命运、情感等,都会有自己的深切感悟和独到见解。这些思想脱了青涩,未现暮气,表现在书中,就是一行行不乏真知灼见的闪光思想和令人回味的哲理箴言。

亦农,这个出身南阳的农民,用笔名"亦农",大约取"也是农民"之意吧。一千八百年前,同样有个人常以"躬耕于南阳"声称自己"也是农民",他最终以自己的勤奋和智慧成就了一番伟业。亦农同样从南阳走出,不乏勤奋,更懂用心,我们有理由相信他最终会成就自己的伟业。

(原载《在鸟巢边跑步:不写作时我在想什么》序,黑龙江教育出版社)

换个角度看世界

——简评《水瓶座》

这是一篇关于两个女人——准确说是一个女人一只女猫——情感生活的小说。小说延续的仍然是那个有关"爱与自由"之类的千年不变的主题。小说名叫《水瓶座》，作品开始不久即有了点题之笔：在一座叫水瓶座的楼里，水瓶座女人桑格认为水瓶座女人最突出的特点就是追求极度自由；而水瓶座女猫格桑则认为这些糊弄小孩子的说法并不适合桑格。桑格也怀疑真正意义上的精神自由其实并不存在。

故事由此展开。当然，事情似乎总是在向相反的方向发展。追求极度自由的桑格有着混乱的性关系：她与身为频道总监的老男人的性行为，显然更多是在现实利益的驱使下进行的；而与红发男孩则与物质利益无关，更多是情感或肉体的吸引。所以，桑格的作为其实已与精神自由无关，或者说她虽然渴望精神自由，却无法摆脱现实的羁绊。

对桑格的作为,格桑其实并不满意。她待在桑格这里,是因为找不到家。在仅有的一次逃离中,她出门便遇到了随地小便的醉汉和想抓她的泡网吧少年,以及和粗俗的水桶腰女人偷情后正屠狗的诗人,她看到的是整个世界的堕落。与此相比,桑格还算好得多。同时,看似冷静理智的格桑在流浪猫本的疯狂追求下,不顾身份地位的悬殊,坠入了情网。似乎,格桑追求的才是精神的自由。

故事逐渐变得饶有趣味起来。疯狂追求格桑的本,与受到桑格拘禁的格桑,连见面的机会都没有。但本从不气馁,为了爱情,他开始了一次次不顾生死的疯狂努力。这时,桑格化身为不懂爱的法海,导致本为了爱的牺牲和格桑为了爱的殉情。这样的爱情故事我们读过太多,比如罗密欧与朱丽叶,比如梁山伯与祝英台,再比如白娘子与许仙,还比如董永与七仙女。类似的爱情故事在文学作品中不可胜数,其共同的特点都是爱情受到限制,男女双方为冲破这些限制,开始了不懈的殊死奋斗。有情人终成眷属,这是喜剧;有情人为爱牺牲,这是悲剧。这样的故事如果我们把它还原到原型,可能会变得索然无味,其新鲜处就在于不断有作家为它找到令人耳目一新的表达形式。如果没有误会中的殉情,我们不会记得《罗密欧与朱丽叶》;如果没有化蝶,我们不会记得《梁山伯与祝英台》;如果白素贞不是一条蛇,我们不会记得《白蛇传》;如果织女不是七仙女,我们不会记得《天仙配》。我们对《水瓶座》感兴趣,因为格桑是一只猫!宗利华这篇小说的巧妙之处,正在于找到了一种以全新的角度看待世界的方式,在于把这样一个古老的爱情故事赋予了全新的形式,所以故事读来令人感到异常新鲜。

在小说写作中,能够使作品带来足够的阅读新鲜感非常重要。小说乃至一切艺术,从根本上说,表达的都是人类的生存痛苦和基本情感。人类生存的基本痛苦就是肉体的有限和精神的无限之间的矛盾,人类基本的情感如爱恨情仇也都由此演绎出来。小说写作就是要不断用新鲜的经验去处理人类面对基本生存痛苦所做的努力,表达人类古老的基本情感。所以,小说写作的一个重要法门就是要有能力对新鲜的时代经验做出记录,并能用这些新鲜的经验去处理人类面对的根本生存困境和基本情感。在这一方面,《水瓶座》做得特别好。

因为参加过一些小小说界的活动,所以对宗利华的印象一直停留在小小说作家上。小小说写作因受篇幅限制,通常都非常注重谋篇结构。作为一名注重文体探索的小小说作家,宗利华显然把注重谋篇结构的特点带到了中短篇小说创作中,而且有新的发展。《水瓶座》这篇短短的小说其实以两条线索处理了桑格和格桑的情感生活,因而有了复调的特征,从而使作品的内涵和意蕴显得更为丰富。

"她们四目相对着。彼此像端详镜子里的自己。"小说一开始其实就给出了非常富有哲学意味的暗示:桑格反过来就是格桑,格桑就是桑格的另一面。通过桑格的现实作为和格桑的视角,我们看到了欲望驱使中的现实世界的肮脏与混乱;通过桑格与格桑一体两面的关系,我们体悟到的是处于有限与自由夹缝中的人类的生存困境。《水瓶座》由此在新鲜中透出了内在的深刻。

(原载《小说选刊》2013年第3期)

在自我书写中体现价值

——评《箕山小吏》

《箕山小吏》是一部有着浓郁自传色彩的长篇小说。作品以何峰为主人公,描写了他从出生到艰难求学、从军营戍边再到官场奋斗几十年的人生经历,揭示了半个世纪以来社会的巨大变迁,塑造了一个正直廉洁又踏实能干的基层官员形象。作者以个人化的方式,给我们留下了一份真实可信的时代档案,对认识中国的社会现实具有非常重要的意义,同时对正确认识人生的价值也提供了非常有益的启示,是一部传递正能量的优秀作品。

谈到《箕山小吏》,我们很容易联想到差不多同时出版的一部纪实文学作品《青海长云》。之所以会有这样的联想,是因为《箕山小吏》的作者赵俊杰和《青海长云》的作者萧根胜都来自平顶山,而且都担任着县级人大常委会主任,其人生经历也非常相似,都是中学毕业后进入军营,在经过部队的磨炼后回到地方,并在基层官场的奋斗中取得了一定的成就。当然,把这两部作品放在一起谈论的原因绝非仅止于此,最重要的是这两部作品都具有自传性质,放在一起谈论,不仅对了解目前众多业余作者的写作状况具有重要的认识价值,同时对大家的写作也会产生积极的启示意义。《青海长云》和《箕山小吏》,一个选用了纪实文学的手法,一个选用了小说这样一种虚构文学的形式,两种形式的选择使作品面貌产生了一些差异。对基层作者来说,根据个人的经历来写作,是一种普遍的状况。究竟是完全纪实,还是在个人经历的基础上进行有限度的虚构?不同的文体选择,要做的功课会有所不同,写作注意的重点也有较大的差别。

严格来讲,任何创作都是以个人经验、个人内心生活为基础,都具有一定的私人性,某种程度上,小说写作无非是在以各种方式书写个人史、个人记忆。只是对于大量的业余写作者来说,这个特点表现得更为明显。《青海长云》采用的是纪实文学的形式,作品以个人的成长经历为主线,串起了非常多的人物,分别加以表现。《箕山小吏》采用的是小说的形式,同样以个人的成长经历为主线,分写了人生的三个时期。显然,《青海长云》因为是纪实文学,所以在写个人成长的同时,把笔墨更多地放在了一个个战友身上,对每个人都有相对详细的交待。而《箕山小吏》因为是小说,笔触自然不能太散,所以个人的经历自然成为表现的重点。但是,既然是小说,就要有相对完整的故事,特别是长篇小说,还要有强烈的结构意识,要有一组或多组人物来共同演绎一系列故事,有一个矛盾的产生、发展到高潮的过程。而一般人的人生经历,特别是像作者赵俊杰这样不同阶段在不同地区、不同行业工作的人来说,很难像小说那样有相对集中的人物和故事。这就需要虚构的进入,需要对生活有一定的提炼和集中,以至必要的移植。也就是说,从自传到小说的转化,需要有对小说这种文体的深入把握和必要的结构意识。以《箕山小吏》来说,如果以地方官场的生活为表现重点,把部队的经历作为背景进行交待,就可能相对集中地描写一组人物和相对完整的故事,作品的表现力就会大大增强。所以,《箕山小吏》这样的作品,其实有着非常广泛的代表性,深入分析,会对小说创作提供很有意义的启示。

以上是从小说叙事的技术层面对作品进行的一些分析。从阅读体验来说,《箕山小吏》给人的感觉是真实感人、渐入佳境。作品描写的从军经历、成长的经历,具有很积极的励志的意义;而其从政经历,则对认识社会,对帮助读者树立正确的价值观具有非常积极的意义。作品用了差不多三分之二的篇幅描写当下基层官场的现实生态,重要的是,它与广为流行的官场小说有着明显的区别。官场小说写作的一个基本模式,要么是围绕某个重要项目的实施展开,描写其中的艰难和主人公的勇敢开拓;要么是围绕一个贪腐大案,描写惊心动魄的反腐斗争；当然，更多的情况是将二者交织在一起展开故事。这种模式化的官场小说，很容易围绕一个相对集中的故事展开情节，廉吏与贪官对立分明，矛盾集中而激烈。但这种近乎类型化的写作，与真实的官场状况显然有着很大的距离。《箕山小吏》的价值在于，它以作者的真实生活为基础，描写的是官场的现实生态和官员的真实心态。因此，这部作品的成功之处，在于它很好地表现了当代社会的众生百态，展现了中国官员的正面形象，剖析了基层官员的心路历程，具有重要的认识价值。

其实，对《箕山小吏》这样的作品来说，对读者和社会产生意义和价值固然是一件非常令人欣喜的事，而更重要的价值其实是对作者本人产生的。对大量的业余写作者来讲，写作本身是一种倾诉和表达，能够完成表达就是一件令写作者感到无比高兴的事，能够把作品写出来，它对作者就有了价值。因此，对这样的作品来说，即使没有太大的社会反响，作品的价值也已经表现出来了。这个时候，文体、结构、叙事等，都不是那么重要。能够把心里想说的话说出来，把自己人生的经历表达出来，这本身就是一件令人身心愉悦的事，其价值早已蕴含在写作的行为当中了。

(原载《心灵的清居与激荡》，作家出版社 2014 年 1 月)

还原尘封历史中的真实青春

——评《青海长云》

对于《青海长云》这样的纪实类文学作品,通常在文体分类上,我们会把它归入报告文学,但实际上它与一般意义上的报告文学明显存在着很大的差异。报告文学作品的着眼点在于对一些具有重要社会意义的事件和人物的报道、描述,揭示事件发生的背景,探究事情产生的深层原因。而《青海长云》重点表现的是一群人在特殊时代的经历和成长。因此,我更倾向于把它看作是一部个人成长史,是具有自传性的叙事文学作品。

实际上,这种写作相当普遍,除了专业写作者以外,业余从事小说写作的多数人都是进行类似的书写。换句话说,很多业余作者的写作都具有个人历史写作的特点,都是在以各种方式书写个人史、个人记忆。因此,这样的写作其实颇具典型性,值得好好研究。相对这种纪实的方式,做有限虚构而创作出不是很成熟的小说的写作模式更为普遍。大量业余作者创作的这类小说，大都是写个人的生活经历、个人的成长史，人名、地名做了一些更换。相对这样的小说来说，纪实性的写作应该说更有价值。

《青海长云》首先可以看作一部个人的青春史、奋斗史。如果我们抛开铁道兵这样一个特殊的群体来看，作品描写的主人公的成长道路其实具有广泛的代表性。一个初中毕业生，一个热爱读书的农村青年，进入部队的大熔炉里锻炼成长，最终有所作为。这是 60 年代中后期以至整个 70 年代中国青年最基本的奋斗理想和成长模式。特别是农村的青年，通过参军到部队锻炼，通过提干跳离"农门"，改变自己的命运，差不多是那个时代青年人的共同梦想，或者说是那个时代"中国梦"的典型体现。因此，《青海长云》通过对作者个人青春奋斗历程的书写，反映了一代人的成长轨迹。

《青海长云》同时是对一个特殊时代中特殊群体的真实写照。铁道兵从成立到 20 世纪 80 年代被裁撤，集体转业铁道部，经历了 35 年的历史。铁道兵成建制从社会现实中退场，距离今天不过 30 多年的时间。但是，这段历史已经鲜为人知。《青海长云》一个比较重要的价值就在于它呈现了一段被遮蔽的历史。铁道兵 35 年的历史中，新建铁路干线一万多公里，逢山筑路，遇水架桥，熔铸着那一代人的牺牲和奋斗。作者这种纪实的书写能够帮助后人对这段历史有一定的了解,可以重新唤起我们对那样一个特殊群体、一个对祖国建设做出突出贡献的群体的记忆和怀念。特别是当青藏铁路贯通的时候,很多人认为这是近年铁路大跃进搞出来的工程,实际上,当我们不断讨论青藏铁路军事、经济上的意义的时候,我们应该记住铁道兵这样一个群体。从这个意义上讲,这部作品还是非常有价值的。

《青海长云》更重要的价值还在于它的真实性,这个真实与谈论纪实性作品的真实特点非同一个层面的问题。现在大量文学作品写"文革"至20世纪80年代初这段历史,很容易陷入两种思维模式。一种是从政治的或社会的意义上进行批判,一种是不自觉地沿袭"文革"期间常用的方式,对那样一个时代人物的理想、奋斗、信仰进行讴歌。在后一种书写中,似乎那个时代的青年除了信仰、理想和奋斗之外,没有个人的生活,没有个人的欲望,没有个人的想法。很多经历过那个时代的人,很容易把那个时代进行带有悲剧色彩、富有理想主义的认定,这是对那个时代有选择记忆的一个结果。这种情形在"知青"文学中表现得很突出,大量作品描写"知青"的时候,遮蔽了他们到农村之后的奋斗和现实遭遇,要么写成一段苦难史,要么描写成一段青春无悔的理想奋斗史,这两种描写都遮蔽了一些历史的真相。

我之所以愿意把《青海长云》作为个人的"私历史",重要的原因在于它记录了作者在那个时代最真实的思想、真实的成长过程。《青海长云》最重要的特点是它写青春奋斗却不悖人情,不管是他参军的时候老师帮助做工作,还是到部队以后,通过老乡等各种关系寻求工作上的便利,给个人的成长提供便利,这样一种更接近现实生活情形和个人成长轨迹的描述,是真实的历史记忆。这些对人情世故的书写,使我们真正看到了一个人的成长,这是非常可贵的。如果没有这样一些经历,我们就很难看到一个初中毕业的青年到一个军官的成长。我们读作品的时候,可能会觉得这个人物不像我们想象的那么高尚、那么纯洁,因为他找老乡、找关系,为了自己的工作和个人成长寻求一些外界的帮助。但中国在那个时代同样也有人情世故,这是更接近历史真实情形的书写。

从文学表现的角度看,这部作品的结构基本上是以个人的成长经历为主线,串起了非常多的人物,每个人物都有相对详细的交待。从社会或历史意义上讲,作品描绘了上百个人物的群像,帮助这群人记录了他们的奋斗经历,从保存历史的意义上讲很有价值。但从文学的意义上,我们需要考虑的是怎么表现更有利、更有力的问题。目前的表现形式基本上是生活流式的,从结构上讲没有太多的建构。文学是需要提炼的,这是赋予作品文学价值的一个最基本的过程。所以,与其花大量的笔墨面面俱到地描写那么多人物，不如把笔墨集中在少数几个人身上，选择几个有代表性的人物，对其个人成长历史进行描述，做集中的表现。作品就不是从一个人物的单一视角对这个时代进行认识，而是能够以几个具有代表性的人物的视角来处理他们对待工作、看待世界的态度，从而使作品内在的丰富性大大增加。所以，从文学写作的意义上讲，把笔墨集中在几个人身上作更充分的表现，比现在这样写大量的人物会好很多。

无论如何，《青海长云》通过个人的青春记忆，描绘了一个特殊群体的牺牲和奋斗，清除了一些遮蔽真实的历史尘埃，让我们对铁道兵这个特殊时期的特殊群体有了正确的认识，这是其重要的意义和价值所在。

（本文根据2013年9月18日在河南省文学院举办的萧根胜长篇报告文学《青海长云》研讨会上的发言整理而成）

诗人当下的现实书写经验

——从杨炳麟《尘世》谈起

杨炳麟的诗集《尘世》分为六辑:《时代之殇》《尘世》《深呼吸》《伸展》《引体向上》《歌唱》《凿雕》。读完以后,我发现很难用一个概念来概括自己阅读的体验。

有人曾谈到《尘世》的"现代性",我想,《尘世》也正是现代人的生活状态及其精神现实的真实写照。对现代人的生活,如果诗人依然像陶渊明那样描述"悠然见南山"那般近乎绝于尘世的纯净生活,肯定是虚假、不真实的。现代生活早已没有隐士所追求的理想主义的天堂。炳麟的《尘世》写了五年,这一时期,是中国社会的变革期。炳麟把触角伸展其中,对一些重要历史事件,包括金融危机、反恐战争、情色事件、大地震、核污染、萨达姆被绞杀以及生活中的日常小事及个人的、隐秘的生活体验等,给予了诗性的观照。

壮阔而纷繁的生活场景一定会启悟一个有抱负的诗人,

包括一些外在的静态事物。处理这样一些不同的事件、经验、感受的时候,我们会看到诗歌呈现了不同的状态。霍俊明先生用了一大串的定语来定义诗人形象,概括了当下这样一个时代诗人的写作状况。那么如何概括我们书写的经验?清朝文学家袁枚写过一部笔记小说《子不语》,谈论的是超出我们日常生活之外的经验。相对而言,炳麟的《尘世》基本上谈的都是和我们日常生活相关的事件、经验。和袁枚的"子不语"对应,可称之为"子曰"。也就是说,炳麟把光怪陆离的超验之事排除在外,只关心和我们的社会经验相关的内容:不管是远离我们生活之外的伊拉克战争,还是和我们日常生活经验相关的大人物小人物。

炳麟对社会和个人经验的表达相对来讲可以从四个方面概括:一是广阔性,作品几乎囊括了整个时代,从远在天边的到近在眼前的各种各样的事件;二是细致,作品对一些可能不会引起我们注意的生活经验、平时很难引起大家诗兴的事件作了表述;三是深入,很多表达深刻揭示了尘世的伤痛,有关乎个人得失的,也有对人类经验深入思考的,显示出作品的思想性;四是真诚,作品没有回避自己在欲望驱使下的躁动,特别是《深呼吸》这一辑,着重描述了性欲驱使下个人的心理和行为现实。

广阔、细致、深入、真诚,是《尘世》处理生活经验的基本的态度和方式。在这样的时代处置这样的内容,本身就是话题。面对如此芜杂的生活,诗人应该如何表达?用流行的话说,诗人何为?梁平先生谈到,河南诗人有一个非常好的方面,关注现实、有现实精神。炳麟的《尘世》很好地继承了这样一个传统,对我们时代的生活做了一个很好的表达。虽然它是意象化的,是个人经验中的现实,毕竟对社会现实做了很好的表达,是在这样的时代背景下,作为一个个体生命的体验,对生命的现实所做的一个很好的表达。同时,诗人没有回避这个时代普遍忽视的、有时是有意放弃的对于精神现实的关注、追求。所以,从这个意义上讲,我觉得炳麟这样的诗集、这样的态度、这样的人生、这样的追求,以及对现实的关注,对于诗人也好、读者也好,都将产生积极的意义。尤其是炳麟的现实情怀、探索精神,是非常有价值的。

当然,就诗歌写作而言,从文本的意义上讲,如何把个人经验通过审美的中介做一个转换,还是有需要注意的地方,可能相对集中在某一个方面有更深入的表达会更好些。

(根据在杨炳麟《尘世》研讨会上的发言整理,原载《河南诗人》2013年第5期)

悠然见南山

——序张荻玲诗集《城外有南山》

认识荻玲纯属偶然。

2013年底，河南省文学院等单位感动于任爱军同志大爱无私的高尚情怀，决定为其作品《春暖花开》召开一次研讨会，而为研讨会跑前跑后联络协调的就是张荻玲。为这次研讨会，荻玲专门写了一首诗，朗诵后大家都为之感动，感动于她的纯净、热诚、真挚、大爱、乡情……这是我对荻玲及其诗歌最初的印象。

会后不久，荻玲送来一沓厚厚的诗稿，希望我为之写个序。我平时对诗歌关注较少，研究不深，所以很少写诗歌评论，很少为诗集作序。但有限的接触让我对荻玲做人、做事的认真感动，决定为其写些文字。

这本诗集取名《城外有南山》，收录的是诗人多年来关于故乡、关于亲情、关于爱情、关于青春的诗作。今天，城市的喧嚣早已弥漫到了每一寸土地,让人的灵魂没有了可以栖居的处所。而曾经的城外,那个诗人曾生活的地方,有着她刻骨铭心的记忆,有着温暖独特、在世界其他地方都寻找不到的友情,也有着她最初的爱情,有着母亲在南山砍柴的身影,有着在三月的南山上看桃花灼灼绽放的惊艳时光。如果不是对曾经的生活那么眷恋、那么思念,荻玲大概不会用"城外有南山"来为这本诗集命名。读这本诗集,可以明显感觉到诗人生命里最本真的善良、博爱、纯真,还有着对文学的痴狂、执着。这正是诗人应该具有的品质。

青春的迷茫

荻玲写诗的时间很长,据说从小学就开始,一直坚持到现在。凡是热爱文学的人,年轻时大都写过诗,但真正能坚持下来的却为数不多。特别是这些年,许许多多的人经不住物质的诱惑,把写诗看成一件幼稚可笑的事。而荻玲一直忍受着长期的孤单、煎熬,坚持了下来,确实非常难得。就这部诗集收录的作品看,作者早期的诗歌创作于20世纪90年代,虽然数量不多,但让我们看到了刚刚步入诗坛的荻玲对于诗歌的狂热。这个时期,作者接触社会不多,对人生的认识也存在一定局限,对自己的创作也缺乏明确的定位和方向,只是凭着感觉与阅读的经验,恣意表达。

其实,在荻玲初入诗坛的20世纪90年代,随着市场经济的全面推进,物质化、商品化、世俗化倾向蔓延向全社会。80年代文学极度繁荣的盛况已经过去,诗歌也无可挽回地被放逐到边缘化的境地。但诗歌这时也真正摆脱了外在的束缚,成为一种真正听从内心召唤的写作。就是在这样的大背景下,河南驻马店出现了一个叫"空房子主义"的诗歌写作群体。按照其创始人之一杨春光的解释,"空房子主义"是要"对当代权力话语和现代精神的中心性、威权性、整体性、主观认识性及其客观确定性,进行彻底的反拨与解构"。简单来说,"空房子主义"强调不确定性、解构性。他们以《空房子诗报》为阵地,汇集并影响了一批诗人,生于驻马店、长于驻马店的荻玲就是其中之一。

坦率地讲,"空房子主义"既标榜不确定性、解构性,鼓吹取消界限,自然不会有统一稳定的创作理念。但它却让一直处于孤单、封闭创作中的荻玲找到了一个可以倾诉的地方,并在其影响下一步步成长起来。就收于集子中的作品来看,她此一时期的作品主要表达的是青春年少的诗人心中的愁苦,包括生活的无奈、爱情的失意、心灵上受到的巨大打击等。比如《借我一点爱》,充满了战栗与疼痛:

借我一点爱借我一点爱好吗

这世界越来越混沌越来越多陷阱

这人间越来越冷漠越来越多残杀

乌鸦在午夜的寒窗上还在嘶叫

花朵吐着猩红的舌头

吞食着人间烟火

情人在隔壁的房间里寻欢作乐

噢　借我一点爱借我一点爱好吗

让我在地震后寻找一块坟地作为

灵魂的安息

让我在炙烤的阳光下

寻找一点光明

青春期的痛苦总是与爱情相关，同样在《五月》这首诗歌里，诗人描写了爱情的苦楚：

昨年的隐痛正随着太阳炙热

膨胀

树叶哗啦啦摇摆

一年年把重复的风景

挂在窗前

啊　我的心分明在阵阵哀痛

恋人在远方沉默

把异乡的寒流在午后

袭近房屋

墙上的壁虎在颤抖

抖落在未换水的花瓶里

而在诗歌《啊！生活》里，诗人写道：

曾那样用纤纤素手翻开滋生的梦园

曾那样如痴如醉地歌唱　啊！生活

你给我的不是满怀的鲜花

不是掌声中托起的金杯

如今我那结着茧的手　仍要

扶直额上的荆冠

仍要在千百个悸痛里痴痴地呼唤

理想与爱情

我要在你的泪水里浸泡成丰碑

我要在你的天空里成长为

无与伦比的海燕

青春的磨难、生活的不幸、灵魂的躁动基本是此一时期获玲写作的主调，而"空房子主义"的影响可能进一步放大了她的迷茫、痛苦、不安，使她的作品语言突兀，意境诡异。但从本质上讲，她虽然与倡导"空房子主义"的一干人接近，但对诗歌的内在理解还是有着巨大的差异。而经历青春的迷茫和痛

苦,却为她凤凰般的重生做好了准备,她在积极调整,迎接新的生活:

  可我没有忘记在大雨后的清晨

  让所有的粮食在阳光下

  汩汩地喘息

  到田里拔疯长的野草

  我肉体凡胎呀!不敢拒绝食物的诱惑

  只有诗歌和谷子一样地丰收

  我才能心平气和地看春夏秋冬

  排好秩序

  在衣橱里挑选服饰

——《自白书》

理性的回归

  在经过青春的风暴和悸痛后,在经过生活的巨变和忍耐后,诗人慢慢地回归到正常的生活中。生活在这种按部就班、世俗化的日子里,诗人的内心其实有着太多的苦涩,但她仍然在追求自己的梦想。写诗,在一个落后的县城里,并不被多数人理解,诗人在他们眼里大多很神经、不正常。应该说,荻玲的回归完全是迫于压力和生计的理性选择,而不是精神的追求。因而这样的生活并没有带给她欢乐,她甚至依然对这样的生活感到绝望,好在诗歌成了她灵魂的依靠,给了她活下去的勇气。正是因为有了诗歌,她有了属于自己的一片天地,于是,漫天飞雪的寒冬、暴风骤雨的炎夏、百花烂漫的春天、硕果累累的金秋,在诗人眼里都是最美丽的。在《春天》里,诗人写道:

在那时我的菜地

雨水丰沛

偷吃的麻雀被赶到野外

所有的蔬菜长势良好

并且硕果累累

当黄昏敲着钟声款款而来

我听见满园的果实哀声阵阵

尽管诗歌还有着忧伤,但分明让人感觉到了心灵的宁静还有希望。

我可以以最快的速度结束一段寂寞

飘浮的槐花在身后追随

夏天流浪的风在裙裾间睁大眼睛

看一个女人怎么吐气如兰

我可以以小牛吃青草的速度品尝

一段相思带来的甜蜜

那些甜蜜被我突然吃出一粒沙子

一粒小小的沙子把我的牙硌得

生疼

——《夜雨中的一些情绪》

生活中难免会有沙子硌痛牙齿,但总会有美好的东西让人感到甜蜜。从《夜雨中的一些情绪》等诗歌中,我们发现诗人终于能够心平气和地与生活对望,不管有什么样的结果,都以一颗平静的心去对待。

直面生存处境,从日常琐屑的现实和自身经验中发现诗意,同时,叙事话语的加强成为诗意表达的重要手段。这固然是世纪之交诗歌写作的新观念,但荻玲自觉这样写诗显然源于她走出青春期之后的成熟和对诗歌认识进一步深入这两个方面。比如诗歌《走亲戚》,这样的特点就更为明显:

舅舅是个好人 他的白发刺疼了我的眼

舅舅蹲在墙角不停地抽烟 询问

母亲的安康

舅舅说母亲年少时是那么美丽 怎么一转眼

就变成了老人 并且一年四季

喘个不停

再如《立春》:

阳光在庭院里恣意地倾泻 像一场

情意绵绵的春雨

母亲说立春是个吉祥的日子

这一天要晾晒所有的衣服

那些衣服开着艳丽的花在阳光下

大口地喘息　向我倾吐

陈年的心事

秦琼敬德挥舞着刀枪

庇护着我的日日夜夜

邻家的鞭炮一浪高过一浪地

涌来

从这些诗作中可以发现,诗人已看清生活的面貌,生活里慢慢地有了温暖有了人间气息,她开始怀着感恩之心,为自己也为亲人营造温暖的氛围。《献给梨花的赞美诗》是一首优秀的诗作,整首诗如同一幅意象派画作,在梨花的充分展现与衬托中,让我们重新认识了青春与爱情的崇高美好,诗人内心的饱满情绪,始终是在激昂深情、歌颂赞美之中,沿着"开放的梨花实体"来铺陈,笔触充实而富含内蕴。

我必须去见证梨树开花的灿烂

我必须在梨花绽放的刹那唱那首

情意绵绵的情歌

我要让梨花知道　几千年来它都是

以诗歌的形式生长在人们的记忆里

穿褐色长裙的女人

在梨树下送别

一曲离歌染湿了双眼

梨花啊！不是所有的人都知道离别的

凄苦

那些诗人从古至今把梨花写成了绝唱

宁静的吟唱

读完《城外有南山》这部诗集，就会发现，诗人在经过生活的悸痛、挣扎和一阵阵迷茫后，终于走出迷雾，到达彼岸，她安静如斯，终于以一颗平静的心迎接生活。

家门敞开着吗

我的爱人

马儿困了

我开始歌唱

翻开《诗经》里最动人的一句唱给你听：

绿水苍苍白雾茫茫

有位佳人在水一方

诗集中反复有"绿水苍苍,白雾茫茫"这样的意象出现,传达出诗人对理想生活的追求与渴望。灯火、露水、奶奶、村庄,这些在诗中充满梦幻般的咏唱词语,又像是电影中蒙太奇的表现手法,是对过往生活的缱绻,也是在现代化大都市生活的诗人内心理想的生活状态。在诗人营造的纯美甚至瑰丽的意境中穿行,会遇到久违的冒着烟的树林、会唱歌的狐狸、岸上的美人鱼、广袤的麦田、二十四节气等。这一个个接连出现的意象,让我们感受到了诗人对尘世万物的感恩,对大自然的眷恋,甚至对身边每一个事物的热爱,那是诗人从心底发出的对生活的赞美。

小雪多么秀丽的名字

像故乡里扎着长辫子的小妹

穿过围墙跑到河边

她的爱情在大雪的时候就会开花结果

河水清澈　对岸的树木高大

爱人啊! 一片片雪花飘落

哪一片才是你为我而落

——《小雪》

同样在《回家过年吧,爷爷奶奶》这首诗歌里,清明和谷雨如"漂亮的丫头"排队登场的意象,新鲜而又贴切,一下子勾起读者对春天的怀恋;奶奶、爷爷、我的等待和桃花的盛开,一下子写尽了农村人春天的喜悦。

  过了年就是雨水和惊蛰　清明和谷雨

  她们像村庄里漂亮的丫头

  排着队在我们的村庄闪亮登场

  奶奶端着盆接春天第一滴雨水

  爷爷彻夜不眠等待第一声春雷的炸响

  我站在柳树下等待第一枝柳叶的吐绿

  桃花就在这样的好日子里灼灼地开了

  我的亲人

  到哪里还能找到这样的好日子

  角色的嬗变让一个普通的女子伟大起来。在有了孩子之后,诗人进一步走向成熟,进一步懂得了担当,并在艰辛中体味到了一种别样的幸福。荻玲为孩子写了很多诗,这些诗句散发着母爱的芬芳与坚韧。在《喜讯》中,诗人含泪写给孩子:

  孩子　我只想在今晚在异乡

  在只有我们两个人的生日晚宴中大醉一场

  在祝福的目光中骄傲地抱起你

  向陌生的人们宣布:你是我的宝贝

  你是我生命中最灿烂的等待和繁华

  那些苍白的岁月被你一一覆盖　一如来时路上的

  锦衣夜行

所有的艰辛和孤单只有你

懂得……

在《赴约》中，诗人写道：

宝贝啊！我们从梦中醒来

换上最亮丽的衣衫

一匹高大的骏马驮着我们

路过陌生的炊烟和屋门

又是一年好春光啊　有什么理由不

欢欣鼓舞　有什么理由不祝福

天下太平　五谷丰登

这是一个女子在经历了人生的重挫和打击后，怀着感恩的心、健康的情怀，向幸福发出的深情讴歌。骏马、春光、炊烟、屋门，这一个个象征着美好的意象频频地向人们展示诗人的激动与情不自禁。那种来自生命最初的温暖唤醒春天，传递给又一个新的生命。

"采菊东篱下，悠然见南山。"陶渊明所描写的这种悠然自得的生活早已成为中国文人内心不变的向往，特别是在被现代化这条狗追得找不到去路的时候。荻玲诗歌所表达的这样一种对生活的感恩和歌唱，对宁静与淡泊的向往，今天读来自有"真意"在，自然值得重视与珍惜。

今天，每个人的脚步都是那样的匆匆，甚至没时间抬起头来看一看身边的风景,更遑论悠然而见南山了。如果能停下脚步,品味生活的美好,悠然抬头,也许南山就在眼前,那是可以让灵魂安宁的地方。

  那一年,我年少,南山啊

  我跑遍了你的山头歌唱

  唱着唱着就唱到了异乡

  唱着唱着就把青春唱到了梦里

  一轮明月,为青春打点离别的行囊……

——《重逢南山》

(原载《城外有南山》,中国广播电视出版社)

会它千顷澄碧

——电视连续剧《焦裕禄》简评

1966年2月7日,长篇通讯《县委书记的榜样——焦裕禄》在《人民日报》发表。此后近50年间,焦裕禄的事迹被一代代文艺家以不同的形式反复改编,使焦裕禄精神成为我们党和国家宝贵的精神财富,为推进党和人民事业发展、实现中华民族伟大复兴的中国梦提供了强大正能量。最近,习近平总书记把焦裕禄精神发源地兰考选作第二批党的群众路线教育实践活动的联系点,又一次亲自到兰考调研指导,并在兰考县委常委扩大会议上,动情地吟诵起了他担任福州市委书记时的词作《念奴娇·追思焦裕禄》。于是,全国再次掀起了焦裕禄热,大家了解焦裕禄事迹、学习焦裕禄精神的热情再次被点燃。

尽管焦裕禄是一个全国人民耳熟能详的人物,广大党员、干部也大都理解焦裕禄精神的内涵,但对于焦裕禄其人,我们了解得其实还远远不够。30集电视连续剧《焦裕禄》全面、完整、真实地表现了焦裕禄的人生故事,是我们全面了解焦裕禄其人、深入理解焦裕禄精神的一部生动教材,具有重要的现实意义。

焦裕禄作为一个真实人物,一生贯穿了抗日战争、解放战争、土地改革和新中国建设的重要历程,有许多真实而感人的故事。但过去文艺作品表现的重点大都集中在焦裕禄在兰考的这段工作经历上,突出表现的是焦裕禄亲民爱民、艰苦奋斗、知难而进、无私奉献的精神,而对其成长历程的表现不够,更对其成长的心路历程、思想基础、内在逻辑挖掘不够。电视剧《焦裕禄》完整再现了焦裕禄同志鞠躬尽瘁的一生。为避免篇幅的过于冗长,该剧从焦裕禄解放初参加土改写起,在剧中以回忆等方式交待了他青少年时代的生活和成长经历,并对此后的剿匪、到哈工大学习、在工业战线工作,直至在兰考"除三害"并献出自己的生命,做了详细的刻画,这样既使作品简洁集中,又相对完整地表现了焦裕禄的一生。因此,电视剧《焦裕禄》的播出,改变了很多人对焦裕禄概念化的认识,重新发现了一个丰富而完整的焦裕禄。

《焦裕禄》的成功还在于,它不仅全方位展现了焦裕禄多彩传奇的一生,而且改变了过往焦裕禄土气的工农干部的形象,写出了新意。焦裕禄青少年时代,有着父亲被逼自杀、自己被抓坐牢、当煤矿苦工、逃亡、扛长工、参加革命打游击、搞土改、当区长、当团干等丰富而具有传奇色彩的经历,作品对这些经历真实地表现,对读者而言是新鲜而生动的,使作品的观赏性大为增强。同时,由于过去很多人对焦裕禄形成了朴实、苦干、忘我、奉献的简单印象,《焦裕禄》特别描写了主人公在洛阳矿山机械厂工作时,对"单凭热情,不懂业务、技术,根本不适应现代化的工业生产"的切身认识,描写了他在哈尔滨工业大学学习、到大连起重机厂实习、通过刻苦钻研成为"最棒的车间主任",由"政治科长"成为工业战线上红旗手的丰富的成长经历。如此一来,焦裕禄的形象就丰满起来,就不再是只有热情、只讲奉献、只知苦干的平面人物,而是一个经历传奇多彩、富有政治智慧、尊重科学技术、兼具人文情怀、同时忘我奉献的立体人物形象。

《焦裕禄》更重要的意义在于它深刻揭示了焦裕禄精神的内涵。作品通过焦裕禄工作经历中的一个个具体事件,表现了他一切从实际出发、实事求是的求实作风;勤俭节约、艰苦创业、不怕困难、不惧风险的奋斗精神;深怀爱民之心、密切联系群众、全心全意为人民服务的公仆情怀;艰苦朴素、廉洁奉公、"任何时候都不搞特殊化"的道德情操。

《焦裕禄》不仅展现了焦裕禄的精神风貌,深入挖掘了其精神内涵,尤为难能可贵的是,对焦裕禄精神形成的时代因素、内在逻辑进行了深入而准确的揭示。生于孔孟之乡,中国传统文化精神的濡染是其人文情怀和质朴、宽厚、仁爱、悲悯精神形成的内在原因;苦难的少年、革命的青年、奉献的中年,人生的独特经历是其坚忍、刚毅性格形成的决定条件;多样的工作经历和工业实践是政治智慧、科学精神形成的环境要素。这种深入的揭示,使我们看到了一个真实焦裕禄的内在成长。只有当观众对这种内在的成长有真切的感受和根本的认同的时候,焦裕禄精神才真正在读者的心中生根,并能开出花、结出果来。这个内在逻辑能够被观众普遍认同,一个共同的信仰才可能由此在全社会建立起来,并因此为社会主义核心价值体系的建立增添上一块坚强的基石。这正是焦裕禄精神不因时代的变化而变化、具有恒久的价值的根本所在,也是这部作品的深远意义所在。

长期以来,很多主旋律剧因为流于空洞的说教而无法受到观众的喜爱。《焦裕禄》作为全面表现主人公一生经历的电视剧,在主要情节上来不得任何虚构,因而也无法设置贯穿全剧的矛盾冲突,它主要用朴素的语言、生动的细节来感染人,用它的真实和朴实来感动人,用理想的光芒、信仰的力量来鼓舞人,并由此实现了思想性、艺术性、观赏性的统一。

"百姓谁不爱好官?把泪焦桐成雨。"《焦裕禄》把最生动、最真实、最可亲的公仆形象还原在人民眼前,堪慰人民之怀,更将感染更多的党员、干部以焦裕禄为人生楷模,为实现中国梦汇聚更多正能量。随着《焦裕禄》的播出,焦裕禄精神一定会进一步发扬光大,一定会如习近平总书记所说:"绿我涓滴,会它千顷澄碧!"

(原载《人民日报》2014年3月28日第24版)

马尔克斯与中国作家

今天得知马尔克斯逝世,总感觉有些话要说。

百余年来,获得诺贝尔文学奖的作家有一百多位,但像马尔克斯这样影响巨大的作家其实屈指可数。特别是对于中国作家来说,马尔克斯的影响几乎是革命性的。

中国新文学的发展,是在西方文学的影响下放弃传统开始的一场革命性新生。因而西方文学对中国新文学的影响无疑是十分巨大的。由于历史的原因,俄苏文学对中国新文学前期的发展影响最为巨大,基本处于主导地位。这一过程一直持续到新时期文学开始之初。

20世纪80年代,在思想解放的大潮中,西方文艺思潮再次对中国文学产生巨大冲击,使大家对文学的认识再次发生革命性变化。这次影响中国作家的主要是现代主义文学思潮,影响最大的作家我以为当数马尔克斯,再算一位的话,大约才是福克纳。对于从那个时期走过来的中国作家来说,不读《百年孤独》是一件不可想象的事,不知道魔幻现实主义就不配在同行前谈论文学。甚至于,《百年孤独》式的"多少年以后"成为许许多多作家都模仿过的开头。而且,多年以后,福克纳式的通篇不加标点之风早已散去,而马尔克斯的影响还在继续。

魔幻现实主义对中国作家的影响当时在、今天在、以后还会在。对中国作家来说,既保持对重大社会历史问题的关注,又能以一种不同于传统现实主义的方式进行表达,为其写作开辟了一个广阔的空间,这差不多相当于哥伦布发现了新大陆。那个时期,不少作家常常会一写就是暴雨下了七七四十九天,或者毒日头暴晒几百天。这种描写基本来自于对马尔克斯的模仿。包括莫言的写作,显然也深受马尔克斯的影响。河南作家中,像阎连科的写作,我以为明显带有马尔克斯的影子。甚至于像李佩甫、周大新这样看来较为传统的作家,其实也都受到过马尔克斯的很大影响。李佩甫曾说过一件小事,在他准备调入文联的期间,他去看南丁,一见面不知道该说些什么,只记得大谈了一通马尔克斯和魔幻现实主义,其他什么没说就匆匆告辞了。马尔克斯及魔幻现实主义之所以如此得到中国作家的认同,从根本上说,与其在关注现实的基础上寻求独特的表达手段的指导思想有关,这基本上也是中国作家的追求,这也是马尔克斯比博尔赫斯更能被中国作家认同的根本原因。

马尔克斯走了,他的作品永存,将被一代代人不断阅读;他的影响永在,有人类在,就有文学在,就有马尔克斯的文学基因在。

以此向马尔克斯表达永远的敬意。

(原载《河南日报》2014年4月25日第14版)

造有我之境

——《秦淮水骨》序

工作关系,凡河南作家,不论是名震天下的一线大腕,还是初露头角的文坛新秀,作品虽不能部部精读,但大都有所涉猎。以前,偏重小说多一些,这些年,因为参与每年度的华文散文排行榜等散文奖的评选,也系统读了不少散文作品。同时,为诗歌学会、诗词创新研究会等顾问的头衔所"绑架",诗歌界、诗词界的活动也屡屡参加。这让我有了一丝不知天高地厚的狂妄,自以为是普天之下读当代河南作家作品最多的人。但一次次的事实证明,总有些才华横溢的新人是自己不熟悉的,总有些质地极好的作品是自己没读到的。所谓"书有未曾经我读,事无不可对人言",确是我真实的写照。

听说过叶灵这个名字,在李敬泽主编的 2011 年《中国散文年选》、乔叶主编的《抚摸汉朝》等选本中见到过她的作品,也在《山花》《黄河文学》《散文选刊》《散文百家》《莽原》《福建文学》《山东文学》《四川文学》等刊物中,零星读到过她的作品,但印象中似乎从未谋面,也不知道她就是那个叫郑毅的散文写作者,对其作更缺乏全面深入的了解。最近,她准备出版一部新散文集,便将一摞厚厚的书稿拿来,想让我为之作序,这才系统读了她的三十余篇作品。

散文写作在文学各体裁的创作中,相对门槛较低,大凡无法用小说、诗歌、报告文学等来归类的文字,都可称为散文。所以我们看到,各行各业的人,见到花开叶落,遇到人情世故,读书有点心得,旅游多点见闻,每每形诸文字,便称之为散文。如此一来,创作散文者自如过江之鲫,不可胜数。这些散文作品,水平固然参差不齐,但有这么多人愿意用文字来表达,肯定是一件好事。不过,散文写作入门容易,登堂极难。因为散文写作实不是靠学习了写作技巧就能达到较高的境界。散文之妙,一在语言,二在境界。语言靠才情,境界靠修养,勉强不来,欲速不达。现在的年轻人写散文,好"文艺腔"者众,且常以此显示才情,殊不知此类文章看多了极易让人生厌。

但叶灵在散文写作上正如其名字,是有灵性的。她从事散文写作的时间并不长,严格来说是从2008年开始的。最初,她也和大多数初事散文写作者一样,写身边的景物、事件、人物,表达自己的感悟、情绪和理想。这类散文看起来很容易写,而事实上是最吃功夫的。我们通常看到很多初学者写的这类散文,基本上都是写某种花某种草,或写某种景某件事,然后抒发点感想感悟,就算完事。这类写景状物抒怀的散文,要说也是中国散文的一个传统,中国新文学中的《白杨礼赞》《荔枝蜜》等,更是将此传统发挥到了极致。但这种散文要想写出新意、开辟出新境界来,则难之又难。于是我们看到的多数此类散文,除了"文艺腔"外,剩下的都是些尽人皆知的常识。叶灵的好处是,她从散文写作之初,就跳出了这种窠臼。她通常把自己置身事件中,写自己的所见所闻,写自己的真情实感,有情节、有细节,因而作品读起来就显得自然、亲切、生动。这些作品被叶灵收在了作品的下辑中,并被命名为《吟唱》。集中阅读这些作品,比如《向往与另一个向往》《远行》《客居在城市里的泥土》《落在他乡的草籽》等,可以明显感觉到,叶灵通过对自己行走和经历的描述,表达了对于乡土、自然难以割舍的眷恋。应该说,对很多作者来说,不管是否有切身的感受,都会故为乡愁之感、家国之思,原也没什么稀奇。但叶灵的好处是,她善于通过对事件及其环境的描述,来揭示自己和相关人物的生存状态。换句话说,叶灵是一个善于叙事的散文写作者,她的散文总是在以自己的视角展开的叙事中,很好地表达个人化的经验。通常,我们认为小说是经验的表达,其实散文甚至诗歌又何尝不是如此。因此,叶灵散文的一个突出优点或者说特点,就是她善于叙事,能够以置身其中的方式表达个人的经验与感受。

应该说,叶灵的散文写作从一开始就走上了一条相对很正的路子。这使她的散文很快就得到了很多编辑的欣赏,于是有不少作品不断在一些专业文学刊物上发表。但叶灵并没有沿着这条路一直走下去,很快,大约从2009年开始,她被历史文化吸引,似乎由此走进了一个新世界,精神也有了归宿之感。于是,她很自然地开始了历史散文的写作。

余秋雨以降,以历史为主要表现内容的大历史散文红极一时,历久不衰。这种历史散文的一个主要特点是把小说叙事的手段引入散文写作中,以再现历史事件、人物和场景,从而极大拓展了散文的表达手段。这样的散文写作,往更远处追,我以为可以上溯到黄仁宇的《万历十五年》,这部历史著作对散文写作的影响似乎远大于对历史研究的影响。这类散文写到后来,作者几乎消失,客观化叙事贯穿整个文本,因而与小说的界限变得模糊不清。叶灵的历史散文写作,继续了她善于将自己置身其中进行叙事的特点,总是在行走中触摸历史,在触摸中感受思考,从而使历史与现实得以很好的交融,或者说,历史与现实在此展开了充分的交流。我以为对散文写作而言,这是一种良好的表达方式。叶灵历史散文的另一个特点是她能够以女性特有的细腻来感知历史与文化,表达出来便有了一种别样的个人化的视角和风格。这些历史散文即散文集上辑《行走》所收的作品,其中的《秦淮水骨》《绝唱》等,都是处理得很好的作品。从"行走"二字也可以看出叶灵处理历史内容的方式。

有了女性的细腻,叶灵的散文自然而然就有了一份水灵,因而清新隽永;有了对历史文化的认知与思考,其散文又多了一份知性的力量和文化的厚重。二者的有机融合,成为叶灵散文的特点和优点。之所以有这一切,正是因为有"我"的介入,因为能置身其中,叙事就有了温度,感情就显得真切,体悟就来得深刻,文章自然就有了别样的境界。

拉拉杂杂,谈了叶灵的作品,也谈了自己对散文的认识。借题发挥,权以为序吧。

(原载《秦淮水骨》,百花文艺出版社 2015 年 2 月)

基层科学家的精神丰碑

——评长篇报告文学《玉米人》

刘先琴创作的长篇报告文学《玉米人》,最近刚由河南科技出版社出版,这是我省报告文学创作的一个新收获。作品全面、深入地描写了河南玉米育种专家程相文为中国玉米生产默默奉献50年的历程,是为这位获得中国科技最高奖、备受时任国务院总理温家宝重视、在当今育种界有着很高权威的"农民式"专家献上的一曲动人赞歌。讴歌了以程相文为代表的河南育种专家在物欲横流、拜金主义盛行的时代,坚守信念、耐住寂寞、固守清贫、勇于创新,为国家发展、社会进步任劳任怨、鞠躬尽瘁的高尚情操。国以民为本,民以食为天,食以粮为先。程相文和他的同伴以朴实无华、勤奋敬业的工作作风和求真务实、开拓创新的科学精神,为中国的农业发展和国家的粮食安全做出了突出贡献。

《玉米人》实现了新闻性与文学性的良好统一,把文学叙事与新闻报道的双重特点很好地结合在一起,并在二者间取得了很好的平衡,使各自的优长都得到了很好的发挥。作品既有对中原社会几十年发展变化的大线条描绘,也有对育种研究几十年进程的具体书写,更有对程相文人生经历的精细刻画,还有对农业问题、粮食问题的深入思考和恰当表述,既不失故事性、趣味性,又兼具全面性、概括性,既有生动的人物形象,又有知识的传达和理性的思考,是一部扎实厚重之作。

《玉米人》描写了主人公丰富的人生经历,突出表现了他不图名利、不计得失的高尚情怀。作品写的是程相文个人的奋斗和命运的变迁,表达的其实是国家的进步与发展,让我们看到了一个科学家把国家的忧患看作个人的忧患,把个人的事业融入民族复兴大业的责任和担当。由此让读者感受到主人公的可敬与可贵,激励读者在各自领域为国家的发展进步发挥自己的能量,是一部弘扬主旋律、传播正能量的优秀之作。

《玉米人》描写了程相文几十年扎根基层、求真务实、开拓进取,创造了立身县级科研单位而荣获国家科技进步一等奖的奇迹。这与很多高级科研单位聚集一大批高层次人才,每年获取大量科研经费,却不断制造学术垃圾,甚至通过学术造假骗取国家科研经费的情况形成鲜明对比。因此,作品重要的现实意义,首先在于它为科研界带来了一缕求真务实、不图虚名的清新之风。程相文爱国爱民的情怀、精益求精的态度和艰苦奋斗、甘于奉献的精神，是河南科研工作者的精神写照，是对焦裕禄精神的良好诠释。作品对程相文"科研界焦裕禄"形象的塑造和精神挖掘，树立的是中原科研工作者的形象，弘扬的是中原科研工作者的精神，同时也是对中原人形象的再书写、对中原人文精神的又一次充分张扬。

《玉米人》结构合理、线索明晰、叙事流畅，语言清新、细节扎实、虚实得当，以成功的文学形象为中原基层科学家树起了一座精神丰碑，是一部思想性、艺术性、可读性兼具的优秀作品。

(原载《河南日报》2014年5月16日第13版，

《光明日报》2014年5月17日第7版)

"说古今"的冯杰

昔日的中国乡村不像现在,电影电视互联网等,城市有的乡村一样都不能少。说起来,那时的乡村,无电视可看,无互联网可上,无卡拉OK可唱,似乎文化生活非常贫乏,其实不然,那时的每个村子,都有善"说古今"者,会在饭场,更多是在"牛棚"或"马厩",大说"古今"。"古今"这个词,我家乡的发音更近于"古经",我至今没搞明白究竟是该写作"古今"还是"古经"。"说古今"其实是个很古老的词,大约指的就是说书,比如"说三国"。"古今多少事,都付笑谈中",基本就是这个意思。乡村里面有文化,我认为我家乡是把历史上的"说古今"保留下来了,尽管有些转音。

今天搞学术的人,会研究"说古今"的来龙去脉,认为"说古今"就是说历史。其实,乡村的"说古今",说的固然有历史,但也有当下,更多是些稀奇古怪的事。"古今",自然是有古有今才对。乡村善"说古今"者,都是当地的文化人,天地鬼神无所不知,口才又极好,各种各样的故事讲出来,听得人入迷,夜静更深还不愿或不敢回家。

冯杰就是这么一个善"说古今"之人。这一次,他是在"马厩的午夜"讲妖怪的故事。

妖魔鬼怪之事,孔子不讲。"未知生,焉知死",所以,"子不语怪力乱神"。儒家文化是中国的正统,"子不语",场面上就都不说。儒家不讲,民间讲,这个也是传统。最早如《山海经》,稍后如《搜神记》,讲的都是这些"东东",讲的人也都是冯杰的河南老乡。河南人之外,也有人讲。比如,蒲松龄的《聊斋志异》,俗名就叫《鬼狐传》。还有一位冯杰心仪之人也说妖怪,他叫袁枚。袁枚最早和冯杰结缘,恐怕不是妖怪,而是美食。袁枚好吃,雅称"美食家",结交了很多厨师朋友,记了很多食谱,搞了本《随园食单》,有文化的厨师和好吃的文化人都读过。冯杰长期生活在长垣,那是中国有名的厨师之乡,讲究吃的冯杰于是结交了很多名厨,据说自己也善做"黄瓜菜",兜里有本厨师证,而且写了关于厨师和美食的书和文章。如此一来,冯杰就成了很多厨师的知己,成了袁枚的同道。这一次,冯杰又因为妖怪,和袁枚的关系更深了一层。袁枚写了本专记鬼神怪异之事的书,叫《子不语》。"子不语"的当然是"怪力乱神"。袁枚知识广博是出了名的,他以为给自己的书起了个好名字,但很快发现元代早就有同名作品,于是给自己的书改名《新齐谐》。之所以称"新齐谐",也有出处。《庄子·逍遥游》里说:"齐谐者,志怪者也。"于是写志怪小说的人自然就想到用这个名字。六朝志怪是有名的,刘宋时期东阳曾有《齐谐记》七卷,南朝梁吴均续作了一卷,但现在已看不到全本,只有17条传下来。"齐谐"有人用了,袁枚就把自己的作品命名为"新齐谐",但大家还是习惯称之为"子不语"。

绕远了,回来接着说妖怪。袁枚《子不语》说的虽然是鬼怪,实际映射的还是现实,冯杰也是如此。在"马厩的午夜"里,冯杰一年四季说妖怪。"春雨惊春清谷天",说的是《春夜的叩门声》;"夏满芒夏暑相连",说的是《夏天的葵扇》;"秋处露秋寒霜降",说的是《秋月之窥视》;"冬雪雪冬小大寒",说的是《冬至后妖怪们都烤火去了》。这四季讲的,大抵是20世纪后叶的事。冯杰说的虽然是奇异之事,实际表现的是民风民俗,是借怪力乱神之名表现社会现实,即所谓的寓庄于谐。所以,冯杰描绘的其实也可以看作是中国乡村史。冯杰基本不说现在的妖怪,不知是随着乡土文明的崩溃乡村的妖怪一并消失了,还是现在的妖怪已修成了人形让人无法分辨。

《马厩的午夜》不经意间显示出了冯杰的另一个特长:善讲故事。言简意赅,张弛有度,悬念迭起,引人入胜。故事能讲到这个程度,不容易,得了中国传统小说叙事之三味。而且,虽是在"马厩的午夜"里说鬼故事,但冯杰讲得极雅,语言好,有文人气,得了中国传统散文的精髓。在中国当代作家中,能做到如此的,少之又少。

中原作家群,人数众多,但像冯杰这样有传统文人情怀和才气的却不多。袁枚是清代的大才子,博学多闻,有着多方面的才艺。冯杰的才艺比之袁枚,大约只多不少。冯杰最早是以诗人的身份名世的。《马厩的午夜》讲妖怪的故事,冯杰觉得不过瘾,最后还是显露了一下他作为诗人的才情。四季讲妖怪,"季之外"则"体裁异样",他写了首《捉拿妖怪》的诗,小露峥嵘。

这还没完。冯杰还为每篇文字一一画了插图,题了字,画是文人画,字是文人字,得了东坡神韵的。这是冯杰作为书法家和画家才情的流露。然后,冯杰又开始断评论家的后路,自己附注作评不算,还让"听荷草堂主人"每篇都予注释,与脂砚斋点评《石头记》相仿。脂砚究竟是谁我搞不清楚,但这个"听荷草堂主人"端的正是冯杰本人。于是,冯杰这本书算是把别人的路都断了。

还好,冯杰没写自序,而是把写序的活儿留给了我,这是有意给我留条活路的意思,证明有才气的冯杰还有厚道的一面。谢谢冯杰。

(原载《河南日报》2015年7月15日第12版)

说的是宋朝书家那些有意思的事儿

——张晓林和他的《书法菩提》

2002年10月,河南省文学院迁到现址办公,为期一年的首届高研班同时开班。当前河南活跃的中青年作家,出身该班者众。其中不光文章写得好,还能写得一笔好字,深得中国传统文人情趣者,非冯杰和张晓林二位莫属了。

尽管如此,在此后很长一段时间里,我与晓林的交往并不多,他在我脑子里最早留下的是小说家的形象。大约2011年前后,晓林和孔羽、孙玉亮三个开封籍的小说家准备联手举办名为"夷门三友"的研讨会,找我协商相关事宜。为此,我系统阅读了他们的相关作品,由此对晓林和他的小说创作有了更深入的了解。不过,会议因故未能开成,但由此开始,我与晓林的来往多了起来。后来,晓林接手了《东京文学》杂志,一门心思想把杂志的品位提上去、把开封文学搞上去,希望我能帮助做些工作。从此,由参与杂志社主办的"蔡文姬文学奖""东京文学奖"开始,和晓林有了较多的合作,对他的为人做事有了更深入的了解。去年,杂志社正式更名为"大观杂志社",向文学、书法、收藏等多个领域拓展,并期望能够和文学院进行更深入的合作。基于对晓林的信任,河南省文学院决定与大观杂志社联办《大观》杂志的上旬刊《大观·东京文学》,由我担任编委会主任。于是,我和晓林成了经常见面的密切合作者。大观杂志社能和河南省文学院合作,具体说我和晓林能够合作,首先缘于把河南文学事业搞好这一共同的使命感,同时也缘于共同的文人情怀。

晓林是杞县圉镇人。杞县是开封下面的一个县,"杞人忧天"说的就是这里的事。圉镇是晓林的老家,也是蔡邕、蔡文姬父女的老家。晓林很以他的这两位老乡为骄傲,特意把他张罗的文学奖命名为"蔡文姬文学奖",一为表达敬意,二为激励来者。蔡邕、蔡文姬是著名的文学家,也是著名的书法家。传说"飞白书"就是蔡邕的发明,唐代张怀瓘就非常赞赏"飞白书",其《书断》称"飞白妙有绝伦,动合神功"。晓林志于文学,又潜心书法,成为中国作协、中国书协的双料会员,大约是从两位古代乡贤那里得到了启示,甚或晓林文学、书法双双精进是蔡氏父女暗中护佑加持之故,也未可知。

晓林的文学创作是从小小说开始的,大约缘于对中国传统文化的热爱和熟悉,他选择笔记体小说为主要创作形式,多年来在全国各专业文学期刊发表笔记体小说400余篇,100余篇先后被《小说选刊》《小说月报》《小小说选刊》等转载。晓林的写作虽然中短篇兼及,总体还是以小小说为主,但写小小说不意味着不能干"大事"。几年前,晓林决定在创作方面干点"大事"时,首先想到的就是"宋朝故事"。这也难怪,虽然过去了近千年,开封人心中始终退不去的就是大宋情结。

《宋朝故事》是晓林计划写作的10卷本系列笔记体小说的总名字,他立志要把它写成一部有文化、有内涵、有故事、有趣味的好书。不过,如果想看正统的军国大事,应该读《宋史》;想看包公断案、杨家将之类的故事,应该去看戏看电视剧;如果想看上至帝王将相、中到名人雅士、下及五行八作小人物的大事小情、逸闻趣事、掌故传说、民风民俗等,看晓林的《宋朝故事》是最好的选择。晓林用笔记体小说的方式来写宋朝故事,说是故事,其实这些人物、事件在历史典籍里都有确切记载;和六朝志怪、《聊斋志异》之类的笔记小说大大不同,其事都有籍可考,绝不虚构戏说;因为是故事,自然还要生动有趣。我以为,这部书写成之后,我们就又有一部宋代百科全书式的作品可读了,读来会让人受益而且还好玩有趣。

《书法菩提》是《宋朝故事》中晓林最先完成的一卷。之所以先从书法家入手,当然和晓林本身也是书家有关。晓林号称自己的书法是师法"二王"的。其实,书法家公开场合都这么讲,但私下他们都认为"学王者死",所以都拿学"二王"骗别人,而自己则另辟蹊径。我觉得晓林说自己学"二王"也是这个道理,他学的其实是米芾。米芾是一个很有个性、很有故事的人,他周围的那帮书法家朋友或对手,也都各有性情、各有故事,晓林对此当然再熟悉不过,他写宋朝故事从这里入手,是再自然不过的事了。

晓林尽管写了多年的小说,作品被转载过、选载过,也得过奖,但在好手如林的河南小说界,还算不上出类拔萃的一线高手。但是,有了《书法菩提》情况就大不一样了,晓林找到了属于自己的表达方式,找到了属于他自己的独特符号,他由此就在芸芸众人中立了起来,成为一个不可忽视的存在。对于一个作家来说,做到这一点是非常重要、也是非常不容易的。

《书法菩提》这部书,好就好在打破了文体的藩篱,为作者的尽情表达开辟了广阔的空间。

《书法菩提》可以作为小小说来读,每个人物的每则故事都独立成章,别有意趣;这些故事连在一起,相对完整地表现了一个或数个人物,自然成为很好的中短篇小说;整部书则是对宋代书法家群体的全面描写,作为一部长篇小说来读也未尝不可。之所以称之为小说,当然是因为这部作品具备了小说的各种元素,最重要的是它有故事,而且讲述得非常生动;其次它有人物,像米芾、黄庭坚、苏轼、蔡襄等,都写得非常鲜活,而且人物的性格不是扁平的,而是立体的、成长的;再次就是它在还原宋代历史场景的同时,揭示了至今不变而又复杂微妙的人性。因此,从小说的意义上来讲,《书法菩提》尽管借鉴了中国传统笔记小说的表现形式,而现代小说的特征和属性其实也完全蕴含在其中。

《书法菩提》也可以作为散文或随笔来读。这些年,文化大散文盛极一时,但多数文章无非是用小说化的叙事手段讲一些历史典故和常识,有深度、有个人见解者少。《书法菩提》写的是宋代的书法家,晓林因本身就是书法家,也是书法理论家,曾获全国第八届书学讨论会论文二等奖,因而对宋代的这些书法大家不仅有理论上的认识和概括,同时有切身的体验和感悟。如此一来,他的文章自然就有了文化的厚度和韵味。散文化的书写使其多了些表达的自由和畅快,作品因而具有了历史文化散文的优秀品质。

《书法菩提》继承了中国笔记小说的精神气质,让笔记小说在现代背景下重新表现出巨大的活力。《世说新语》以来,中国代代都有优秀的笔记流传下来,其中很多都具有叙事性或散文性特征,而可以作为小说来读的,志异志怪的多,典型的就是《聊斋志异》。中国新小说发端以来,在汪曾祺等人的推动下,笔记体小说一度相当受关注。比较而言,《书法菩提》的最大特点在于,既吸收了现代小说的表现特征,同时又接续了古典笔记的文人精神、文化情怀。某种意义上讲,《书法菩提》是对《世说新语》精神直接的最好的继承。笔记体从诞生之日起,就是一种非常文人化的文学样式,寓文化性于趣味性之中,是《世说新语》开创的一个优秀传统,这些在《书法菩提》中都有很好的体现。片段化是笔记体的一个典型特征,《书法菩提》保留了这一传统。而碎片化阅读在移动终端普及的今天,已成为阅读的普遍形态。笔记体作品的片段化特征与读屏时代的阅读特点正相吻合。

《书法菩提》的这些特点,使它在当下品种繁杂、数量众多的作品中跳脱出来,有了不一样的风貌和品格、不一样的精神和气质。它的表现特征,它的内在意蕴,决定它有理由受到读者的喜爱——首先,我这个读者是喜爱的,我也因此对晓林的整部《宋朝故事》充满期待。

(本文是《书法菩提》的序,
原载《大河报》2015年8月6日A23版,有删节)

焦述和他的创作

我与焦述先生自20世纪80年代后期相识,转眼已有27年。那时,文学热遍及神州,当作家或从事编辑等与文学相关的工作,是大多数青年崇高的人生理想。我就在那时进入河南省文联,和焦述先生一起在一家纪实文学报从事编辑工作。后来,我选择专事文学评论,去了创作研究室,而焦述先生则进入文学创作室,专事文学创作。多年来,焦述先生默默笔耕,从报告文学到小说,作品一部接一部出版,声誉日隆,让许多先前并不看好他的人颇为错愕。个中原因,说复杂其实也简单,如果我们能对焦述其人、其经历有深入的了解,自然也就明白了焦述这些年创作井喷般爆发的缘由。最近,焦述的长篇小说《审判》即将付梓,他希望我能为这部作品写点文字、作个介绍。知人论文是中国的传统,我想,借此机会谈谈焦述其人其事其文,不仅对我们理解焦述的这部作品会有所帮助,对我们理解当下的一些文学现象及文学创作的一些规律,也会有些裨益。而且,吃了蛋,再看看下蛋的鸡是什么样子,有哪些秘密,也会是读者非常感兴趣的事。

焦述 20 世纪 40 年代出生于当时的河南省城开封市一个书香世家。对河南现代文化有深入了解的行家大都知道许钧其人,他以书画名世,有"河南一支笔"之称。开封是中国著名的古都之一,在 20 世纪 50 年代之前,一直是河南省的治所。在开封东南,有一处占地 400 余亩的园林,叫禹王台公园。园内原有一土台,相传春秋时晋国大音乐家师旷曾在此吹奏乐曲,故后人称此台为"吹台"。唐天宝三年(公元 744 年)李白、杜甫、高适三位大诗人曾登吹台吟诗作画,留下了《梁园吟》等脍炙人口的名篇,后人建"三贤祠"以为纪念。开封向为朝廷治黄指挥机关所在地,为怀念大禹治水的功绩,明嘉靖二年(公元 1523 年)在古"吹台"上建禹王庙,"吹台"被改称为禹王台,清康熙帝为之亲书"功存河洛"牌匾。禹王庙正殿后面,有座御碑亭,亭中碑上刻有清乾隆皇帝南巡开封"吹台"时亲笔写的一首诗。其他文人雅士,历代多有写诗题刻者,作品大都保存在禹王台周围的回廊壁上。细心的游客会发现,其中就有 3 道许钧的碑石。开封博物馆也收藏有许钧的 25 件墨宝。许钧是清光绪二十九年(公元 1903 年)科举考试的案首(秀才第一名),曾任开封修志馆馆长,先后在开封一中、北仓女中讲学,1939年被河南大学聘为文学院教授,编著有《河南金石志》《开封县志稿》《凝一斋文稿》及《醉竹草堂自怡诗钞》等。这位许钧就是焦述的祖母许钰的胞兄。出生在这样的家庭,许钰自幼受到良好的文化熏陶,成为知书达理、能诗会画的大家闺秀。焦述的父亲焦伟真受母亲与舅父的影响,少年时即热爱上诗歌。河南大学中文系教授周启祥先生主编的《30年代中原诗抄新编》一书,收录了焦伟真的17首诗作,并附有这样的简介:

"诗人。他也写散文、小说与旧体诗,并长于书法。原名焦宝箴,字程之,一字铭新,别号绿衣。曾用笔名有:镜心、静心、青蒙、丽波、山竹、奇夫等。……1913年生于开封……1930年升入'开一高'(即开封河南省立第一高级中学校)。爱好文学,在开封的报刊上开始发表新文学作品,并先后在《河南民国日报》上主编副刊《浪花》、《中天》和《天鹅》等文学周刊。1932年初,他经汪漫铎介绍,参加了'中国左翼作家联盟河南分盟'的成立大会,并当选为'分盟'干事。……他又在《河南民报》上创办和主编了一个副刊《丁香诗刊》(周刊)。这是河南自有新文学历史以来出现在省会开封的第一个诗刊。……他的诗歌,热情奔放,富有激情,诗风朴实,诗意浓郁,功力深厚,堪称诗苑中历史珍品……"

然而,焦伟真在文学才华刚刚显露尚未充分施展时,即遭受了巨大的磨难。由于从事革命工作,焦伟真成为政治犯进了监狱。当时左联河南分盟的3名干事,除一人逃走外,两名入狱,左联在河南的活动也因而只是昙花一现,很快销声匿迹。

焦述的母亲1920年生于开封市,外祖父是一个成功的创业者。这使焦述殷实的生活没过多久即开始经历生活的磨难。母亲的家族因外祖父的创业经营,在新中国成立不久即被划为地主兼资本家,财产被分光。父亲新中国成立后在河南省直机关工作,在反右斗争中被错划为右派分子,经历了21年磨难始得平反、恢复公职。所幸十一届三中全会之后,全家人重新奋起,舅舅和表弟创建了颇具规模的企业,如今已上市多年,身家数亿,成为当地致富带头人。焦述兄弟5人,并没有因为父亲被打为右派分子而沉沦颓败、一蹶不振,而是靠发奋努力而获得一技之长,后来分别担任文化艺术学校校长、艺术团体团长、文化部门负责人及艺术研究专家等。也许因父亲家族遗传和文化熏陶,焦述弟兄五人不约而同都从事了文化工作,成为名副其实的文化家族。

焦述最早发表的文学作品是小说,那还是在1959年。但后来,焦述自觉选择报告文学作为自己主攻的文学样式,并以报告文学作家的身份为大家所熟知。我相信他的这种选择,一定与他对文学作品社会性的特别重视有很大的关系。

焦述以前在安阳市文联工作,在20世纪80年代调到河南省文联,从事报告文学编辑工作。一贯重视深入生活,是焦述最突出的特点。他一直有自己的生活基地,做期刊编辑时,他总会忙中偷闲深入生活基地,调研他关心的课题。20世纪90年代初,焦述转为河南省文联专业作家,有了时间保证和自主条件,他将深入生活升为第一要事,有目标、有计划、有措施地深入生活。90年代中期之后,河南省委安排七名专业作家挂职深入生活,焦述从1996年至2002年,到济源市政府挂职副市长6年;接着,他受聘一家房地产公司,任副总经理2年半;之后,进入河南省高级人民法院,体验法官5年多;走出法院后,又应邀进入河南省国土资源厅,体验生活至今。

在中国的"专业作家"队伍中,绝大多数作家似乎都对作品的"文学性"特别重视,因而更多地把目光投向个人的内心深处,更多地关注个体存在。焦述则更多地把目光投向了社会经济问题,关注那些直接影响社会变迁的重要事件。他相信只有深刻反映时代变迁,反映社会运转的状态和规律的作品,才能经得起时间的检验,才是真正的好作品。他曾多次提到茅盾,他认为只有像茅盾先生那样深入到经济生活的核心,才能创作出《子夜》这样的优秀作品来。

在到济源挂职之前,尽管也曾创作过不少小说和散文,但焦述基本是一个以创作报告文学见长的作家。在挂职过程中,焦述自觉地把自己融入市长角色中,一干就是6年,使自己真正成为一名称职的市长,出色地完成了自己分管的移民工作,受到水利部的肯定和表扬。与此同时,他也没有忘记自己的作家身份,坚持每天记日记,及时写下自己的所见所闻所想所感,终于有了焦述第一部真正意义上的长篇小说——《市长日记》。也正是有真市长的真日记垫底,我们看到的作品才会这样的鲜活、这样的真实、这样的充满原汁原味。此后,焦述的创作开始爆发式增长,继日记体长篇小说《市长日记》后,他相继创作了《市长手记》《市长笔记》《市长后院》《市长纪事》《市长女婿》等,受到出版界的追捧和读者的广泛关注。

20世纪80年代以来,经济发展在中国被奉为第一要义,经济生活成为整个社会生活的核心。焦述认为,处在政治、经济、文化转型过程当中的中国作家,要想创作出能深刻反映当今时代变迁的伟大作品,必须深入了解国家政治、经济的运行状况,参与到这个循环当中。正是基于这样的认识,焦述成了他们那批挂职深入生活的作家中干得最为投入,也干得最为有声有色的一位。焦述到济源市政府挂职副市长,省委组织部文件讲:"作家挂职原则上不分工,可以协助一位副市长工作。"但济源市委对焦述经过半年观察之后,将十分重要的黄河小浪底移民工程交焦述分管。

挂职2年期满,济源市委向省委写报告,期望省委批准焦述继续挂职工作,深入生活。省委组织部根据有关文件批复焦述的挂职可延长1年。待1年期满,焦述挂职副市长已满3年,本该离任返回,济源市委再次报告省委,因移民工程已进入关键阶段,期望让焦述继续挂职工作。按文件规定,挂职干部一般最多期限3年。当时的省委宣传部部长和组织部部长一道找到省委主要领导,就济源市委要求焦述继续挂职的请求进行请示。开明的省委领导作出了特事特办决定,同意济源的请求。这样,焦述又做了3年副市长,待济源市4万名移民工作结束,方才离任。

焦述究竟在副市长任上做了哪些工作,让济源市对其一再挽留呢?

焦述于1997年元月正式分管移民工作,很快,济源的移民工作一直是诸多兄弟移民市县的排头兵,济源的移民工程成为公认的优质移民工程。2000年,国家水利部授予济源市移民局"全国移民先进单位"称号,获此殊荣的全国只有河北秦皇岛市与河南济源市两家,而济源市对移民资金的管理被誉为全国最好。之所以有这样的成绩,是因为焦述接管移民工作之后,做出了一系列合情合理又前所未见的重要决定。分管移民之初,焦述就决定,济源市所有移民的补偿款,自进入济源之时就存入四大国有银行,移民款不再由市财政转至乡、由乡转至村、由村里发放给移民,而是由移民户代表直接持存折到银行领取。从分管移民工作的副市长到以下各级官员,都不再染指移民款的发放。小浪底移民补偿款是新中国成立以来历次移民工程中最高的,仅济源市就有12亿之多。焦述的这一决策,一度引起轩然大波,但是,广大移民非常满意,因移民款发放不到位而上访告状的情况不见了。市委书记对此尤为满意,说这一举措从根本上避免了移民款的跑冒滴漏。同时,焦述还大胆对移民工程做了许多有创意的决策,如通过抓阄分房避免人为干扰;变更已被国家计委核准了的移民规划方案,将9000多人的异地安置变为就近本地安置;变移民住房的公建为移民自建等。说到底,这些举措的出发点都是为移民着想,公开透明,尽可能减少人为干预,让老百姓减少猜疑,尽量满意。

焦述为人诚实、诚恳、诚信。长期置身官场的经历,使焦述早已洞悉官场的内幕,他完全可以用当时流行的模式创作一部官场加情场的流行作品,以暴露和窥视的心态描写官场中人玩弄权术向上爬、挖空心思捞钱的故事。但焦述志不在此,他倾向于忠实生活,原汁原味地表现生活、剖析社会,从而深刻认识社会的运行状态和规律。因此,在焦述看来,并非所有的素材都可以写进作品,作家并非要将知悉的东西全部公布于众,而应该为读者负责,绝不能为自己的私利出卖作家的良知。焦述讲,他无论走到哪个领域哪个单位,绝不会抱着窥视别人隐私的态度去观察生活、放大阴暗面,如果那样,即使写出了作品,也只能是现象的浅层次真实,而非本质的深层次真实。因此,无论走到哪里,都有人愿意与他交友,和他说真话、诉真情。

济源的挂职生活,使焦述积累了充分的创作素材。挂职结束之后,他创作出的"市长系列"作品,成为既具有重要社会认识价值又具有良好市场反应、深受读者喜欢的优秀作品。究其原因,主要有以下几个方面:

首先,焦述是一位勤奋且富有使命感的作家,他正确地理解和处理了文学与时代、时代与生活、作家与人民的关系,因而能创作出生活底蕴丰厚的现实主义作品,具有重要的社会认识价值。

其次,踏实地深入生活为焦述带来了丰厚的创作资源,使他有了作为市长的真切体验,对盘根错节的人事关系有了透析能力,使作品有了可信度、可读性。

再次,焦述对生活事件具有很高的敏感性,能够准确把握时代热点,进行文学化的表达,因而受到了广大读者的喜爱。

就作品本身来讲,它之所以能受到读者的喜爱,关键在于具有真实、信息容量巨大、浓郁的生活气息以及质朴平实的叙事等特点。

多年的市长经历,使焦述可以比较容易地通过市长这个特殊的人物,把各个层面的事情联系在一起,在深入描写各级政权运作状况的同时,笔触向下深入到最基层的百姓,向上触及省级、部级,把纷纭复杂、千头万绪的矛盾冲突纳入自己的笔端,使作品拥有巨大的社会信息量,为读者描绘出官场众生相,使读者了解了官场中人的总体生存状态和个人追求,让读者看到官场的"规则"。不同于当前流行的官场小说,焦述作为亲历者,更容易把握官场复杂而微妙的人物关系和行事规则,使作品显得更为真实、可信。而且,他在作品中不有意拔高人物,也不有意贬低人物,始终忠实于生活,不只描写市长的政治属性和官场活动,而是把市长作为一个人来写,不回避人物的缺点和人性的弱点,使作品富有生活气息。

再一个重要原因在于,焦述从来不是一个靠技巧取胜的作家,他遵循自己一贯的艺术追求,语言朴实,不事雕琢,多采用白描的手段,力求从平淡中见神奇,于平凡中见伟大。质朴平实的叙事使广大普通读者的阅读能够较为顺畅地完成,这也是焦述作品取得成功的重要因素。

6年副市长经历和移民工程的政绩,使焦述赢得了组织的信任。从济源挂职回来后,焦述集中进行了一段创作之后,想到河南省高级人民法院挂职体验生活,便给省委写信反映了自己的要求。当时担任河南省委书记的李克强同志亲自批示,让焦述到河南省高院挂职。在法院的5个春秋,焦述可以翻阅他感兴趣的各种案件卷宗,旁听他感兴趣的各类庭审,特别是跟踪法官现场办案,直到列席审委会对重大案子的研讨审判。许多法官成了焦述的知音知己,无话不谈。这样的经历,使焦述的视野更为广阔,思想更加深邃。

在河南省高院挂职体验生活5年,焦述不仅对很多案件的来龙去脉有了详细的了解,对案件的审判内情有了深入的把握,更重要的是,他对法官这个群体有了更内在更准确的认识。多年的积累,多年的思索,多年的酝酿,让焦述厚积薄发,创作出了长篇小说《审判》。作品以泰阳的一起重大纵火案为背景,描写了省高院院长带领一批法官深入调查案件真相并揭开了泰阳官方阻挠调查的内幕,反映了当前司法和行政体制中存在的一系列重大问题。

有焦述多年的法院深入生活为基础,有多年的文学创作为保障,我们有理由相信《审判》会是一部值得期待的优秀作品。

(本文是为焦述的长篇小说《审判》所作的序,作家出版社2015年10月出版)

哈尼梯田里的中国梦

——评网络小说《哈尼梯田的幸福之歌》

美丽而神秘的云南,总会给人不期而至的意外惊喜。在红河南岸的哀牢山南坡,随山势地形变化,密布着层层叠叠的梯田,坡缓处田大,坡陡处田小,甚至沟边坎下石隙处也有"迷你小田"。这些梯田的田块大到一坡有成千上万亩,小到仅有簸箕大小,绵延在整个红河南岸的红河、元阳、绿春及金平等县,蔚为壮观。其中最集中的是元阳县,境内有梯田达17万亩之多。这就是哈尼族人世世代代开垦耕耘留下的杰作——哈尼梯田。哈尼族人在长期的生活中,形成了"江河——森林——村寨——梯田"四度同构的人与自然高度协调的、可持续发展的、良性循环的生态系统,是人与自然和谐相处的生态典范,是千百年来哈尼族人民生息繁衍的美丽家园。

但是,在2013年6月22日第37届世界遗产大会把哈尼梯田列入世界遗产名录之前,哈尼对大多数人来说是一个陌生的名字；在此之后，尽管哈尼梯田及哈尼族人所建立的独特生态系统吸引了不少游客的兴趣，但真正了解哈尼族的也并不是很多。我对哈尼族的肤浅了解，来自一个叫存文学的作家朋友，他是哈尼族人，热情、能歌、善饮。与存文学曾多次见面，但除了他的歌声激起的饮酒豪情之外，我对哈尼族人的生活、对哈尼梯田的真实情况，所知甚少。吊诡的是，让我全面深入了解哈尼族人及其生活的不是存文学和他的哈尼族人，而是一个网名"连中三元"的山西人，因为他写了一部长达160万字的长篇小说——《哈尼梯田的幸福之歌》。

《哈尼梯田的幸福之歌》写的是一个千里姻缘一线牵、有情人终成眷属的传统故事。它之所以有意思，是因为故事发生在云南的哈尼梯田中。作品的主人公是上海大学生夏明亮，他逃离上海，来到哈尼梯田寻找"爱情花园"，与哈尼姑娘百合一见钟情，在经过一番曲折、经历生离死别之后，终于修成正果。

故事说起来简单，但作品160万字的篇幅相对传统小说来说，绝对要算大块头了。不过作为网络小说，《哈尼梯田的幸福之歌》体量基本上归入瘦小型一类了。就网络小说而言，《哈尼梯田的幸福之歌》显得比较"另类"。这些年，流行的网络小说以类型小说为主，其中玄幻、武侠、盗墓、穿越等类型粉丝更多。这些作品更多在意的是语言的机辨锋利、情节的生动曲折、细节的夸张离奇、想象的奇妙诡异。相对而言，作者对作品的价值和意义缺乏明确的追求，内容也大多与个人的生存经验无关。过度的商业化使目前的网络小说同质化、低俗化的倾向愈发明显，对娱乐化的片面追求严重制约了它的健康发展，题材更新乏力、内容因循套路，已成为网络文学发展中存在的重要问题。因此对网络文学来说，能否成为主流的文艺形式，主要取决于它是否能够从纯粹商业、世俗的层面走出来，能够反映社会的精神现实，并对全社会产生精神引领作用。《哈尼梯田的幸福之歌》就作品的表达本身来讲，也许不能算作非常好的作品，但它的意义在于走出了网络小说因循的窠臼，开始主动关注现实，去表达人们的现实感受和时代经验，并有着积极的精神追求。换句话说，它是在讲述中国故事，讲述具体的中国梦。作为网络小说来说，这是非常值得肯定的。

网络小说通常不像传统小说那样结构紧密，其结构相对来说显得松散。为表现某些作者感兴趣的内容，作者常常会很随意地荡开笔来，花很大的篇幅介绍某些知识，以满足特定读者的愿望。《哈尼梯田的幸福之歌》也带有网络小说的这种特点，使作者得以很全面地描绘了哈尼梯田的景观和哈尼族的历史等一般读者不太了解的内容。同时，作为作品表达的一个主要内容，作品用很大篇幅描写了哈尼梯田"申遗"的过程。作品中,夏明亮与百合的爱情故事被传开以后,哈尼族人纷纷与外地青年相爱,成为一时的热潮。这些青年人不仅为哈尼梯田的经济发展做出了重要贡献,并且成为哈尼梯田"申遗"的主要力量,极大地推动了哈尼梯田的"申遗"进程。作品由此把哈尼梯田"申遗"这一重要的现实事件以文学的方式很好地表达出来。

《哈尼梯田的幸福之歌》虽然有一个爱情故事的总框架,但感情的纠葛并不是作品表现的重点。这部作品从根本上说,是在寻找中国农村合乎生态的现代化发展道路,寻找人们精神愉悦、爱情甜蜜的幸福之境。因此,积极而明确的价值导向和精神追求,是这部作品在当前的网络小说中显得不同寻常的一个重要因素。作品所描写的夏明亮、百合等人为哈尼梯田所做的努力,其实是作者为中国农村发展设计的一个理想模式。他们成功地建设了全国最大的中草药基地,动员哈尼族人一起建设了"哈尼梯田原生态民族文化保护村"系列和"哈尼梯田爱情花园",从而吸引在城里打工的年轻人纷纷回归,并开办了一个个大、小企业,这些哈尼族人和外来青年也各自获得了幸福。"哈尼梯田原生态民族文化保护村"的建立,极大地推进了哈尼梯田旅游业的发展,为哈尼梯田健康稳步发展奠定了坚实的基础。

作品另一个值得称道的价值选择是,它既没有站在传统的自然立场上以保守的心态批判现代文明,也没有站在现代文明的立场上批判自然生态的落后,而是寻求通过二者的完美结合,找到一条人类文明健康发展的理想道路。作品通过夏明亮的复杂经历,描写了上海对云南的对口支持和带动,并将其理解为现代文明与古老文明相融相合的美好过程,这事实上也是从另一个方面对神秘的哈尼族人与神奇的哈尼梯田进行了解读。

《哈尼梯田的幸福之歌》从某种意义上可以说是现代版的《桃花源记》。它更有意义的地方在于,没有将"爱情花园"作为一种脱离现实的理想主义的"乌托邦"来表现,而是努力追求它在现实中的实现。"爱情花园"是哈尼族人心中的精神圣境,作品中,通过夏明亮等人的努力,"哈尼梯田爱情花园"得以在现实中建成。可以说,"哈尼梯田爱情花园"实际上是一种象征或隐喻,代表着人类生活的理想之境,代表着人类社会发展的正确方向。

因此,《哈尼梯田的幸福之歌》是对青年人为实现中国梦而演绎的中国故事的网络化、文学化的讲述,对网络小说的写作而言,这是一种积极的尝试,是一个良好的开始。

(原载《中国艺术报》2015 年 8 月 5 日 3 版)

以理想主义精神书写爱的传奇

——简评胡昌国的长篇小说《爱如山水》

第八届茅盾文学奖颁奖典礼上,刘震云的获奖感言让人印象深刻处不只是他谈到了西红柿鸡蛋面,还有他朗诵了李健《传奇》的大段歌词,表达对文学的感受。胡昌国在创作他的长篇小说处女作时,也用这首歌的歌词作为开篇和结尾,同时也是为他的作品作注脚。爱情和文学的关系就是如此密切,作为一个最基本的主题,文学对爱情的书写历久弥新,绵延不绝。

胡昌国的文学梦开始得很早,大学时期就有写小说的强烈冲动。毕业后他进入党委部门工作,创作的冲动被无奈地压制了下去。临近退休,这种冲动再次强烈起来,继完成《心有多远》《心归何处》两部散文集后,决意开始长篇小说写作,并一鼓作气创作出了《爱如山水》,让熟悉他的人颇为惊讶。

《爱如山水》一如它的名字,表达的是爱的主题。通俗地讲,作品描写的是一个一天邂逅、七年守候的爱情故事。有情人终成眷属的传奇爱情,自古至今,从中到外,不断被书写,也不断让人感动。《爱如山水》再次证明了这一点。作品的故事其实非常简单:大学毕业生姚远方陪非常赏识他的局长一家到北京爬香山,阴差阳错邂逅了逃婚上山的女大学毕业生左梦玲,两人一见钟情,但匆匆分手后,发现除模糊听到的名字外对其他一无所知。而爱情的种子已在两人心中生根发芽,他们各自拒绝了上级领导子女的求婚,并因此被发配到深山,经历七年的磨难,终于梦圆。

《爱如山水》以传统现实主义手法彰扬了理想主义精神。作品叙事简单明朗、线条清晰,主题鲜明,表达集中。无论从叙事到主题,这部小说与当下的小说都有着明显的差异,而更多带有20世纪理想主义高扬时代的表现特征。胡昌国在散文写作时曾表达过这样的观点:"也许,是我们所遵守和信奉的真善美的东西,在残酷的现实面前,变得十分脆弱,而传统道德所唾弃的东西,在现实中不仅死灰复燃,而且如鱼得水。"所以,表达对真善美的追求成为他写作的一个基本出发点,他的小说写作同样如此。

其实,抑恶扬善,原本是传统文学、戏剧的基本追求,特别是面向大众的通俗文艺更是如此。今天的小说写作,特别是专业作家的写作,追求以有难度的叙事手段来表达复杂的人类经验，人物形象也很难以简单的善恶来判断，人性中灰色的地带成为表现的重点。这样的作品无疑具有更高的文学性和更深刻的思想性，但它的问题也同样明显：一是作品出现了价值观混乱、人物精神矮化的问题，二是作品脱离大众出现精英化的问题。

《爱如山水》走的则是一条相反的路线，它重新回到文学原始的朴素追求上，以理想主义精神表达对善的张扬和对爱的歌颂。《爱如山水》表达的是一种一诺千金的坚守和忠诚。对姚远方和左梦玲来说，他们仅仅因为一天的邂逅，在相互并没有承诺的情况下，双双有着七年的坚守，这份情感无法不让人由衷赞叹。而两人在经历磨难进入深山后，不抱怨、不颓废、积极有为的人生态度，同样令人敬佩。姚远方的作为很容易让人想起美国作家佩特·哈群斯的童话作品《母鸡萝丝去散步》。母鸡萝丝外出散步，一只狐狸跟在后面想要吃掉她，浑然不觉的母鸡愉快地在前面走着，身后的狐狸却一次次陷入纷至沓来的麻烦，终于没能吃掉母鸡。姚远方就是这样，他从没考虑过让他到深山是对他的打击，永远以积极的态度面对人生。这份从容、阳光，在今天的社会中无疑显得极其珍贵。作品中的其他几个人物，如同样爱着姚远方的四位女性，尽管性格各有不同，但同样阳光、高尚。删繁就简，是《爱如山水》叙事的基本特征，它剔除了外在事件和人物内在心理的各种不相干因素，使人物显得纯粹澄明，精神显得伟大高贵，从而显得极富正能量。

从这个意义上讲，《爱如山水》无疑有着明确的意义和价值追求，无疑在致力于精神崇高性的建构，这对当今社会来说显得特别宝贵，当然也是文学创作需要积极面对的问题。不过，如果因为《爱如山水》在正能量的弘扬上、在对大众的引导上，比一些致力于表达个人经验复杂性的作品有很多可取之处，而妄言《爱如山水》在文学性上达到了超越这些作品的水平，肯定是不实事求是的。但无论如何，这部作品对改变当下小说创作中或沉醉于叙事圈套的设计、或致力于故事的离奇繁复、或热衷于对人性黑暗的片面揭露，但就是缺乏精神建构的追求和力量，显然给我们提供了非常有益的启示。

（此文与孔会侠合作，
原载《河南日报》2015年9月26日第7版）

文人精神的传奇表达

——《夷门民国书法人物》序

《书法菩提》是张晓林找到自己创作方向和路子的一个标志。在第二届杜甫文学奖评选中,这部作品集没有争议地荣获小小说大奖。

河南是小小说创作重镇,高手云集,就单篇而言,很多作品都可圈可点。但在河南小小说界,能在全省以至全国都引起广泛关注的首先是孙方友,因为他找到了自己创作的根据地,找到了自己的方向和路子。写小镇人物,写陈州旧事,从而能够集中众多短小的篇章共同表达一个主题,蔚然而成大观。晓林走的是同样的路子,他希望从熟悉而擅长的书法开始,先写书法人物,然后及于宋朝的方方面面,完成十卷本的《宋朝故事》。但一写书法人物,写顺了手,写出了影响,一发而不可收,开始一篇篇写《夷门民国书法人物》,并在《书法报》等报刊连载。孙方友的小小说写作,以笔记小说著称,张晓林同样走笔记小说的路子。所不同者,孙方友的小说更多是基于民间视角来讲述一个个富有传奇色彩的人物,而张晓林则更多是基于文人的视角来观察和表现人物,文人的狷狂、雅趣成为表现的重点,《书法菩提》如此,《夷门民国书法人物》同样如此。

晓林最近准备将他写的《夷门民国书法人物》结集出版。出版之前,晓林让我再为这本新书写个序。这让我多少有些心里犯怵,毕竟,晓林这些写民国时期开封书法人物的文章,虽然所描写的时代更靠近我们今天的生活,但作品的表达方式与之前大致相同。对于晓林创作的特点,该说的话大都已经说过,再说一遍,肯定没多大意思。但仔细读了晓林的这组作品,还是有一些新的感觉。

从2014年习近平总书记主持召开文艺座谈会并发表重要讲话,到在中国文联十大、作协九大开幕式上的讲话,他不断在强调一个观念,就是文艺如何为国家立心、为民族铸魂的问题。并为此反复强调要讲好中国故事,继承中华优秀文化传统,弘扬中华美学精神。具体到小说创作来说,如何继承中国小说传统、表达具有中国特色的美学精神,需要我们做出新的探索和实践。

我以为,晓林从《书法菩提》到《夷门民国书法人物》所进行的尝试和努力,就是对中华美学精神的最好实践。我在上次为《书法菩提》所写的序中已经谈到,晓林的这些作品,"继承了中国笔记小说的精神气质,让笔记小说在现代背景下重新表现出巨大的活力"。中国大量古典笔记小说中,《世说新语》开创了一个优秀的传统,即对于文人传统、文人精神的表达和张扬。生生不息的中华文化,有一条清晰的脉络贯穿其中,重要的一点就是对于"道统"的自觉继承,并形成一个绵延不绝的"士"的传统,也就是对文人精神的坚守。中国知识分子的风骨,就是在其或儒雅中正、或狷狂不羁的外表下,都有着对"道"的维护和持守,有着不向流俗和名利低头的高贵气节。中国文人的这种传统精神和操守某种意义上讲,就是中华民族的精神和魂魄所在。宋代张载对中国文人的精神和使命有着经典的概括:"为天地立心,为生命立民,为往圣继绝学,为万世开太平。"张载所说,落实在今天我们具体的创作实践中,就是要以自己的文字,为国家立心,为民族铸魂。这个立心铸魂的工作,不是空洞地喊一些口号、搞一些概念化的东西就可以完成的,而是要落实在精彩的文艺作品中。

晓林所写的《夷门民国书法人物》,每篇篇幅都不长,但写的人物却极为传神。这也是中国小说的一个优秀传统,注重人物形象的塑造,注重表达人物内在的性格。如果联系到中国的绘画、书法、戏曲等艺术形式,会发现这个写意的传统在中国所有的艺术样式中都有所表现,文学也不例外。写意,就是要传神,要以精简的笔墨集中在人物、事物最能体现内在精神的特质上,把其内在的精神传达出来。说到底,这就是中华美学精神的一种表现形式。晓林的写作应该说很好地继承了这一传统,并吸收世界现代艺术的新观念,有着新的发展,殊为难得。重要的是,晓林在继承这种表现形式的同时,更很好地传达了中国传统文人的精神气韵,张扬了文人精神。应该说,很多所谓的笔记小说,基于民间传说、市井故事而来,其表现视角也是民间的,其中自然带着丛林的气息,虽然看起来非常生动精彩,却不自觉会对一些强势的、恶的东西有所张扬,会对一些庸俗、低俗、恶俗的东西津津乐道。而文人精神的介入,使其会以人道的、文化的视角来看待和处理一些事件,从而表达一种明确的精神,即对社会发展有所助益的价值和导向。其实我们看一些民间故事、童话等,在从民间传说向文人加工的转化过程中,都有一个主题的演变强化的过程。中国像《白蛇传》《聊斋》一类的故事如此,西方安徒生、格林童话等同样如此。这样一个过程,这样一种文人自觉文化追求的进入,是文学能担负起为国家立心、为民族铸魂使命的关键所在。

晓林的写作,很好地继承了中国小说优秀的传统,特别是对中国文人精神的自觉张扬,其实就是其自觉承担文化责任、为民族铸魂的具体实践,而且他的实践已经取得非常好的成效,我们有充分的理由为晓林点赞。

(本文是为张晓林《夷门民国书法人物》所作的序)

向诗词创作的坚守者和开拓者致敬

——《知时斋说诗》序

古人云:天下者,非一人之天下;王者,必得国人钦服始可为之。是谓王国钦。

前面的话,虽系调侃,说的其实是正理。当今诗词界,差不多就是一方自足的天下,众生芸芸,百业兴旺。在河南诗词界,国钦是名人、大家,有目共睹。而就新词、度词来说,国钦是当然的"王者",而且是开国之"王"。

我因受家庭影响,从小就对旧体诗词多一分喜爱。大学期间所选课程,诗词方面也多一些。比如宋词课,就是叶嘉莹先生亲自上的。毕业之后,一直从事当代文学评论和研究工作,于旧体诗词的缘分基本只剩一些亲朋间的应酬唱和。但这些年来,旧体诗词创作在民间却是日益红火,作者队伍也不是很多人主观臆测的以老干部为主,而是遍及老、中、青各年龄段,各种职业、各个阶层。诗词创作的这种状况,倒逼文艺主管部门(当然也包括我所在的文学评论界)必须对当下的诗词创作予以更多的关注。其中,国钦就是向我提意见最多的一个。他反复提出:当代文学评论不应该忽视诗词创作,当代文学史中关于诗词创作应该有相应的篇幅。我承认他讲得很有道理,我本人也对诗词创作情有独钟,只是旧体诗词创作、作品相对分散,对评论者自身旧体诗词修养的要求较高,使我不敢轻易置喙。但无论如何,我对河南诗词界的活动开始逐渐参加得多了起来,对河南的诗词创作也有了更多的了解。当《河南当代诗词选》2012年在河南文艺出版社出版之际,我曾愉快地应邀为之作序。

实际上不只是我本人,文学界、文艺主管部门以至全社会,对旧体诗词创作的重视程度都在不断增强,比如"鲁迅文学奖"已经把诗词作品纳入了评奖范围。多年以前,河南省的文艺成果奖就把诗词纳入了评奖范围。印象中,国钦是唯一一位以旧体诗词创作得奖的诗人。

在河南诗词界,国钦是一位优秀的创作者,同时也是一位热心的组织者,还是一位慧眼独具的鉴赏者和评论者。更与众不同的,他还是度词、新词的开创者。

作为创作者,国钦创作了大量优秀的诗词作品。国钦的创作,其实是从新诗开始的。"文革"结束之后,高校恢复招生,国钦于1979年考入了河南大学。河南大学有个文学社会团体"羽帆诗社",至今仍在活动,从中走出了很多有名的诗人。国钦正是羽帆诗社的创始人之一、第一届社长。新诗写作的训练,使国钦在转入诗词创作后,能够用新诗的意象把现代生活作为诗词表达的重要内容,而不只是把精力放在字、词、句的锤炼和平仄的推敲上,避免使诗词创作变成缺乏现实意义的文字游戏。同时,国钦的诗词创作又合乎诗律词律,讲平仄、守法度,更注意意境的营造。如此一来,读国钦的诗词就会发现,其作品包罗了现代生活各方面的内容,具有现代精神,又有着中国古典诗词的韵味,确实是非常优秀的作品。

作为组织者,国钦是中国毛泽东诗词研究会和中华诗词学会的常务理事,河南诗词学会的副会长。他还曾经长期担任河南诗词学会的常务副会长兼秘书长,组织了大量全国性的诗词征文、评奖等活动,并主持编选了多种诗词选本。近些年来,我和国钦一起参加了很多诗词大赛的评审工作。国钦每次评选都非常认真,评出的作品都能得到社会和业内的认可。在参加这些活动的过程中,我也更进一步对国钦在河南诗词界的影响有了认识。每到一地,总会有大量诗词爱好者对国钦赞不绝口。应该说,国钦和他的同道者对诗词活动不遗余力地组织,对推动河南的诗词创作确实发挥了非常重要的作用。

作为诗词鉴赏和评论者,国钦不仅具有深厚的理论素养,更有着创作的切身体会,因此对作品的分析评论能够准确到位,这也是不懂创作的评论者所不及的。在诗词的鉴赏、评论方面,我曾读到过国钦的不少文章,确有见地。他这方面的文章曾结集出版,有着很好的反响。他即将出版的《知时斋说诗》一书,涵盖了当下诗词创作理论、经典诗词作品和名家诗词赏析、诗词作法、诗词创新问题,及当代诗词创作入史问题等许多方面的内容。这些内容,对掌握诗词创作的基本规律、提高创作和鉴赏水平、理解当下诗词创作的状况和其他问题,都相当有益。因而,可以说这是一部很有价值的著作。在河南诗词界来说,也是对诗词评论著作出版空白的一次填补。

作为诗词界大胆的创新者,国钦在近30年前就提出了度词、新词的概念,不仅得到了许多创作者的响应,并且取得了相当的成就。由于语言自身的演变,现代汉语在音韵方面与古代汉语已经有了很大的差异。具体到诗词创作实践,关于用韵、平仄等问题,究竟该遵从古代的读音还是该依照当下的读音,诗词界争论不休。国钦在本书的"说诗法"部分给出了他的答案,其中不乏一些灼见。他认为:既要尊重中华诗词传统,不反对根据旧有格律进行创作,又须结合当下实际与时俱进。度词、新词理念的提出,恰恰就是他对于适应新韵、旧韵"双轨并行"现实的一种创新实践。尽管这种理念目前还有一些人并不赞同,但作为一种有益的探索,它对拓展诗词创作的道路、寻找诗词创作新的可能,显然有着积极的意义。我们期待他更多脍炙人口的创新作品得到更多读者的认可!

在《知时斋说诗》即将付梓的时候,国钦嘱我为该书写几句话。我虽力有不逮,却义不容辞。因此,真诚地写下以上对国钦及其诗词创作和评论的一些看法。重要的不是一定要说些什么,而是要表达一份敬意。我以为,正是因为有国钦和他许多同道持续坚持进行诗词创作,持续坚守着中国诗歌的优秀形式,中国伟大的诗歌传统才能一直绵延不绝。

借此机会,我要向国钦和他的同道致敬!向中国伟大的诗词传统致敬!

(原载《大河报》2016年12月3日第AI·14版)

"背着土地"的中国如何行走

——评长篇电视连续剧《乡里彩虹城里雨》

李佩甫称其长篇小说《生命册》描写的是"背着土地行走"的知识分子的心灵史。其实,"背着土地行走"不只是从农村进入城市的知识分子,还包括其他阶层的各色人等,某种意义上讲,"背着土地行走"正是当下中国现实处境的真实写照。

农业问题、农民问题、农村问题,是处于工业化、城市化进程中的中国迫切需要正视和亟待妥善解决的问题。不管从事何种职业,只要有责任感和担当精神,都会关注中国当下的现实问题,都不得不正视"三农"问题。作为一个有着悠久农业文明传统和庞大农村人口的大国,中国的现代化进程如果离开了"三农"问题的妥善解决,必然会走弯路,甚至走向邪路。李佩甫正是因为勇于直面这些问题,不断以文学的方式探究解决这些问题的途径,才能够对处于城市化进程中的当下中国现实，做出充分的表达和深刻有力的揭示，并因而荣获第九届"茅盾文学奖"。李阳、薛金玉同样对这些问题关注有加，期望以艺术的方式予以呈现，并尽可能探索到一条理想的道路。他们十年耕耘，十年探索，终于完成了66集电视连续剧剧本《乡里彩虹城里雨》。

习近平总书记在文艺工作座谈会上明确提出了"以人民为中心"创作导向。如何"以人民为中心"？通俗地讲，就是要创作表现人民社会生活实践的接地气的文艺作品。《乡里彩虹城里雨》正是这样一部坚持"以人民为中心"的创作导向的电视连续剧。作品描写了豫西南伏牛山区一个贫困落后的小村庄疙瘩岭，在下派挂职干部耿孝民的带领下，适应新的社会形势，披荆斩棘，走出一条富裕之路的故事。作品全面反映了当今中国农村普遍存在的留守老人、留守儿童、基层组织建设、新农村建设、农民工等一系列重大现实社会问题，对"三农"问题的解决作出了自己的思考。塑造了农村基层干部耿孝民，农村基层教育工作者马霞，农民工大闯、山根、彩凤、豆妹、张扬，留守老人刘爷、张奶，留守儿童英子、东东，有志青年宋杰、牧野、石东旭等一大批生动的人物形象。

前两年，与李阳、薛金玉同样是从南阳走出来的青年学者梁鸿，创作出版了非虚构文学作品《中国在梁庄》和《出梁庄记》。前者揭示的是当今农村真实的生活状况和存在的问题,后者表现的是外出打工者的生活状况及相关问题。这两部作品出版后引起了广泛的反响,说明"三农"问题、农民工问题确实是当今社会存在的极为重要的现实问题,具有极高的社会关注度。《乡里彩虹城里雨》不仅关注这些问题,而且积极探索解决问题的办法,力求寻找到一条切实可行的农村现代化发展道路。

《乡里彩虹城里雨》以下派挂职疙瘩岭村支部书记的耿孝民为一号人物,以外出办企业致富又同时在村里担任村主任的张中原为主要对手展开矛盾,使农村和城市的生活场景自如地展开,从而很好地表现了留守在农村的村干部、老人、孩子、基层教育工作者、到农村施展才华的有志青年,以及外出打工者等不同群体、不同人物的生存状况和面对的问题。

今天的农村,青壮年外出打工,留下老人、孩子在农村生活已经成为相当普遍的现象,由此带来的社会问题也日益引起各阶层的重视。《乡里彩虹城里雨》对解决农村留守者生活保障、加强乡村基层教育、办留守孩子之家对留守儿童进行心灵抚慰等进行了积极的探索。更重要的是,作品期望找到一条通过加强基层组织建设,引导有志者到农村创业、打工者回乡创业,从而实现农村的产业化发展,使农村走上新型城镇化的道路。

《乡里彩虹城里雨》对进入城市农民工的处境、辛酸、奋斗等进行了全面描绘,对存在的相应社会问题进行了深刻的揭示。对农民工来说,夫妻分居以及与老人、孩子分离等,是目前很难解决的问题,他们只能长期过着候鸟般的生活。如何使农民工融入城市?如何使农民可以在家乡实现就业?这是解决目前农民工问题的两个现实问题。对此,作品都进行了切实的探讨。

应该说,《乡里彩虹城里雨》对当下中国农村现实和农民工生存现实的表现是相当到位的,对问题的探索也相当深入。而作为一部文艺作品,仅有概念化的思考是不够的,还需要有很好的艺术手段予以表达。值得肯定的是,该剧在探索有效的艺术表现手段上也做得相当出色。

《乡里彩虹城里雨》最突出的特点是接地气,对当下社会现实的表现真实而深刻。同时,作品在人物性格的塑造上也下足了功夫,作品人物众多但绝少类同,每个人都有着各自鲜明的性格特征,并由各自性格的差异引出一系列的矛盾,使作品显得更加生动。作品在情节的设置上,引入了几组交织在一起的情感纠葛,并作为一条推进情节的主线贯穿作品始终,大大增加了作品的观赏性。

《乡里彩虹城里雨》积极探索中国现代农村发展的趋势,力图找到一条适合农村现实的正确道路。更为难得的是,它改变了一个时期以来农村生活类电视剧喜剧化、漫画化的模式,以积极的态度正面表现,传播了正确的价值观和积极进取的人生态度,是一部格调昂扬向上、催人奋发的电视剧佳作。

(原载《河南日报》2015年12月25日第10版)

新时期文坛的一张硬弓

——张一弓和他的创作

2016年1月9日下午3点多,张一弓老师的儿子打电话给我,说一弓老师于14时59分逝世。尽管此前我就知道一弓老师的身体多个器官已经严重衰竭,目前的医疗手段已无回天之力,但得到消息,心情仍然非常沉重。第一时间,我将张一弓先生逝世的消息以不同形式发布了出去,并迅速得到社会各方面的关注与反应,说明大家对张一弓还是有着相当高的认可度的。

张一弓的写作生涯是从少年时期就开始的。他出生于一个书香家庭,自幼就喜爱写作。父亲张长弓生前是河南大学中文系教授,母亲生前是开封女子高中语文教师。他在少年时代就受到家庭熏陶,对文学产生了浓厚兴趣。1950年,他写的一首叙事诗获开封高中写作比赛第一名,并因此被校长杜孟模先生(后任河南省副省长)推荐到《河南大众报》工作,成为一名"记者娃"。后来,随报社合并进入河南日报社,从1950年到1980年,从事新闻写作30年,从见习记者一步步成长为副总编辑。

张一弓1956年开始发表小说,第一本书是河南人民出版社出版的《金宝和银宝》,并在《长江文艺》《牡丹》上发表了《我的老伴》《打擂》等小说。1959年,他发表在《牡丹》上的短篇小说《母亲》,被认为是鼓吹"资产阶级人性论""给右派母亲唱赞歌"的"大毒草",受到批判,自此中断小说写作20年。

张一弓的文学创作主要在新时期,大致可分为三个阶段:第一个阶段是以关注社会现实变革为主的中短篇小说创作期;第二个阶段是以关注人性和民族性格为主的探索期;第三个阶段是以关注个人经历和历史为主的长篇创作期。张一弓是一位具有强烈现实意识的作家,他称自己是"同时代人的秘书"。他认为作家的创作虽然要表现"自我",然而"自我"也有"小我"和"大我"之分,"大我"才能引起大家共鸣,否则读者没有理由看你的作品。缘于这样的创作理念,他的创作努力追踪农村的变革步伐,以充满热情和理想的现实主义特色为人所称道。上世纪80年代中期以来,他的创作转向对人性、人的生存境遇、人的失落与寻找等问题的揭示。他善于塑造带有英雄气质和传奇色彩的人物,具有欧化色彩的语言与强烈的乡土气息形成了鲜明的对比。他的作品具有强烈的政治色彩、饱满的文学激情、悲壮激昂的风格,艺术魅力独特。对于张一弓创作的特点,在他去世后,我曾拟有一联来概括:"社会意义人性意识文学意蕴熔铸铜钟警世界,乡村情感英雄情结浪漫情怀充盈驿站栖精魂。"我以为大体能体现出张一弓老师的创作追求和基本特征。

新时期文学发端之初,张一弓以其对现实变革的敏锐嗅觉和大胆精神,取得了令中国文坛广泛瞩目的成就。应该说,他这一时期能取得如此成就,与他长期从事新闻工作培养起来的对现实和政治的敏锐感觉有着密切的关系。当然,这也需要巨大的勇气。1979年,张一弓暗自创作了中篇小说《犯人李铜钟的故事》。《收获》编辑部在大量群众来稿中发现了这部作品,并发表在1980年《收获》第一期,在读者和文学界中引起轰动,评论界把它视为"反思文学"的代表作之一,称李铜钟是"中国的普罗米修斯"。作者也由此恢复了中断20年之久的文学写作。今天看来,《犯人李铜钟的故事》这样的作品无论从哪个层面讲,并没有特别出格的地方。但在当时的历史条件下,创作这样的作品所遇到的阻力和压力是非常巨大的。《犯人李铜钟的故事》发表时曾两次受阻,张一弓的上级部门领导,虽认为作者的问题"属于人民内部矛盾",却执意不同意发表这部作品,稿子校样曾被迫从版面上拿了下来。担任《收获》主编的巴金老人毅然拍板,推出了这篇作品。后来在《犯人李铜钟的故事》参评首届优秀中篇小说奖时,再次受到来自作者上级领导部门的严重阻挠。阎纲曾在《悼犯人李铜钟》中谈到当时评奖的情况:"评选委员会不得不向评委会主任巴金实情禀报并请示。巴老不但同意该作得奖,而且力主列为一等奖中打头的一个。"中国作协副主席高洪波则向笔者讲述过这次评奖更复杂的经过:其时,为调查落实张一弓和《犯人李铜钟的故事》的有关情况,高洪波被派到河南进行调查。高洪波到河南走访了有关单位,和文联等部门的领导交换了意见,最后认为这部作品获奖没有问题。这时,高洪波才去见张一弓。高洪波说,见到张一弓后,他弯腰从床下拿出了一个瓶子。高洪波以为张一弓因为高兴要拿出酒来庆祝,但张一弓说,这是一瓶"敌敌畏",他随时准备将它喝下去。从这件事就可以看出,张一弓当时所承受的压力以及他准备为此牺牲的勇气。

1980年4月,《犯人李铜钟的故事》发表不久,张一弓被调离新闻工作岗位,下放到登封农村,先后在卢店公社和县文化馆担任副职。当时的中国农村正发生着以"包产到户"为重要标志的历史性变革。张一弓亲身参与了这场变革,这使他有可能延续长期以来作为一位记者对我国农民命运的关注和思考,紧跟时代步伐,并写出了30多篇、100多万字的表现这场历史性变革的作品。继《犯人李铜钟的故事》获全国第一届优秀中篇小说一等奖之后,《张铁匠的罗曼史》《春妞儿和她的小嘎斯》获全国第二、三届优秀中篇小说奖(该奖项在第一届评奖以后不再分等级);《黑娃照相》获1981年全国优秀短篇小说奖。有8部小说被搬上影视屏幕。

1983年秋天,张一弓作为获得三次全国性文学奖的作家,从登封调入河南省文联创作室从事专业创作,并先后担任了中国作协理事,省作协副主席、主席。进入上世纪80年代后期,他在创作上已经不能满足于对现实生活进行表层的"直来直去"的反映,希望在弥漫于社会生活各个角落的、属于我们这个民族古老文化的神秘感中,着力于民族的生命力量与民族性格的发现。调整了焦距,拉远了视角,张一弓写了一些具有浓烈的象征气韵,把讽喻、神话、隐语、哲理、诗情汇涵其间的作品,如中篇小说《孤猎》《黑蝴蝶》,短篇小说《夜惊》等,在创作心态、创作手法、创作风格上出现了很大变化,找到了崭新、鲜活的艺术感觉。特别是《孤猎》,受到了读者和一些评论家的关注和赞赏,在美国出版的一家华文报纸甚至说它是作者的一部"里程碑式"的作品。但这种探索并没有持续很长时间,一般对张一弓的研究也很少重点关注这一时期的创作。实际上,就在张一弓开始新的尝试的时候,他当选为河南省作家协会主席,并花费巨大精力投入到文学组织工作。他自筹资金,自任主编,为省作协创办文学刊物《热风》,并为此牺牲了创作,直到退休。

退休以后,张一弓又重新把主要精力放在文学创作上,焕发了文学创作的第二春。进入新世纪以来,也正是他65岁以后,创作并出版了自己的第一部长篇小说《远去的驿站》、第一部长篇纪实文学《阅读姨父》、第一部纪实散文集《飘逝的岁月》等作品。《远去的驿站》与张一弓以往关注当下现实的创作有着很大的不同,它更多、更深地进入到了历史的内部,通过三个家庭三代知识分子忧国忧民、追求光明、报效国家的艰巨历程,表现了他们百折不挠、英勇献身的民族精神。这部作品的突出特点是内容的厚重和容量的巨大,对社会生活的多样性和复杂性有着很好的表现。张一弓晚年深受慢阻肺病的折磨,呼吸量只有正常人的三分之一,右眼又近乎失明。但是,疾病未使他放弃写作,他所焦虑的是疾病妨碍了长篇小说的写作进程。2012年,在年满77岁时,他又创作并出版了具有绚丽的浪漫主义色彩的长篇小说《少林美佛陀》。他时常用巴金老人《真话集》后记中的一句话激励自己:"我的生命并未结束,我还要继续向前。"

在中国新时期文学发展史上,张一弓堪称一位旗帜性的作家。他对民族、对人民充满热爱,是一位具有历史使命感和责任感的杰出文学家,为中国当代文学写下了壮丽的篇章,做出了突出的贡献。今天,重新审视张一弓的作品,会发现他是一位切实关注现实的作家,是一位认真深入生活、扎根人民的作家,是一位自觉书写中国故事的作家。学习张一弓,对我们今后搞好创作,讲好中国故事,无疑有着积极的意义。

(原载《文艺报》2016年2月3日第8版)

泄露天机的人

和马新朝共事多年,又是老乡。1953年农历十月二十四,他出生于唐河县马营村。村子就在涧河边上,过了河便是我的家乡新野。村里人赶集逛街、看病购物基本都是到新野这边。而且,新朝的夫人也是新野人。因此,我和新朝就又多了层关系。但是,这么多年来,我却从未专门给他写过一篇文章。多年前,新朝曾让我给他写篇评论,我满口答应了,但因时时在应付催命般的文债,而新朝又不会多做催讨,文章就这么搁置下来了,直到现在。没想到还这文债却是在新朝远行之后,想来就让人感慨唏嘘,让人隐隐心痛。

今年6月初的一天,我上班快到单位时,接到了新朝打来的电话。电话一通,就听新朝说:"何弘,出大事了!"我心想当年新朝自己开车在高速上把车撞得几乎报废,也没说什么,工作上他退休后除参加各种诗歌活动外,就是热衷于书法,会有什么大事呢？就问他怎么了。他说是身体出了问题，胰腺查出些毛病。我以为不过是胰腺炎之类的，知道牵扯到胰腺就有些凶险，便让他好好检查治疗。他说是肿瘤，我仍然没往恶性方面想。新朝又说，是胰腺癌。我还是怀疑，他说基本确诊。然后他又说办公室已经腾好，里面的一些旧书随便处理了就是，办公室就算正式交回了。我不让他再说这些，赶忙问了医院、病房号，到单位简单安排了工作，立即赶往医院。

在医院，新朝说，这是个不治之症，刚确诊时，心里接受不了，过了一天就想通了。新朝平时不吸烟不喝酒，没有不良嗜好，他说得这个病可能和家族遗传有关，这就是命。他说他是农村出来的孩子，该经历的经历了，该做的做了，该得到的得到了，多活十年少活十年，并没有太大的区别。所以他决定不做过度治疗，对症处理，减少痛苦就行。我和他说了原定的出集子的事，希望他身体条件允许时整理一下，然后我安排人来做，新朝当即同意了。但从医院出来时，新朝夫人说，他的病已经没法手术，肝和淋巴都有转移，只能对症做些处理，不让他太痛苦。后来，新朝在做了胆管支架介入手术后，还是简单进行了化疗。我后来又去看他时，他说大夫说适度的化疗还是得做，肿瘤就像螃蟹一样，张牙舞爪，得用药控制一下。说这话的时候，新朝的旁边放着一本杜甫诗集，显然还在时时翻阅，脸上带着微微的笑意，用手比画着。这让我再次感受到了新朝面对生死的旷达。但病情的发展还是出乎意料的快,8月21号我和冯杰一起去看他,又一次做完胆管扩张手术后,新朝的情况并未有明显改善,黄疸严重,身体惊人地消瘦。这时的新朝相当虚弱,医生已下了病危通知。我们进去时,正好赶上新朝清醒过来,他轻轻摆手让他妻子出去,拉住我的手只说了一句话:"我很痛苦。"我无言以对,面对新朝的痛苦,我无力为他减轻哪怕一点点,有一种沉重的无力感。后来,在病房门口,新朝夫人对我说,新朝快不行了,他多次和她说起,何弘是个厚道人,想为他做些事,但出集子、开研讨会,都没什么意义了,就不做了。我听后心里感到深深的不安,有很多事,我们完全可以更早地做完、做好,却偏偏要等到时间无可挽回地失去,徒留下遗憾,就如我正写的文章。第二天中午,我正在单位吃午饭,接到新朝夫人的电话,说新朝情况很危险,大夫让准备后事,怕单位准备不及,所以先说一下。我听了赶紧把碗里的米饭扒到嘴里,和冯杰、萍子赶往医院。到了医院,新朝的呼吸已很困难,血氧饱和度不到90,血压靠药物维持也只有40。我们守在医院里,在新朝短暂清醒的时间里,和他做眼神的交流,感受着他承受的巨大痛苦却无能为力。后来,情况出人意料地渐渐稳定了下来。接着,又是一连串的会议、活动。9月3日,在主持完一个研讨会之后,我决定第二天去医院看新朝,可黄昏时分,我还在文学院,新朝夫人打来电话,说新朝走了，16点50分。

我立即打车赶过去，路上通过微信发布了消息，通知了文学院和他诗歌界的几位同事、朋友。在新朝家，我和新朝的亲属商量了他后事的安排，他的诗歌界的朋友也纷纷赶来帮助操办。晚上11点多，省委宣传部常务副部长王耀还打电话表示哀悼并询问后事安排事宜。第二天，自发赶来悼唁和帮忙的诗友站满了院子，外地多位著名诗人也先后赶来，充分显示了新朝在诗歌界的影响力。

新朝有一位叫马体俊的远房大哥，是个老地主，曾做过民国政府武汉市的教育长，很有学问。新朝少年时，常去听他讲古文诗词，背了不少旧体诗词，这是他日后创作的启蒙。1970年11月，他参军入伍，到一军二师服役，先是在开封，后来换防到浙江，期间开始创作，并提了干，做了宣传股长。1985年初，他退役到共青团河南省委《时代青年》杂志社工作，继续他的诗歌创作，也写写报告文学等。这期间，他随队采访了黄河漂流，从黄河源头一直走到入海口。这段经历对他影响巨大，让他写出了荣获第三届鲁迅文学奖的《幻河》，并成为其创作的重要转折点。2005年5月，他调到河南省文学院工作，先是做专业作家，后来又做副院长，成为我的搭档。

新朝原本就爱好书法，在接近退休时更是差不多到了痴迷的程度。原本文学院成立有河南省作家书画院，但多年来基本没什么活动,新朝兴致起来,拉着冯杰要大干一番,还非给我安了个名誉院长的虚衔。这段时间的新朝,临池不断,从隶书、汉简一直写到甲骨,字很有些特点和气象,于是就和诗歌界的子川、张洪波有了"南川北马关东张"的称号。

新朝从事诗歌创作多年,在全国大刊上基本都发表过作品。他后来也写一些应景的作品,但他多次和我谈到自己对诗歌的理解与坚守,明白应景之作不过出于权宜,他说他决不把这些作品收入集子。新朝出版的诗集有《幻河》《爱河》《青春印象》《黄河抒情诗》《乡村的一些形式》《低处的光》《花红触地》《响器》等,还出版有报告文学集《人口黑市》《闪亮的刀尖》《河魂》,散文集《大地无语》等。《幻河》是让他获得巨大声誉的作品,它让流淌于大地上的母亲河成为中华民族的精神之河,既写实而又精神高蹈,是对民族精神、气质、魂魄的诗性表达。他到文学院之后,创作了很多短诗,并结集为《花红触地》《低处的光》等。这些诗作是新朝诗歌创作的新突破,他以更低的姿态,在具体的生活事件上,在细微的事物中,感悟生命与存在,让人对生命的真相有更深刻的把握。这些诗作体现了新朝对诗的根本理解:"诗歌是我生命的灯盏,我一边用它照看自己,照看这个苍茫的人世,一边用手罩着,以免被四周刮来的风吹灭。我相信词语后面所隐藏着的神秘的真相以及真理的美和拯救的力量。"新朝去世前几天,他的最后一本诗集《响器》出版。"死者只与响器说话",这是新朝《响器》中的诗句,似乎是谶语。在新朝家他的灵堂前,我坐在他平时常坐的沙发上,读他的诗集《响器》,读得毛骨悚然。他说他的诗是写给"你们这些活着的人"的,"我这没有灯火的残躯/将引领你们回家。"他写道:"我知道你们的前世和今生/你们所走过的脚印,都留在我的诗篇中/就是此刻,我突然升高,高出遍地灯火/高出你们生命中全部上升的血色素/我的形体里闪烁着人性之光。"新朝在这些诗篇中,通过常见的事物,写出了他对生命最深的理解。把诗写到这个份上,差不多是把生命最深的秘密揭穿了,也算是泄露了天机。古人常说:"天机不可泄露。"也许新朝是用诗的方式泄露了天机,上天唯恐他讲出更多的秘密,决定把他招到天上吧。

新朝说:"诗是带有体温的文字,1000年后它还有体温。"如今,新朝的身体已然成灰,没了温度。但他的体温留在他的诗里,千年万年后读者仍然能从中感受到他的体温。

(原载《文艺报》2016年9月21日第3版)

送一个灵魂高贵的人远行

——悼南丁老师

2016年11月12日时近正午,我和李佩甫、张宇及南丁老师的儿子、女婿一起,在郑州殡仪馆的火化炉前,亲手把他的骨殖一块块捡拾起来,装入骨灰盒中。南丁老师的子女带着他的骨灰乘车走了,我一下子感觉世界是如此的空空荡荡。

一次,一次,又一次,我忍着内心的伤痛写下悼念文章。今年一月份,张一弓先生去世,《文艺报》约我写篇悼念文章,那时,正值我的母亲去世,我在为母亲守灵时写下了那篇文章。然后是和我搭班子的马新朝,我们一起参加着各种活动,他忽然就英年早逝。接着又是南丁,三位都是河南文学界旗帜性的人物,因此有人说,2016年的河南文坛,很像1976年的中国政坛,一个个巨人相继离世。

1988年7月,我大学毕业被分配到河南省文联工作,到一份纪实文学报《当代人报》做编辑。那时,南丁是文联主席、党组书记,同时又是报社挂名的主编,会不时到编辑部走一圈。当时的河南省文联,气氛融洽,同事之间很少像现在这样以职务相称,有喊老师的,更多是省略姓氏单称名字。印象中当时文联的同事很少有喊南丁主席的,大都直呼其名,我也没大没小地跟着叫,他也不以为意。这种习惯我一直保持到现在,经常惹得一些高官觉得我不知高低。我那时刚毕业,满身是20世纪80年代大学生的习气,说话写文章冲冲的,总想与众不同。记得有次南丁到编辑部说:"何弘是个思想家。"我那时毕业不久,一个人在郑州,就说:"我思家、想家,可不就是思想家吗?"南丁就看着我温和地笑笑。从那时到现在,28年有余,和南丁因为是本家,又都属羊,更因为脾气相投,我一直以父辈待他,他也一直视我如亲人。

这么多年来,南丁以其出色的文学才华,为中国新文学留下了精彩的华章;以其对后辈作家真诚无私的提携扶持,使文学豫军不断发展壮大,在中国文坛独树一帜;以其正直而宽容的伟大德行,显示出高尚的人格魅力;以其幽默旷达的人生态度,虽历经坎坷依然积极面对人生。南丁也因此成为我人生的楷模,指引我不计个人得失积极为河南的文学事业做些力所能及的工作,教会我如何正确面对社会与人生,包括如何正确面对生死。

南丁,原名何南丁,曾用名何铿然、何家英,著名小说家、散文家,河南文学界杰出的领导人,祖籍安徽安庆,1931年9月20日出生于安徽蚌埠。1949年7月结业于华东新闻学院,1950年开始发表作品,1952年加入中国共产党,1956年加入中国作家协会。历任《河南日报》编辑,河南省文联编辑、专业作家、主席、党组书记,河南省文联、河南省作家协会顾问,中国文联第五届全委,河南省第七、八届人大常委。

南丁是共和国成立后成长起来的第一代作家。1954年短篇小说《检验工叶英》发表于《长江文艺》,《人民文学》给予转载,选入当年《短篇小说选》《青年文学创作选》和英文版《中国文学》。《科长》《良心》《被告》也都受到广泛关注。"新时期"创作的小说《旗》开"反思文学"的先河,《尾巴》《亮雨》《新绿》也广受好评。南丁的小说语言简洁、沉稳、朴实而又闪现着智慧的光芒。他注重作品的思想性但寻求以文学的方式进行表达,以老到的叙事、扎实的细节和鲜活的人物来表现作品的主题。小说之外,他的创作还涵盖几乎所有的文体,特别是其散文和随笔,往往在不经意间显示出其深厚的文字功底、通达的人生智慧、开阔的个人胸怀和高尚的人格魅力。有小说、杂文、散文等作品入选《中国新文学大系》《中国新文艺大系》《新中国六十年文学大系》及高中文学课本。出版有小说集《检验工叶英》《在海上》《被告》《尾巴》《南丁小说选》,散文随笔集《水印》《半凋零》《序跋集》等，作品结集有《南丁文选》（上、下卷）、《南丁文集》（五卷）。

南丁是河南当代文学60多年发展历程最完整也是最重要的亲历者和领导者之一。1983年，做着专业作家的南丁52岁，创作势头正好，不断有优秀作品问世，组织上一下子就直接让他做了河南省文联主席、党组书记。在其位，谋其政，南丁从此坚定地把个人创作放在了后面，而把主要精力放在了组织工作上。他主持创办了《莽原》《散文选刊》《故事家》《文艺百家报》等多种文学期刊，调入了李佩甫、张宇、郑彦英、杨东明、田中禾等后来成为中原作家群中坚力量的一大批作家，对新时期"文学豫军"队伍的成长壮大发挥了关键性作用，为河南文学事业的发展做出了重要贡献。

南丁是一个正直而宽容的人。能将正直和宽容集于一身说起来容易，做起来很难。大凡正直的人往往眼里揉不得沙子，对人容易苛刻；而宽容的人往往姑息迁就，对人容易纵容。南丁的正直在于他内心有坚定的操守，行事有主见，不会见风使舵。这曾使他被错划为"右派"，被下放到南阳西峡农村，但他并不因这些挫折而妥协。南丁的宽容在于他尊重他人的个性，能看到别人的优点，使每个人都能发挥自己的优长。这对文艺界的领导来说非常重要。不管是在担任领导期间，还是退休之后，他总是利用自己的位置、影响，为河南作家、艺术家遮风挡雨,使之能有一个良好的环境安心创作,并因此成就了文学豫军,他也因此赢得了河南作家的一致尊敬和拥戴。

南丁是一个幽默而旷达的人。南丁的笑容总是挂在脸上,让人看了就觉得温暖。这么多年来,不管是由衷地表扬人,还是善意地批评人,他总是会用不紧不慢似乎平淡而又内含深意的幽默语言来表达,让人听了就觉得有暖意、愿意接受。南丁的旷达不仅表现在他历经坎坷而初心不改上,表现在他在位不在位时对文学负责任的态度上,更表现在他重病来临时对待生死的态度上。今年六月份,南丁因身体出现黄疸到医院检查,发现患了胰腺癌。那时马新朝也刚查出患胰腺癌一个来月,我每次到医院都会楼上楼下看他们两个。但不管是我陪他做PET-CT时,还是在301做手术前我去看他时,他的脸上仍然挂着惯常的微笑,这使我们乐观地认为他的病经过手术问题不大,他可以平安地度过此关。手术后,他不愿意多在医院待,常常输完液就回到家里住。我家就在他家楼上,我时时会到他那里坐坐,即使在知道他已经肝转移之后,总觉得乐观的他应该可以挺过更长的时间。其实他心里明白一切,却表现出面对生死的从容不迫。他让医生不要再做过度治疗,如果出现情况不必进行抢救,更不要用仪器维持生命。

11月1日,南丁让李佩甫、张宇和我到他家,在他写好的遗嘱签上字,作他遗嘱的见证人和执行人,并郑重地把他的后事托付给我们三个,说他不再接受探视、慰问,去世后不设灵堂、不搞遗体告别仪式,让我们三个以朋友的身份和他的家人一起把他送走就是。当天下午,我去单位上班,在楼下碰到去医院的南丁,他坐在轮椅上连站起来的力气都没有,我帮忙把他架到汽车后座上,他已经无法抬起腿来。没想到,这一去,他就永远离开了自己的家。11月4日,医院给他验血时发现电解质紊乱,下了病危通知。次日,他把家人叫到床前,再次重申了他的遗嘱,告诉家人,佩甫、张宇和我是他的朋友,他去世后不要惊动别人,后事由我们三人办理。

11月11日凌晨,我接到电话匆匆赶到医院,南丁老师刚刚于5时10分逝世,还躺在病床上。我和他的妻儿简单收拾后,把他从病房送到太平间。在和佩甫、张宇等商量了后事的细节后,下午又亲手把他的遗体抬上灵车送到郑州市殡仪馆。12日上午,我们三人和南丁的儿女等送他远行。参加告别的仅有十多人,佩甫和张宇让我来主持。我说,站在南丁老师遗体前的,是他自然血脉的传承者和文学血脉、精神血脉的传承者,是他最亲、最信任的人,也是对他最亲、最敬重的人,我们以能有他的信任而荣幸,也以能最后为他送行而欣慰。我们送走了南丁老师的遗体,让世人看到了一个高贵而伟大的灵魂。

我知道,在中原大地,南丁也一样关爱、扶持过很多很多的人,他们也一样热爱、敬重南丁,一样在传承南丁的文学和精神血脉。因此,文学不朽,南丁不朽!

(原载《文艺报》2016年11月6日第2版)

职业看书,业余学书

我出生在"文革"的第二年。那时,父亲被错划为"右派"回到农村,经常和地富反坏一起参加各种革命群众不愿参加的劳动,比如挑牛粪,比如在雨雪天里扫雪修路。劳动之余,见到最多的就是父亲在一些废旧报纸上写毛笔字,多是老人家的诗词,偶尔也有父亲自己写的诗词。春节时,父亲就写对联,自己家里贴或送给来要的邻居。内容嘛,肯定是很革命的,比如"红太阳光辉千秋照,毛泽东思想万代传"或其他从老人家诗词中集句的对联。在这种环境下,我基本接触不到世界经典儿童文学作品和文学名著,那时看得最多的是小人书,而且大多是与英雄少年有关的革命故事。

大约在我七八岁的时候,全国开始了一场轰轰烈烈"评《水浒》"的运动,家里有了一本印有毛主席评语的《水浒传》。这本《水浒传》我当时并没有看完,但由这部书,我所得到的远不止书的内容本身所给予我的,而是要比这多得多。现在想来,对这场"评《水浒》"运动,我当时根本不明就里,但一些说法却至今记得很清楚。直到现在,每次看到《水浒》,脑子里首先冒出的竟是当时"评《水浒》,要揭盖,看看里面是啥馅"之类的顺口溜;说起《水浒》这部书,毛主席评《水浒》的一些经典说法马上就会一字不差地闪现在脑子里:"《水浒》这部书,好就好在投降,做反面教材,使人民都知道投降派。《水浒》只反贪官,不反皇帝……宋江投降,搞修正主义。"从这本书里,还知道了鲁迅以及他对《水浒》的评价:"一部《水浒》,说得很分明:因为不反对天子,所以大军一到,便受招安,替国家打别的强盗——不'替天行道'的强盗去了。终于是奴才。"那时年龄小,对《水浒》并没有多少了解,只是觉得毛主席和鲁迅的话说得很有气势,很理直气壮,很有意思。现在知道,原来这就是文学评论。

再大一点,上中学的时候,对小说很着迷,就偷偷看能找到的各种小说。高中时不知哪个同学拿了本破破烂烂的杂志,上面有金庸的《射雕英雄传》连载,看得那叫一个上瘾。等上了大学,学了中文,老师经常布置的作业就是列个书单让看小说,惹得其他系的学生艳羡不已。渐渐地,看书单上的小说成了任务,兴趣越来越小,而不在书单上的金庸等却是坐在公共卫生间昏暗的灯光下彻夜看。《金瓶梅》之类的禁书,一般学生借不出来,就有同学以研究作论文的名义开了证明到图书馆去看,并将删节部分一段段抄录下来,贴在洁本上,大家争相传看。

过去,我从来不知道世界上有这样一种工作,把看小说或者说读故事书当作工作的主要内容。我想现在可能还有不少人羡慕这样的工作,看小说不仅不花钱而且还能挣钱,还能以此养家糊口,并因看了某些书而被其作者感谢、被一些人尊重。当然,你得看出些门道,即使不能说出像毛主席和鲁迅那样精彩的话,总得能说出个一二三。如果看得够多,成为一个职业读者,并且说得多,还会被人称作"评论家"。当然,读读书,看看小说,然后对看过的书说三道四一番,并以此为职业,在很多人看来,可能并不是一个正经的营生。我现在干的就是这种营生,就是这样一个职业读者,而且也不时说说"这部书,好就好在……"。

作为一个职业读书人,免不了要参加一些社会活动。这些年,很多活动都会摆上案子,安排题字。我于书法缺乏天分,基本属于造型能力奇差者流,一向因字丑不敢在人前动笔。怕处有鬼,随着参加活动的增多,总有人赶鸭子上架。我既不愿当场出丑又不想冷场尴尬,心里就纠结起来,于是决定练字。

要说对于书法,我也算是有些家学渊源的。爷爷是位有些名气的中医，写得一手好字，当年我老家新野东南一带，各家要立碑时，都以能请到他写字书丹为荣。父亲小时候学过中医，一本本医书都是他用小楷抄出来的，我小时在老家还见到过，经过历次搬家，现在早已不复见矣。父亲平反恢复工作后，还经常练字。不过已不是在旧报纸上随手写写，而是认真临帖。他临得最多的是王羲之的尺牍，但很少见他临《兰亭》。父亲自己写得一手好字，对于我的一手烂字却似乎从不在意。小的时候，作业写得歪七扭八，哥哥会对我深揭猛批，但父亲总是说，字无百日功，回头临上三个月帖，字就像模像样了。

"字无百日功"、"临帖"，这是父亲关于学习书法告诉我的全部。但是，因为想着字无百日功，总觉得找个时间练上三个来月就解决问题了，结果字就这么一直丑陋着。上大学时，曾选修过一学期书法课，没事的时候临过《勤礼碑》，也临过《湖州妙严寺记》《洛神赋》等，但三天打鱼两天晒网，终于临不像，被同学嘲笑为"弘体书法"。毕业后情况也差不多，因为天分既乏，恒心又无，一曝十寒，字一直也没有太大长进。

因为在文联工作，平时和书法家接触较多，而且时不时读读帖，手低而眼高，终于感觉自己的字是丑得不像样子了，不改变不行了，就下决心好好临临帖。临什么帖好呢？因为周俊杰老师写作的兴趣似乎丝毫不亚于书法，所以经常在一起喝酒交流，故向周公请教。他也没让我练他的周家隶，直截了当地让我练集王《圣教序》。他的观点是,字到唐代,就有了股俗气。所以练字不要从唐楷入手,包括《兰亭集序》,因为是唐人所摹,同样有摆不脱的俗气。像我这样的,既不是要做职业书家,篆隶魏碑类用笔夸张的书法用于平时题个字什么的也太做作,所以还是写集王《圣教序》好。这帖因为是集字而来,保留了王羲之的精华,晋人的东西还在,所以不俗。而且到我这个年龄,再从楷书入手也无必要,该帖实际上有楷、有行、有草,直接入手最为实用。

于是就开始临集王《圣教序》,一遍遍临。起初当然是临不像的,但坚持写下去,过一段和前边的一对比,有了进步,信心也增加一些,继续临。如此几个月下来,字开始像点样子,至少在一般场合题写个字不会觉得难为情了。原来父亲说的"字无百日功"是这个意思:百日是要持续坚持的,字临百日,就可以应付日常实用之需了。当然,要想成为一个书法家,差距还太大,需要不断临下去。

临《圣教序》,让我真正体会到了临帖的好处。一代代书家数千年的探索验证,为后学树起了典范,画出了路标,师法古人其实是学书最好的捷径。由此开始,渐渐临临王羲之的尺牍,读读米芾王铎,偶尔临临《寒食帖》之类的宋字,于书法慢慢就有了些感觉。更因年岁渐长,脸皮不那么薄了,开始在人前拿起笔来。虽败笔处处,但内心还真不大瞧得上那些运笔流畅却总是"厚德载物"的"书家"。

  书法于我,毕竟不是"专业",但我想这也正合了书法的本真状态。书法家不应该是写字匠,我手写我心,书中有我,笔下的线条中就有了思想的激荡和灵魂的脉动。好的书法,其线条结构应能得古人之致而使代代先师的思想修为与自己的精神意气相交融。如此,书法就有了灵魂和生命。对此,我虽不能至,心向往之。

(原载《书法报》2016年8月31日第37版)

牛人李仲党

仲党身材高大,而且既有宽度又有厚度,脸上又常常带着笑容,让人一见而有亲切信任之感。当他开口的时候,又显出自己的另一面来,在一个个善意玩笑的背后,内在的幽默和机智喷薄而出。更难得的是,仲党是热心之人,朋友有事找他,他几乎有求必应,从不爽约,而且总能把事情做得很圆满。我喜欢同幽默的人打交道,一个人懂幽默,通常比较机智,交往时就不会有鸡同鸭讲的别扭。但机智的人往往刻薄,像仲党这种既幽默机智又宽厚义气之人,虽不好说是天上尤物,至少也是世间难觅。这样的人,不交是自己的遗憾,交了就对了。

仲党姓李,是河南省音乐家协会驻会常务副主席兼秘书长,这是本职、实职,兼职就多了去了,比如河南省文联副主席,河南省合唱联盟主席,中国音乐家协会理事,民盟河南省委常委,民盟河南省文化工作委员会主任、文化艺术委员会主委,民盟中央艺术团副团长,民盟中央艺术研究院副院长,头衔够多吧？这是社会及专业领域对他的认可。其实这些都不重要,重要的是他是我的朋友,而且还算新野老乡。说"还算",是因为他与我不同,虽籍贯新野,但没有生长在那里。这些,其实还不重要,重要的是,他是一位有才华的音乐家,是国家一级作曲、教授,让人钦佩。当然最重要的,还是他的为人。

没问过仲党,从名字看,他应该行二。反正不管是不是,既然叫了仲党,就"二"一回吧。在中国,行二的牛人很多,很受人尊敬。20多年前,我到河南台前县搞"社教",那里紧邻山东阳谷,就是西门庆爱上潘金莲的阳谷,也是武松打虎、血溅狮子楼的阳谷。在那里,人们见面总是尊称对方"二哥",从未见喊"大哥"的。喊"二哥",是敬对方如山东好汉武二郎,喊"大哥"差不多就是骂对方如三寸丁谷树皮、头戴绿巾的武大郎了。这是民间的风俗,从雅处说,更是如此。中国的圣人,文圣是孔子,因为笃行"君子不党",所以不叫仲党,叫仲尼,无知无畏者称之"孔老二";武圣是关公,桃园三结义,也是排了老二的;医圣是我们的南阳老乡,叫张仲景,同样行二;书圣王羲之也是行二,其父王旷育有二子,长子王籍之,次子当然就是王羲之本人了;还有位牛人叫管仲,大孔子近二百岁,是法家先驱,宰相做得好,同样行二的诸葛亮很是敬佩,甚至到前不久,"天上人间""皇宫一号"的"小姐"们仍敬之为保护神——现在可能到别处继续敬了。至于像范仲淹这样行二的,档次低一些,这里就不再多说了,还是说仲党吧。

我上大学的时候,正是现代主义思潮席卷大陆的时代。那时读现代派的理论和文学作品,传统的审美观念顷刻遭到颠覆,有段时间不知怎么就痴迷于研究无对象审美。思来想去,各种艺术形式中,音乐应该是最接近于无对象审美的艺术形式,高高低低的声音组合在一起,就调动起了人的情感,引起情绪的波动,给人审美的享受,这是超越了形下约束带有形上意味的艺术,高!好!于是就找来关于音乐、关于作曲的书读,但终究没读出个所以然来。于是就对作曲家更加佩服,觉得他们只用七个音符就能创作出如此丰富多彩的音乐,太牛了!想想作家,只准使用七个字,纵然太白再世、莎翁复活,恐怕也创作不出一篇作品来,不由心下就觉得作家比之作曲家矮了半截。又一想,也不对,传说中国最早的诗歌《弹歌》就只用了七个字:"断竹,续竹;飞土,逐宍。"原来诗乐同源还有这么一解,于是心下稍安,但对作曲家的崇拜之情却未有丝毫稍减。仲党就是个作曲家,还特别有才华,怎么可能不让人佩服呢?

仲党从事音乐创作有30多年了。他能玩大活儿,小活儿做得也精,创作的作品包括交响乐、管弦乐、室内乐、钢琴、声乐、舞剧、戏剧、电视、电影、广播剧等大大小小共计680余部。

不仅会"玩"创作,他还能"玩"理论,发表有音乐理论文章90余篇,让我们知道了"牛"字的另一种写法。仲党之"牛",还因为他是名副其实的得奖专业户。当年,省委宣传部很为"五个一工程"奖中的"一首好歌"犯愁,委托仲党组织创作。仲党认真进行了组织,创作了一批作品,这些作品不能说不好,差强人意吧。仲党又亲自操刀,创作歌曲,并一举夺得全国"五个一工程奖"。于是一发不可收,《山妞走四方》《邻里歌谣》《春天的声音》《农家车谣》等连续获得第八、九、十、十一届中宣部全国"五个一工程"奖。此外,他担任作曲的广播剧《新来的校长》《山野的风》《叫驴与老汉的故事》《理财组长》连续获得全国第五、六、七、八届"五个一工程"奖。加上其他作品,他获全国"五个一工程"奖的音乐作品竟有11部之多。他还有1部音乐作品荣获文化部"文华"音乐优秀创作奖,2部音乐电视作品荣获全国电视大赛金奖,50余部音乐作品分别荣获国家级奖和省政府奖。人们常说,一个人一生得一次奖不难,难的是得一次大奖;如果得一次大奖还不算难,得这么多次大奖呢?对别人是难于上青天之难,对仲党就不算难。这就是仲党对"牛"的诠释。为表彰仲党对河南音乐事业做出的贡献,2000年省政府特为其嘉奖记功一次,2002年5月又被省委、省政府命名为河南省突出贡献优秀专家。这说的是仲党的创作,简化为一句话就是:李仲党是河南省作曲家群体中在全国荣获国家级奖项最多的领军人物。

我小时候写作文,和大家一样,爱写"一花独放不是春,百花齐放春满园"。这是要和大家一起努力,共同把事情做好,实现共产主义理想的意思,按后来的说法,就是共同富裕。仲党就是这样一个有理想的人,他除了自己创作,作为省音协的具体负责人,还积极组织全省的音乐创作,组织音乐活动,开展音乐教育,把河南的音乐事业搞得红红火火。这些年来,省文联组织的演出活动,仲党常常是具体的操持者。

仲党还是一个讲义气、热心公益的人。我们两人都有一个很少写进简介中的兼职:河南省文艺志愿者协会副主席。这个组织主要就是搞公益活动的,组织文艺家用自己的文艺才华回馈社会。其实在这个组织成立之前,仲党就主动参加了很多公益活动。多年前,我的一个在地矿系统工作的老乡,想请名家给他们系统的文艺爱好者讲讲戏曲和音乐方面的知识,我给仲党和另一位同事打了电话,仲党二话没说就答应了。结果,另一位也答应了的同事因故未能前去,仲党放下手头的工作赶去,一个人撑下了场子。后来,那位老乡见到我,对仲党赞不绝口。

有才华的人让我佩服,有担当的人让我尊重,有公心的人让我敬仰,讲义气的人让我钦慕。论创作,仲党是有才华之人;论对音乐事业的组织,仲党是有担当之人;论对社会活动的支持,仲党是有公心之人;论对朋友,仲党是讲义气之人。这样的人,足让我的敬仰之情如滔滔江水绵绵不绝。如此一个李仲党,他不牛谁牛?

(原载《李仲党——根在中原》,河南大学出版社 2017 年 7 月)

以情警世的劝善之作

——简评《平安夜的玫瑰花》

《平安夜的玫瑰花》是有着"文章太守"之称的李天岑继《人精》《人道》《人伦》之后创作的又一部长篇小说。单看书名,这部作品与作者以前的作品似乎大异其趣,应该是一部典型的情感小说。实际上,就作品的内容来说,称之为情感小说并不能说不够恰当,但是,掩卷细思,这部作品却在情感小说之外,又有着更为丰富的意蕴,与作者过往作品的主题、旨趣又是一致的。

尽管小说发展到今天,早已不再是单纯讲述故事那么简单,但小说从根本上说毕竟是一种叙事艺术,其意义的表达应该通过叙事来完成。因此,一个好的故事框架和精彩的讲述对完成一部好的小说来说,仍然是最根本和最重要的元素。《平安夜的玫瑰花》的表达就是在一个情感故事的框架内完成的,有着情感小说的各种元素,情感纠葛纷繁复杂。作品以夏玉莲和武大楼的情感纠葛为主线,交织了夏玉莲与武小房、婵树林的情感纠葛,武小房与谢凡、夏玉莲的情感纠葛,武大楼与夏玉莲、刘翡翠的情感纠葛等,可谓乱花迷眼。如此多的情感矛盾集中地交织在一起,显然使作品具有了明显的戏剧化成分。而且,这部作品初看有着喜剧的元素,再看有了闹剧的成分,发展下去有了悲剧的意味。这样的表达,显然是体现了作者的创作思想,他要以这样一出出看似离奇的情感活报剧,表达他对于情感、人生、社会的深入理解,使作品在好读之外产生积极的社会意义。现在我们一说到"情感小说",很容易把它归为通俗小说的范畴。事实上,以情警世是古今中外很多名著共同的表现特征,《红楼梦》就是其中典型的代表。

《平安夜的玫瑰花》由情场及于商场,由商场及于官场,完成了对社会的全方位表现。作品主人公武大楼是一个靠家传手艺致富的商人,他利用妻子夏玉莲与副县长婵树林的不正当关系上位,进入房地产开发领域,与葛贵、胡中彩等既合作又竞争,演绎了一段段精彩曲折的故事。于是,作品的题材范围就从情感领域拓展到商场和官场,涉及的生活面一下子变得更为开阔。作品中官员婵树林,商人葛贵、胡中彩,和我们通常看到的官场小说中的人物有着明显的不同,他们的行为举止、做事风格更像我们日常生活中接触到的人物,因而显得更为真实。作品在表现官员、商人的同时,也注意表现了底层人物的生活。主人公夏玉莲本身就是一个从底层一步步靠色相上位的女性。特别是，作品塑造了谢凡这个现代创业者的形象。创业者的形象，在以前的作品中要么被塑造为勤劳奋进的正面形象，要么被塑造成投机取巧、腐蚀官员的负面形象。这部作品塑造的谢凡则是一个善于利用各种机会，包括利用情感来创造机会，同时又能恪守底线的形象。因此，谢凡这个人物形象，与目前流行的情感小说中所谓"白富美""白骨精"等形象，或不食人间烟火的"唯爱主义"形象，就有了很大的反差，但也更为真实，同时不乏积极意义。

文学是经验的表达。《平安夜的玫瑰花》通过对情场、商场、官场不同层面人物的描写，很好地表达了不同阶层不同人多层次的人生经验。大量现代生活元素的进入，使作品在显得具有时代感的同时，也很好地展现了现代物质生活环境对人的情感方式、情感维度的选择，从根本上说，是对当下人生经验的表达和解释。作品的现实意义也就由此产生。

当然，如果仅止于此，《平安夜的玫瑰花》与通常的情感小说也不会有很大的不同。这部作品的创作，不管是对情感的描写，还是对商场、官场的描写，作者一开始就抱持着积极劝世、警世的态度，这同其"人"字三部曲的创作追求是一致的。从这个意义上说，这部作品可谓是一部色戒、贪戒、骄戒之作。作品主人公夏玉莲，以出卖色相获得人生第一桶金，然后不断利用色相攫取利益，最终却能幡然悔悟，从而开始一种自立自强的新生活。武大楼以家传手艺小富,开始追逐美色,并利用女人助推商业发展,骄横淫逸,终致人去财空。而婵树林原本是一个守得住的清正干部,却抵御不住美色的诱惑,终于连命也搭了进去。这些人物形象的塑造,显然有着明确的警世、醒世意义。作品中当然也有具有积极意义的人物,如前面提到的谢凡,对于人生就具有积极的劝勉作用。其实,仔细分析作品的每一个人物,对人生都会有着警示意义。作品中这些人物人生轨迹的走向,所表现出的一种刻意设计或戏剧化的特点,是作者对喻世、警世、醒世、劝世追求的自然体现。这是《平安夜的玫瑰花》这种作品的特点所在,也是其意义所在。

《平安夜的玫瑰花》出版时,腰封上有两句话"喜剧,闹剧,悲剧,依次上演""一部令人警醒的劝世之作",对作品的概括是相当准确的。这也很容易让我们联想到明代冯梦龙和凌濛初所编的《三言二拍》。这五部中国古典白话小说作品集,收录了大量情感故事,用现代的话说《三言二拍》堪称"八卦"读物的开山之作。冯梦龙既然把其命名为《喻世名言》《警世通言》《醒世恒言》,价值追求和意义取向显然不言自明。抛开其他层面的因素不谈,我觉得从作品价值追求方面来说,如果要编一部当代的新《三言二拍》,《平安夜的玫瑰花》应当名列其中。

(原载《河南日报》2017年1月20日第19版)

周 大 新 论

周大新的小说写作始于 1979 年,就目前所见资料,他的小说处女作应该是 1979 年 3 月 25 日发表于《济南日报》的短篇小说《前方来信》。此后,他的写作基本以中短篇军旅题材的小说为主,有《第四等父亲》《军界谋士》等,这个过程一直持续到 1986 年①。1986 年 8 月周大新在《解放军文艺》发表了短篇小说《汉家女》,并以此获得全国优秀短篇小说奖。《汉家女》对周大新的创作具有重要意义,这篇让他荣获全国短篇小说奖的作品确立了其在文坛的地位,更重要的是,这部小说蕴含着他早期创作的基本主题,使他此后的创作能在一个正确

---

① 1986 年对周大新的特殊意义胡平也早就注意到了,他在《神话的复归——周大新盆地小说原型分析》一文中说:"仿佛受到神的启示,1986 年的秋季,回乡省亲的周大新站在那块黑色的土地上,闻到成熟了的秋庄稼散发出的新鲜香气,望着乡亲们在田间劳作的情景,忽然意识到,自己最熟悉和最应该写的还是脚下的故土。"

的方向行进。《汉家女》虽属军旅题材的作品,但作品明显具有浓郁的乡土气息,作者虽然将主要笔墨都集中在军营生活上,但隐藏在背后的却是对努力走出农村、走出盆地者奋斗与抗争的书写,这成为他此后创作的一个重要主题,并开启了"盆地"系列作品的创作,这时期的作品主要有《伏牛》《走出盆地》《向上的台阶》《香魂塘畔的香油坊》《银饰》等。后来,他以《第二十幕》赢得广泛声誉,并以《湖光山色》荣获第七届茅盾文学奖。

谈到周大新,更让人津津乐道难以忘怀的是他的人品。这个以良善之心书写、热望这世界走向美好的人,在日常生活中,总是用点点滴滴零零碎碎的举动,不断温暖着身边的每一个人。

对周大新其人其文,是那么的熟悉,但当我决定好好写写周大新时,发现自己遇到了难题:对周大新,想说的话很多,但就是不知道从何说起,就是找不到一个好的切入点。

于是,我只好反复阅读周大新关于文学的随笔,以期更好地理解周大新对文学的理解。忽然,我发现周大新多次在不同场合,比如在创作谈中,在演讲中,在答记者问中,在聊天中,谈到自己非常喜欢两个作家,一个是俄罗斯作家列夫·托尔斯泰,一个是中国的沈从文。有一天,在翻阅周大新的散文集《看遍人生风景》时,再次看到周大新谈到他喜欢的两个作家,就有了追问下去的念头:周大新何以喜欢的是这两个风格差异如此巨大的作家呢?这似乎是个很简单的问题,但深入思考这个问题时,我觉得对周大新及其创作的研究似乎可以从这里开始,搞明白了这个问题,其实就真正理解了周大新。

托尔斯泰创作最明显的特点是它的社会指向,而沈从文创作最明显特点却是它的自然指向;而二者却又有着共同的特点,就是对女性细腻、准确、深刻的描写。事实上,周大新的文学启蒙正是来自托尔斯泰,或者说托尔斯泰是他创作的启蒙导师。他在《读〈复活〉》这篇短文中,描写了"文革"期间,在兵营中读到一本残破的《复活》时给自己带来的震撼,并发誓一定要弄到一本新的再好好读。"六年之后,我的这个愿望得以实现,我在济南的一家小书店里,买到了一本新版的《复活》。也就是从这时开始,我开始学写小说。"[1]受托尔斯泰的影响,对社会问题的思考成为周大新写作中关注的重点,对爱的呼唤与对拯救的渴望成为作品的精神主题。对女性的特别关注也是托尔斯泰创作的一个重要特点,这也许使他进一步喜欢上了沈从文。沈从文是"凭一颗诚心",希望作品能"影响人,总是引起爱和崇敬感情",[2]而周大新的写作是"为了人类

---

[1] 周大新:《读〈复活〉》,载《看遍人生风景》,河南文艺出版社2014,第107页。
[2] 沈从文:《沈从文谈艺术》,江苏人民出版社,2014,第10页。

的日臻完美";沈从文认为"生命哀乐实在群众中""群众哀乐实在我生命里",周大新也是将自我深情与人们生活命运中的悲欢离合不自禁地融合一处;尤为重要的是,这两位爱哭的男性作家,那一副慈爱柔软的心肠,时常显示出宽和柔善的女性的光辉来。

意义追求和责任担当

"不少人写小说是为了好玩,也有人将小说视为一种作秀的工具,而周大新写小说却纯粹是自觉自愿承负起一种天然的使命。他要用自己手中的笔,描绘出'密林'里丛生的荆棘,以及走出'盆地'的艰难跋涉。"①林为进对周大新写作的概括是非常准确的,至少对其早期的写作是如此。

周大新早期的写作主要是描写军营生活的中短篇小说。统观这些小说,会发现周大新对战争的认识是在不断深化的。他前期的不少作品重点是歌颂战争的正义与神圣,比如发表于1979年的《前线来信》以家书的形式讲述了当时中越边境战争中被俘的解放军战士江波的正义之举,是对我军正义性的歌颂;而《走廊》则重点描写了战争中军人的成长及战争对

---

① 林为进:《以平民视角写平民——周大新印象》,《人民日报》2002年9月15日。

军人的神圣意义;《第四等父亲》重点写的是军人职责与家庭义务间的矛盾,突出了军人的牺牲精神。随着对战争描写的深入,他又把表现的重点放在了对战争残酷与血腥的描写上,比如描写台儿庄血战的《铜戟》。然后,他则着重描写战争给军人带来的心理创伤,如《白门坎》《瞬间过后》等。更进一步,他的《世事》《猜测历史》等重在揭示战争的荒诞;《左朱雀右白虎》等则揭示战争对文化的戕害;而《旧世纪的疯癫》《关于战争消失那天庆贺仪式的设计》等则揭示了战争的反人类本质。

在所有与战争有关的中短篇小说中,发表于1986年的《屠户》和《汉家女》对周大新来说更有着特别的意义。这两部作品的主人公都是女性,一位是屠户家的普通姑娘珠儿,一位是女护士汉家女。这两部作品的特别之处倒不在于作者对战争的反思多么深刻,而在于他深入到了作为人的女性的内心,关注到了与她们的性格、价值观等密切相关的文化背景。实际上,仔细分析周大新的军营小说就会发现,他描写的很多人物都是"穿军装的农民"。这固然与他自身的经历密切相关,但从另一个意义上讲,周大新关注的并非仅仅是军营中的事件,而是作为军人的这些人,他关注这些人成长的背景对其性格、行为方式等产生的影响,以及他们的性格、行为对军营、对社会的影响。也许正因如此,周大新描写军营生活的小说反倒多了一种别样的韵致,有了更多的文化内涵和社会意义。

1986年,在描写多年"穿军装的农民"之后,周大新关注实实在在生活在故乡土地上农民的愿望愈发强烈,他意识到,他生长的南阳才是他的根之所在,可以为他的创作提供源源不断的人物、故事和文化资源。于是,他开始了对"盆地"的书写,而这种书写的重要主题则是"走出盆地",这在他更早描写军营的小说中已有体现。这些作品包括《泉》《泉涸》《汉家女》《武家祠堂》《家族》《老辙》《小诊所》《紫雾》等,当然也包括他的第一部长篇小说《走出盆地》。

　　周大新认为"写苦难是小说的一个基本任务",他说:"作家写人不写苦难,甚至有意避开苦难,那就对不起自己的良心①。"他把苦难分为个人的苦难、民族的苦难、人类的苦难三类,并把苦难的产生归因于自然、人自身和命运。与苦难抗争,就是要寻找幸福。周大新的写作实际上大多就是在描写不同人寻找幸福的过程。在他看来,"寻找幸福,表现这种寻找过程是作家们的义务②"。在当时中国城乡二元严重对立的社会背景下,"走出盆地"即"逃离土地",也就是"寻找幸福"。周大新这些描写"盆地"农民逃离土地的作品,反映的正是当时中国乡村社会变革的现实。

　　周大新的写作虽然总体上说以现实主义为基调,实际则

---

① 周大新:《小说与苦难》,《创作与评论》2013年第8期。
② 周大新:《我写〈湖光山色〉》,《人民日报》2006年5月25日。

高扬着理想主义、浪漫主义的色彩。正因如此,他虽然描写了不同人的逃离,但同样浓墨书写了回归。他的第一部长篇小说《走出盆地》,描写了主人公邹艾走出盆地的种种努力,但最终却落脚在回归上。邹艾首先努力走出盆地,在学习掌握了现代医药知识后又回到了盆地,建起了医院和药厂,带领家乡开始了现代化进程。从这个意义上说,周大新心中的"走出盆地",实际上是走出落后的生产和生活方式,融入现代化的进程中。由此,周大新前期的大量长中短篇小说作品,确实对当时中国的社会现实做了深刻而全面的表现。

周大新对南阳盆地历史文化有意识的表现很早就有。在《走出盆地》中,他就引入了神话传说作为辅线,在增强作品地域特色的同时,使作品具有了更深刻的文化内涵。而《伏牛》《左青龙右白虎》等则是对南阳历史文化更集中的表现。周大新在现代化变革的背景下表现历史文化,着眼于对传统历史文化、价值观念进行反思与重估,发现其局限所在,以期对未来产生积极的意义。带着这样的理想,周大新对盆地的书写就绝不仅仅停留在"走出"或"逃离"的层次上。随着写作的深入,他在不断探究传统历史文化对盆地的塑造和影响,及其带给未来的可能。比如《玉器行》揭示的是固守传统的邱爷对创新的压制,寓意改革的艰难;《老辙》揭示的是在历史的变迁中,由于人性的、文化的种种因素的影响,人物的命运却走向了新的轮回。正是由于对盆地文化的深入开掘,周大新塑造出了许许多多生活在盆地中的鲜活人物,比如《香魂塘畔的香油坊》中的郜二嫂等。

对南阳现实及历史文化的深入思考,最终促使周大新创作完成了一部全面表现20世纪中国社会变革的皇皇巨作《第二十幕》。作品名字"第二十幕"正是20世纪的象征。而20世纪是人类历史上变动最为剧烈的一个世纪,对中国来说,情况更是如此。这个世纪,中国持续了数千年的封建制度走到尽头,被共和政体取代,历经军阀混战、抗日救亡、国内革命战争等,终于在世纪中叶建立了中华人民共和国。此后半个世纪中国的发展同样曲折艰难,但中国最终还是在20世纪末以一个经济高速增长、正在崛起的负责任大国的姿态屹立在了世界的东方。周大新的长篇小说《第二十幕》就是通过中原古城南阳一个丝织世家在20世纪的兴衰沉浮,向我们展现了作为中国缩影的一个小城百年间的世相,记录了中华民族在20世纪所走过的波澜壮阔的历程。《第二十幕》是最能体现周大新创作水平的代表作。作品总体的故事虽然是围绕南阳的丝织业展开的,但它其实包含了尚家振兴祖传丝织业的家族物质文化追求,晋金存、栗温保等人追逐权力的官本位文化追求和卓远为代表的传统知识分子承继道统的精英文化追求三方面的内容。并通过这三种文化形态的交错、碰撞、融合,表现了20世纪中国政治、经济、文化、社会各方面的剧烈变化,传达了作者对中国文化重建的深入思考。

写完《第二十幕》之后,周大新自觉把目光从农村、军营转向了都市,创作了《21大厦》。如果说"第二十幕"是20世纪象征的话,"21大厦"则是对21世纪的隐喻。由此我们可以看到周大新自觉的责任感和担当意识,他立志要对中国20世纪以来社会的巨大变迁进行全面表现。《21大厦》以一座大楼象征整个社会,试图对处于时代交替中的中国社会进行全面反映和深刻剖析。实际上,尽管描写的是现代都市生活,周大新并没有放弃农村这个巨大的背景,他在以农村的眼光观察城市,作品通过在大厦做保安的乡下人小谭的视角,观察大厦形形色色人的情感、婚姻和家庭生活,洞察到了都市人的情感和精神困境,对都市有了别样的发现,这使作品不仅保持着鲜活的时代气息和生活气息,同时有着一种特别的幽默感和韵味。

周大新不仅在书写现代都市时隐含着城乡对立的视角,他在书写历史、战争时同样隐含着这样的视角。且不说他前期作品中描写了许多"穿军装的农民",即使《战争传说》这部以明代土木堡之变和北京保卫战为背景的小说,实际上仍然隐含着这样的视角。《战争传说》写的是一个游牧民族的女子,进入北京色诱大宦官以图影响战争进程的故事。从本质上说描写的仍是城与乡的对立,是从个人的角度对战争做出的深入思考。

在对部队、农村、都市、历史等不同题材进行全面思考和表现之后,周大新重新把目光收回到农村,于是有了新的发现,创作出了荣获茅盾文学奖的长篇小说《湖光山色》。对这部作品的创作,周大新说:"创作《湖光山色》这部小说的初衷之一,是想把当下乡村变革中的真实境况表现出来,引起读者们对乡村世界的关注。"①《湖光山色》以周大新故乡、南水北调水源地丹江口水库边上的楚王庄为描写对象,表现中国乡村变革的真实状况,并由此反映中国传统文化、伦理对发展的影响。事实上,《湖光山色》描写的不只是"乡村变革中的真实境况",周大新是带着理想主义的热情和理性的思考,试图在乡村的真实境况中,发现影响着乡村的深层权力结构、社会伦理和文化背景。因此,孟繁华称:"这不是一部兴致盎然虚构当代乡村爱恨情仇的畅销小说,不是一个偏远乡村走向温饱的致富史,也不是简单的扬善惩恶因果报应的通俗故事;在这个结构严密充满悲情和暖意的小说中,周大新以他对中国乡村生活的独特理解,既书写了乡村表层生活的巨大变迁和当代气息,同时也发现了乡村中国深层结构的坚固和蜕变的

---

① 周大新:《对乡村世界一腔深情》,《光明日报》2011年4月11日。

艰难。"①

《湖光山色》之后的周大新,可谓功成名就,但他探索的步伐并未停止。很快,他创作出了一部似乎有些特别的长篇小说——《预警》。《预警》描写的是我军某机密部队作战局长孔德武被恐怖分子利用其人性的弱点一步步引诱威逼就范,最后又毅然觉醒的故事。《预警》的故事固然精彩,但这并不是周大新表现的重点,他探索的是重要人物人性的弱点被人利用后可能给国家与社会带来的巨大灾难,向当今世界发出了预警。尽管周大新以其一向理想主义的精神为作品设置了一个让人欣慰的结尾,但作品对当今世界的反恐形势所做的思考,使作品具有了巨大的现实意义,体现了作家的责任感和担当精神。

周大新的创作,题材广泛,紧贴时代与人心变迁,对当今社会做了全面而深刻的表现,充分体现了他作为一个作家对作品社会价值、意义的追求以及自觉的责任感和担当精神。

《安魂》更是一部独特的作品。周大新的儿子因病英年早逝,当时他已年近60,这个打击是无比巨大的。忍着巨大的悲痛,周大新把他的痛楚、他对儿子的思念写了出来。但不仅如此,这部作品并没有止于对儿子怀念和个人伤痛的书写,而

---

① 孟繁华:《乡村中国的艰难蜕变》,《文艺报》2006年5月16日。

是以差不多三分之二的篇幅构建了一个天国世界,使天人永隔的事实以文学的方式得到改变,使有限的生命由此得到拯救。周大新的这种努力,显然超越了个人的伤痛,是在人类的意义上思考生死,并积极寻找获得拯救的方式。

2015年出版的《曲终人在》,是周大新面对目前广泛开展的大规模反腐行动创作的一部长篇小说。周大新在总后工作,《曲终人在》创作的缘起与总后的谷俊山案有关。但周大新并没有把笔墨放在案件本身,而是从人生成长的角度去深入揭示案件发生的社会和人性背景。这部小说涉及一个重要的话题:官员的职业素质。"这看上去古老,甚至显得有些陈旧和落伍,但是在价值混乱和道德失序的今天,作家对道德的拷问和张扬,并且为之引入基于时代变化而产生的新的思考,读来却有一种崭新的价值和意义。"①

通观周大新的创作,可以看到,他一步步把握着大众的关切,描写社会现实和时代变迁,题材及于军营、乡村、都市、历史、国际反恐、反腐以及生命伦理等各个方面,应该说是对当今社会做了全面而深刻的表现,这充分体现了他作为一个作家对作品社会价值、意义的追求,以及自觉的责任感和担当精神。

---

① 付如初:《从周大新的〈曲终人在〉说起》,《经济观察报》2015年7月5日。

女性书写与人性开掘

周大新喜爱的托尔斯泰是一位关注社会问题的作家,而在写作中又总是从具体的个体特别是女性入手,描写一定社会背景下个体的行为和心理,从而在表现社会问题的同时,对人性也进行深入的开掘;当然也可以反过来讲,表达在一定社会文化影响和挤压下人性的变化。周大新很好地继承了托翁的这一传统,因而成为一位反映社会现实、记录时代变迁、揭示社会问题的优秀作家,同时也是一位善写人性,特别是善于写女性的优秀小说家。周大新曾说:"一部书只要把主要的女性角色写好了,这部书就有了黏合剂,就能使书的各个部分紧紧地黏合起来,使书具有了引人阅读的魅力。"[1]由此可见,他着力书写女性完全是一种自觉的选择。事实上,在书写女性的时候,周大新并非完全让人物服从于其社会属性,或服务于社会性的主题,而是让这些人物特别是乡村的女性,依自然属性自由生长,从而使他笔下的人物焕发出别样的魅力。这一点又与他喜欢的沈从文颇为相似。

《汉家女》是周大新众多军旅题材中短篇小说中最为突出

---

[1] 周大新:《认识娜塔沙——读〈战争与和平〉》,载《看遍人生风景》,河南文艺出版社,2014年。

的一篇。作为反映军营生活的小说，作品并没有把重点放在对所谓军人特质、使命等内容的表现上，而是重点表现了一个女军人作为一个自然女性的性格特征，包括形成这种性格的文化背景和由这种性格导致的行为方式。"汉家女"有其大胆泼辣的一面，甚至性格中也有因为急于摆脱贫困而带来的自私狡黠，但她内心深处有着更为宽阔深邃的善良，有在关键时刻担当的精神。这部短短的小说之所以获得成功，在于很好地把这些看似不协调的东西融合在了一起，很好地塑造出了一个真实、自然的女性形象。

《走出盆地》中的邹艾可能多少带有一些"汉家女"的影子。当然，作为一部长篇小说，作品以更大的篇幅描写了盆地女性对命运的抗争，以及她们通过改变自然以求最终改变盆地的理想和奋斗。如果说《汉家女》更多描写的是一个从盆地走出来的女性人性的自然状态的话，《走出盆地》则更多表现了社会现实对人性的挤压和伤害。"汉家女"的那些行为尽管从政治层面讲是不当的，但她从未对他人造成实际伤害，她的性格中其实并没有真正的瑕疵；而邹艾的抗争与奋斗中，则有着有意识的欺骗和对他人的伤害，应该说是有瑕疵的，这是理性对人性伤害的具体体现。因此，如果说《汉家女》更多表现的是一种沈从文式的自然的理想的状态的话，《走出盆地》则有着明显托尔斯泰式的通过女性剖析社会和人性的特征。

《屠户》描写的是屠户家的女儿珠儿因未婚夫在战场上牺牲而毅然生下所怀的孩子的故事,简单看是一曲对忠贞爱情的颂歌。实际上,作品所开启的是周大新对女性爱情、婚姻悲剧书写的序幕。此后周大新的一系列中短篇小说,如《香魂女》《蝴蝶镇纪事》《向上的台阶》《世事》《银饰》等,基本都以女性爱情的悲剧性命运为基本主题。

《香魂女》描写的是郜二嫂、环环婆媳两代人不幸的婚姻和命运悲剧。作品以朴素的笔触,不仅深刻地揭示了不幸的婚姻带给她们的屈辱感,以及她们内心生出的仇恨心理,更重要的是,作品通过贫困对女性命运的影响,对男权文化进行了深刻反思。在此后的不同作品中,周大新着力对造成女性爱情婚姻悲剧命运的原因进行了多方位的探索。《蝴蝶镇纪事》《向上的台阶》描写的是两位家庭出身不好的女性豆荚和妁妁对纯洁爱情的追求、奉献与牺牲,作品以此对极"左"路线对人性的摧残进行了深刻的反思。同时,作品也对男女不同的爱情观进行了深入的思考。从某种意义上说,可能正是男性对爱情之外诸如权力、地位、金钱、名誉等东西的追求,使女性在不同的时代、因为不同的原因而遭受伤害。如果说前面这些作品所揭示的造成女性命运的悲剧,都有相对明确的原因的话,《世事》中四婶莜儿的遭遇则显示出在世事变迁中,人的命运之难以捉摸、无法把握，呈现出一种更为宏阔的命运感。而《银饰》中碧兰的悲剧，则缘于封建观念对人性的压抑，是从自然爱欲与社会伦理的角度对女性爱情和婚姻悲剧的深入开掘。

《第二十幕》是一部描写20世纪中国民族工业发展历程的长篇小说，这类史诗性的作品，通常会把男性作为描写的重点，尚达志就是周大新在这部作品中着力塑造的一个人物形象。在作品创作之初，周大新就期望通过作品搭设起一座座人性的花园，呈示出一个个灵魂的标本。为此，作品在塑造一批为实业、权力、知识等奋斗的男性的同时，更是发挥其擅写女性人物的特长，塑造了像盛云纬、曹宁贞、王文蕊等成功的女性形象。《第二十幕》基本延续了周大新以前中短篇小说中对男性的认识，为了事业，爱情、亲情、友情都是可以牺牲的，而男性的这种观念，又进一步给很多女性带来了悲剧。尚达志深爱盛云纬，但为了他的祖业，爱情可以牺牲，女儿可以牺牲，孙子的梦想可以牺牲，在他复杂人格的背后，我们看到的是中国20世纪复杂的政治、经济、文化关系。盛云纬一生深爱着尚达志，欣赏他执着的创业精神，却又对他的无情怀着深深的恨意。作者通过盛云纬很好地揭示了人物内心世界的复杂性，使之成为一个内涵异常丰富的人物形象，从而很好地通过她个人的命运悲剧表现了20世纪这个复杂的时代。整个

20世纪,中国社会经历了来自经济、政治、文化等各方面的巨大变迁,其中还有相当长一段时间处在战火的笼罩中。栗丽、草绒、绫绫、宁贞等众多善良的女性,性格各不相同,却都因不同的原因承受了巨大的精神磨难。仔细分析这些女性形象,就可以发现,周大新是要通过这些女性以不同的方式,除掉权力、金钱、文化等带给人性中的恶的成分。比如曹宁贞甘愿为理想而牺牲;栗丽希望通过性和血缘,以伦理的方式弥合信仰之争和权力之争。她们要努力使人性还原到作为人本身的自然纯真状态。同时,周大新也在积极探索通过佛教、基督教等宗教方式来抑制人性中的恶,比如草绒就是在基督教中找到了心灵的安慰,并努力以此使丈夫也放弃恶念。由此可以看出,周大新笔下的女性形象,实际上是对被权力、金钱等污染了的人性之恶的对抗和抵制。女性是对自然人性的张扬,代表着原始的生命力,有着对服从于社会属性的男性法则的矫正作用,因而都闪耀着人性的光辉。

周大新对女性有特别的理解、认可和偏爱,他尤其依恋女性意识中的母性情怀。他曾说:"出于我对女性形象的偏爱,我认为在男女两性中,男性从事的破坏性活动多,女性则是柔和的,包容的,从事的建设性活动更多。因此,我对未来人类社会发展中女性的作用看得比较重。如果一个社会不断地呼唤母性,保养它,它就会变成社会深厚的营养,然后反哺社会。

我希望把女性的这种东西呼唤出来。"①因此,在周大新看来,人性得到救赎、社会得到改善的途径,就是要通过女性善良、倔强的人性之光的照亮。《湖光山色》里的暖暖同样是一个闪耀着人性光辉的女性,暖暖身上所闪现的这种光辉,或者毋宁说是类似于老雨果所表现的那种人道主义的光辉。暖暖是一个对自己的情感生活有着明确追求的女性,她走出盆地掌握了知识,但怀着改变家乡落后面貌的愿望返回家乡。在回到家乡开展商业活动的过程中,她看到了过度商业化带来的负面影响,曾经历过精神和肉体的磨难以及爱人背叛的暖暖,最终却努力用超越现实恩怨和情感的方式化解一切。从中可以看出周大新对社会现实的深度思考,他在看到乡土文明无可奈何崩溃的同时,又积极用理想主义的方式期望使坍塌的一切得到拯救。这是周大新对于女性从自然和人性角度赋予的美好愿望。

《21大厦》表现的是乡村伦理与城市法则的对立。小保安和地下二层的打工者丰嫂、余太久、崔发等来自农村,寄居在城市"很难见到阳光"的角落里,主人心态的丧失使他们带有明显胆小怕事、自卑怯懦的性格特征;而对成功的渴望,又使他们行事不择手段,凶狠计较。但是,这些离开故土进入城

---

① 周大新:《反思乡村的命运》,《京华时报》2008年11月5日。

市的人，却仍然保持着互相体谅、有福同享、有难同当的温情和亲情，保持着人性的优美和崇高。相对而言，生活在高层的城市人却对物质生活有着难以遏制的追求，情感丧失，倾轧和欺骗成为生活的常态。周大新的很多作品都有一个共同的主题，即表现经济生活和社会变迁对人的内心世界以至人性产生的影响。《21大厦》表现的即是在现代世界中来自城乡不同人的精神世界。在这些作品中，周大新一方面表现了农村人改变自身命运、拥抱现代社会的渴望，另一方面又表现了现代社会对人们固有美好人性的戕害。周大新所表现的这对矛盾其实也正是他在当下社会变迁中自己内心的矛盾。

作为一名军旅作家，思考战争、描写战争可以说是职责所在。周大新同样在思考战争，思考战争对人的伤害，但他更多的是思考人，他要把人放在战争这个特殊的背景下进行更深入的表现。《战争传说》的特别之处在于，他思考战争但不直接描写战争，他写战争对人的影响，写的是仇恨、阴谋、情欲、人性这些与个人存在密切相关的东西，这就与传统的战争小说大异其趣了。虽然不直接写战争，但对战争的思考其实更深刻，对人性的表现也更深刻，作品通过一个普通的女性，揭示了战争的发生与人性中的权力欲望的密切关系。就这部作品而言，周大新是在历史的缝隙处进行开掘，这才是小说应该做的事。

《预警》普遍被作为谍战小说看待。但与一般谍战小说不同的是，这部小说没有把描写的重点放在惊心动魄的故事和让人脑洞大开的机变上，而把重点放在了对人物内心世界的描写上。这与周大新一贯注重开掘宏大社会背景中人物性格和内心世界的做法是一致的。《预警》的整个故事基本上是围绕孔德武内心的矛盾冲突展开的。潘金满利用人性的弱点，不断为孔德武设置各种陷阱。比如美女方韵的诱惑，就利用了孔德武作为人之常情的爱美之心和他助人为乐的情操以及军人的正义感。这里我们看到，人类那些高尚、正义的情操和信念，同样是可能被利用以服务于邪恶目的的。至于潘金满安排对孔德武及其家人的诸如股票贿赂、资助孩子留学到后来的道德要挟等，无不是对其人性的考察，是欲望与理性的博弈。《预警》最后，孔德武人性的光辉闪耀了出来，使他最终做出宁可牺牲自己的名誉、地位，也不能牺牲国家利益的决定。

　　而《曲终人在》作为一部反腐小说，则与当前流行的反腐小说、官场小说大异其趣。这部作品很好地表明了周大新写作的着力方向，他总是努力通过不同的社会事件和人物，从人性的角度去探索事物发展变化的根本原因。欧阳万彤并非一个完人，周大新并没有回避他人性中复杂幽暗的成分，也描写了他多年来对魏昌山发展的谋略，其中自然也包含着他的私心,但在为社会发展、为百姓做事等根本问题上,欧阳万彤是令人敬仰的,他无疑是寄托着周大新社会理想的人物。

周大新通常被认为是一个善于书写善的作家,他也确实把大量笔墨集中在对善的歌颂上,但这并非说明他对恶缺乏认识。从他的整体创作来看,周大新对善的歌颂正是建立在对恶的认识和抵制上。1995年,他专门撰写文章谈写作的意义,认为作家写作的根本目的就是"为了人类的日臻完美"①。能够在认识到恶之后而能以宽容之心对待它,并努力以善来引导它,这才是真正的大慈悲情怀。

文学探索与文本表达

尽管大家基本把周大新看作一个带有理想主义倾向的现实主义作家,但周大新的写作却并非局限于传统现实主义描摹现实的写作模式中。实际上,周大新在小说创作过程中,对文本表达不断进行着自己的思考,并持续寻找、探索新的有效的表达手段。应该说,对于小说创作,周大新有着清晰的文本意识,新的表现形式一直是他小说创作探索的一个重要方面。在《卡尔维诺的启示》一文中他明确谈到:"卡尔维诺用他的创

---

① 周大新:《为了人类的日臻完美》,《海燕》1995年第2期。

作实践告诉我这个文学上的后来者,你要想成为一个优秀的小说家,你就一刻也不能停止向前寻找,寻找的东西主要是两个:一个是新的表现形式,另一个是新的表现内容。"①

象征是周大新小说创作使用最为广泛的一种表现手法,他的大多数长篇小说和很多中短篇小说都是如此。象征在文学表达中有着广泛的运用,不论是中国古典文学还是西方文学,象征都有着绵长的运用史,甚至说它与文学的发展相始终也不为过。因为从本质上讲,象征确实与文学自身的表现特征有着内在的一致性。周大新对象征手段的如此厚爱,我以为与20世纪拉美文学的影响有着密切的关系。20世纪80年代,以马尔克斯为代表的拉美文学传入中国,迅速以迥异于中国新文学特别是"十七年"至"文革"时期中国文学的表现特征,征服了广大刚踏入文坛不久的作家,中国新时期文学的代表性作家,特别是五零后作家,几乎没有不受其影响的。周大新文学创作走上相对成熟的道路,正在此时。所以周大新对文本的重视,对象征手段的执着坚持,应该都与此有关。当然,影响周大新的肯定不止于拉美文学,俄罗斯文学早期对他的影响不用赘言,欧美现代主义文学也应该有着重要的影响。这从他在众多散文、随笔中谈到的作家、作品就可以清楚地看

---

① 周大新:《卡尔维诺的启示》,载《看遍人生风景》,河南文艺出版社,2014年版。

出来。

其实深入分析的话，不仅是周大新，也包括其他作家，几乎每一篇文学作品都可以分析出其中的象征意味。但这种泛象征主义的解释是没有意义的。周大新对象征手段的有意识使用，我以为可以从他在《走出盆地》等作品中引入神话开始，当然实际可能更早。《走出盆地》引入了三则神话，并贯穿在整部作品之中，与描写现实的内容构成内在的互文关系，是一种现实的隐喻。可以说，三则古老的神话是南阳人的宿命，是其现实生存和奋斗精神的象征。稍早于《走出盆地》的中篇小说《伏牛》即引入了南阳关于牛的传说和对牛的崇拜，并作为人们生存处境的象征，对作品主题的表达发挥了积极作用。而典型象征手段的使用在中篇小说《步出密林》中则表现得更为充分。《步出密林》以原始森林象征人的现实生存环境，对人与自然的关系进行了深入的思考和表现。《步出密林》整体象征手法的使用，应该是魔幻现实主义影响的痕迹。其实，问题可以进行更简单的理解，"步出密林"即"走出盆地"，是周大新表达的现实主题的象征性表述方式。

如果说以上这些作品在总体上使用了象征手法的话，局部的、具体的象征在其作品中可以说比比皆是。比如《铁锅》中反复被打碎又重铸的铁锅作为人类面对灾难生生不息的象征,《银饰》中黑云里的黑色幽灵、《泉涸》里的白黑手、《老辙》中的怪火等作为命运的象征等,都是用具体的象征物来表现作者对人类命运的深度思考。在周大新最重要的几部长篇小说中,象征手法同样被反复使用。比如,《第二十幕》书名本身就是20世纪中国社会的象征。作品中,"方格网"是一种图腾式的象征物,象征着自然规律、人类命运。其他如炫目白光的出现、恐龙蛋的排列等同样具有各自的象征意义。而《21大厦》则是21世纪社会现实的象征,作品中"展翅欲飞的雏鸟"形象反复出现,成为当今社会现实和大众心理的象征。《湖光山色》则描写了楚王庄边水面上的"迷魂三角区",其中升腾的雾气同样成为人类现实及命运的一种象征。象征手法的运用,不仅强化了作品的主题,更重要的是,它使作品的叙事张力明显增强,并带有一丝神秘感,增强了作品的内在意蕴。

复线叙事是周大新结构长篇的重要方式。其第一部长篇小说《走出盆地》引入了三则神话,并作为与现实故事推进并行的线索贯穿了整部作品。周大新最重要的长篇小说《第二十幕》,则是三条线索交织并进:主线是20世纪中国民族工业发展的历程,副线是纠缠始终的权力斗争,另一条线索则是追求自由的知识分子的精神史。《21大厦》描写的是生活在大楼上下两个阶层的生活,作品以小保安的视角展开,而城市人和打工者的生活得以很好地平行展开。复线叙事对于周大新来说是重要的结构长篇的方式,同时他对这种方式的认识和把握又是不断推进的。统观周大新的小说创作可以发现,早期的小说写作,他基本走的是写实的路子,用全能视角展开故事。之后,随着20世纪80年代先锋写作的兴起,周大新也自觉接受了新的写作观念,开始有意识地探索新的创作方法和技巧。他的探索首先是从叙事视角的变化开始,他这一时期的作品,已不再采用全能视角线性展开叙事的方法,而是第三人称、第一人称、多重视角、内外视角都有所使用,使作品的表现力大为增强。

应该说从这个时候开始,周大新对小说创作开始有了明确的结构意识,而且由此开始对小说新的表现形式的探索从未停止。在先锋小说兴起时,先锋作家对文体的重视基于故事,而此时的周大新开始重视文体但并不放弃故事;后来先锋小说退潮,多数作家开始拼写实和讲故事能力的时候,周大新仍然不离故事却持续坚持着文本探索。

纵观周大新的小说写作,他对文体结构探索的脚步从来未曾停止。他的第一部长篇小说《走出盆地》,全书不仅引入神话作为辅线,更是以一步、两步、三步来结构作品。虽然现在看来这种做法多少显得有些生硬,但可以看出周大新创新文体结构的用心。再比如他1993年在《作家》第10期发表了一篇名为《14、15、16》的中篇小说,以几个阿拉伯数字做标题,对周大新这样性格的作家来说,肯定不能仅仅用搞怪吸引眼球来解释,它显然表明了周大新对文体表现的思考。此后的小说创作,周大新对文体结构的把握渐趋自如,不同作品不同的文体结构都能很好地为作品主题服务,比如《第二十幕》多线索交织平行展开的结构,就增强了作品的厚重感和史诗感。《21大厦》则以小保安的视角展开叙事,使各种互不相干的人很好地被联系在一起,并使不同文化背景的人的行为方式和观念在巨大的反差中得以更好地表现。其他作品的结构同样讲究,《预警》分"上阕""下阕"两部分,前者写现象,后者揭谜底,使小说充满悬念,非常可读。《湖光山色》则以"乾""坤"命名上下两卷,两卷又各分为水、土、木和金、火、水三部分,既是中国传统文化的体现,又很好地以"水"勾连起上下卷。《安魂》则以干支纪年的方法排列30个章节,既是主人公生命的时序,也代表了作者对轮回中生命的思考。《曲终人在》则以采访手稿的方式展开叙事,在反腐小说已经类型化的时候,将此类小说写出了新意。

总而言之,周大新是一个有着明确社会责任感和担当意识的作家,努力反映社会变迁和重大社会问题,是他写作重要的出发点;在作品的具体表现中,他坚持对人性进行深度探索,并以理想主义精神坚持对善的张扬和追求,以期对人类发生积极意义;在文学表现上,他对文学性的探索和执着富有成效,对一个以现实主义写作著称的作家来说,其文本表现形式的丰富性,着实令人惊叹。

(原载《小说评论》2017年第2期)

生命主题的童话表达

——评《通往蓝天的梯子》

作为生命的终结,死亡看起来非常简单,可实际上不要说儿童,即使是成年人,要正确理解死亡也是一件非常困难的事。某种意义上说,对死亡的理解,决定着对生命的理解,决定着一个人的生活态度,进而决定着其世界观、人生观、价值观。从本质上说,不同的宗教实际就是应对死亡的不同方案。死亡的残酷性、严肃性、不可知性,使其成为一个对儿童而言通常忌讳提及的话题,过去的儿童文学创作也较少涉及这一主题,但随着全社会对生命和文学认识的不断深化,直面死亡越来越多地成为儿童文学作家创作的重要主题,这对促进儿童正确认识生命无疑具有十分积极的意义。

文学作为人学,作为人类对于世界经验性的表达,自然不可能绕开死亡这一人生的基本问题。人生基本的痛苦就来自死亡这一毁灭性虚无的打击,有限的肉身限制和无限的精神追求之间的矛盾正是人生基本痛苦产生的根源。对于儿童文学来说,如何向心智发育尚未完全成熟的未成年人揭示人生的这种毁灭性虚无,是一个难题,但又是一个需要儿童文学作家去正确处理的一个主题。肖定丽的童话新作《通往蓝天的梯子》就是面对这一问题做出的积极而富有成果的尝试。

《通往蓝天的梯子》基本围绕小咕朵对死亡的迷茫与焦虑,以及小涡对生活的积极与乐观展开叙事,并以小涡对小咕朵的拯救,表达了作者对死亡这一严肃主题的深刻解读,促使读者由此理解生活和生命的意义与价值。

肖定丽是一位长期从事童话写作的儿童文学作家,有大量优秀童话作品问世,并受到广大读者的喜爱。《通往蓝天的梯子》是她近来创作的又一部童话新作,不仅在作品主题的开掘上更为深刻,在主题的表达上也极具文学性,显示了作者深厚的儿童文学创作功力。

作为一部童话作品,《通往蓝天的梯子》不仅注重作品的寓意,也非常注重作品的故事性,悬念迭起、引人入胜是其突出的特点。这部作品是以土蛤蟆小涡发现红房子别墅里搬来了一个神秘的家庭并连续举办了12次葬礼开始的,一下子就把大家的好奇心和阅读兴趣调动起来了。接下来,从小涡为小咕朵办西瓜葬,到包包的出现,再到小咕朵被从死亡的阴影下拯救出来,作品将悬念一直保留到了最后,使作品的可读性大大增强。

作为一个女性作家,肖定丽的写作带有一种天然的细腻。这种细腻表现在对生活的观察理解和文字描写两个方面。细腻的描写是作品保持美感和品位的一个重要因素,而描写的细腻不仅需要良好的文字功底作为支撑,还需要有对生活观察理解的细致入微作为基础。对生活观察的细致和描写的细腻,使作品有了一个个饱满而有意义和意味的细节,保证了作品的文学品质。

在《通往蓝天的梯子》里,对自然花花草草等万事万物细致入微的观察与描摹,不仅仅是文本修辞的需要,更是作者提供的一个使处于虚无威胁中的个体获得拯救的有效方式。

这部作品的基本主题是如何面对死亡,实际上也就是如何向死而生的问题,也就是人的有限的生命的意义和价值的问题。小咕朵因父亲的离世而对生命产生焦虑,无法感受到生命存在的意义。小涡的处境相比小咕朵其实更为糟糕,作为一只土蛤蟆,他不仅没有父亲,也没有母亲,只身一人生活在河边。置身同样世界的小涡,如何使自己的生活充实而有意义呢?他尊重自然,热爱自然,在辛勤的劳动中,与自然建立了亲密的关系;他心中有爱,对他人充满着理解、尊重和包容,热心帮助别人,从而获得了一种良好的人际关系。于是,小涡时时都能感受到自然和社会的美好,个体的生命也因此更加丰富多彩,从而显示出意义。

实际上,这部作品故事的展开,即建立在小涡对于生活、生命的积极、乐观,对社会的理解、包容,对他人的尊重、友善上。这是小涡对自然、社会、人生的基本理解,也是他拯救小咕朵的基本方式。如果小涡像小咕朵一样对生命困惑,对他人不尊重,那这个故事就无法展开,最终每个人都无法得到拯救。小涡一个人打理着他的绿菜园,当发现小咕朵需要帮助时,他不计较小咕朵一家的冷淡和小咕朵对他的伤害,全力以赴予以帮助。当发现表兄弟们把河里漂来的瓜果当作大河和自然的馈赠时,他一次次悄悄把瓜果放入河中顺流漂下。最终,小涡在对别人的帮助中,让别人感受到了世界的意义,自己的生活也更加充实,生命也更有意义。

应该说,面对死亡,人类获得拯救的方式要么寄托于来世,实际上是通过建立一种超现实的信仰,即通过神的存在来否定死亡;要么寄托于现世,即通过发现当下世界的美好,让生活显示出意义,让生命显示出意义。对于无神论者来说,生命终将彻底消亡,它存在的意义到底在哪里呢?无非是我们能够把当下能做的事情尽可能做得好一些,能够在与自然、社会的相处中发现美好,让原本无意义的生命变得兴味盎然,变得富有意义。小涡即是通过让小咕朵体味他人的友善、体味自然的美好,最终完成了对小咕朵的拯救。

当然,作为一个未曾完全展开的线索,《通往蓝天的梯子》塑造了聋姑妈这个别有意味的形象。她总是在穿各种各样的珠子,她告诉小涡,只要仰望天空,拨动珠子,默默祈祷,心中的愿望就能实现。作为一种暗示,聋姑妈提供的实际上是建立信仰的问题。毕竟,宗教也是完成对人类拯救的重要方式。

《通往蓝天的梯子》通过小涡和小咕朵之间一系列跌宕起伏的故事的细腻描写,对死亡这一主题做出了深刻表达,揭示了生活和生命的意义,从而以文学的方式使小读者受到生命教育、人生教育、爱的教育。

(原载《文艺报》,2017 年 6 月 19 日

《羊城晚报》,2017 年 6 月 11 日)

艰苦环境里，依然有花朵盛开

文学的意义在于以一种惊艳的方式来传达我们对这个世界的理解。

关于留守儿童的写作，这些年来是全社会非常关注的一个话题，也是儿童文学界经常谈论的话题。但是面向这样一个群体的写作，非常好的作品并不是特别多。可能一方面缘于儿童文学作家对这个群体的生活相对比较陌生，还有一个原因，和这些年儿童文学写作形成的惯性有关。儿童文学十几年来的发展，形成了一种感觉上好像比较特殊的现象，对城市儿童关注比较多，对调皮捣蛋的孩子塑造得比较多，对农村留守儿童描写得不多。不正面塑造正面形象，与理想主义的内心坚守的缺失有密切的关系；而孟宪明创作的以留守儿童为主题的《花儿与歌声》，实际上是坚持了理想主义写作的理念。

同时我认为,这个作品好在没有过分渲染留守儿童的苦难,描写他们生活得多么悲惨,而着墨于在艰苦的环境里,依然有花朵在盛开。从这样的意义而言,孟宪明的写作是非常可贵的。这个作品在这样一个背景下,描写了这一群孩子的精神成长,要看到孩子内心的成长,这非常重要,如果我们不能够把孩子内心的成长揭示出来,这个作品的内涵就会大打折扣。孟宪明是有一种自觉的写作意识的,他要把孩子内心精神成长的复杂性,他们对生活的认知,包括他自己对教育现象的思考,全部表达出来。

这个作品还写了一个特殊的被遗弃的孩子,是盲人,她也不是大强的妹妹,大强的妹妹早已经死了,是他捡回来的一个妹妹。但是孟宪明依然写了这个孩子对美好生活的向往,这是一种特殊的人生体验。文学的意义在于以一种惊艳的方式来传达我们对这个世界的理解,我们能够提供一种特殊的经验,对于读者而言,这就是文学非常难得的地方。

孟宪明的这部作品不是很复杂,但架构出了一个很好的故事。所有小说都是叙事的艺术,作家的思考一定要在叙事的框架内完成,比如,对于生活现实的表现,对于社会问题的思考,所以,好的故事是非常重要的。孟宪明结构故事的能力很强,而且作品充盈着特别有意义的细节,通过细节把故事填充得饱满,既生动也有趣,对儿童文学来讲是非常重要的。

孟宪明多年来一直对民俗文化进行深入研究,民俗其实是有传统文化的根脉所在。这本书写了大量的农村的花花草草,还有一些民谣,这些民谣都是农村童年的记忆,就像花儿一样,是我们文化当中非常重要的根和魂。从这个意义上来讲,《花儿与歌声》这部作品对于民俗文化根脉的传承,也提供了一个方向。

(原载《中华读书报》2017年6月14日第19版)

弘扬中国精神,砥砺国人志气

——我看《中国红旗渠》

20世纪60年代末,国外媒体曾经报道,卫星发现中国的太行山上增添了一条"水长城"。至此,一个水利工程闻名世界。而在1974年,新中国参加联合国大会时,放映的第一部电影就是纪录片《红旗渠》。

红旗渠不是一般的山涧水渠,它是一条生命之渠。

不了解红旗渠的,从以下这组数据便可想象它于当地人的意义:

红旗渠所在的河南省林州市,位于河南、山西、河北三省交界处,历史上严重干旱缺水。据史料记载,从明朝正统元年(1436年)到新中国成立的1949年,514个春秋,林县发生自然灾害100多次,大旱绝收30多次。有时大旱连年,河干井涸,庄稼颗粒不收,甚至干旱严重到"人相食"的地步。

全长1500公里的红旗渠,结束了林州十年九旱、水贵如油的苦难历史,彻底改善了林县人民靠天等雨的恶劣生存环境,被林州人民称为"生命渠""幸福渠"。

河南文艺出版社出版的《中国红旗渠》,以纪实手法为我们全景再现了林县人民几乎是挑战人类生存极限修建红旗渠的生命历程。这本书的主题与思想分量,与红旗渠的不朽价值与伟大精神颇相匹配。为撰写这本书,作者翻阅了古今中外的相关史料及论著五十多部,踏遍了林州的每一条山脉、每一道沟壑,深入了解这块土地的水文地理、前世今生,并在全面实地调查和采访当事人的基础上,最终完成了这部细节扎实、读来震撼人心的《中国红旗渠》。

从元朝的天平渠、明朝的谢公渠、抗战时期的抗日渠到黄华渠、永惠渠、新民渠、建民渠、爱民渠等等,这些渠,从古至今无一不是林县人民为改变缺水状况而奋争不息的历史证明。而修建红旗渠,规模更是空前的:总干渠、干渠、支渠、斗渠、农渠、毛渠,共有3739.5公里。相对于林县的自然生态环境,这实在是一个惊天动地的数字。林县人民的英勇不屈与生存智慧,正是忍辱负重、坚韧不拔的中国人民的形象写照和最好诠释。《中国红旗渠》不仅是对修建红旗渠这一人类壮举的还原与揭示,更是弘扬中国精神、鼓舞国人士气的一曲赞歌。

早在1957年,林县县委书记杨贵就提出了"重新安排林县河山"的口号。1960年,正是国家处在三年困难时期,当时的林县人均每天只有半斤粮食,吃不饱肚子。"早晨汤,中午糠,晚上稀饭照月亮"是其生活写照。红旗渠的修建工程就是在这样异常艰苦的条件下,凭着一锤、一钎、一双手的原始劳作方式,逢山凿洞,遇沟架桥,历经十年如一日的奋力拼搏,"削平山头1250座,架设152个渡槽,凿通211个隧洞,修建各种建筑物12408座,共挖砌土石1515.82万立方米",最后修成了高4.3米,宽8米,设计引水25个流量,单是总干渠就有70多公里的生命之渠。在这本书中,林县人民拼却全力改变自己生存境遇的不屈信念力透纸背,书中所展现的林县人民改天换地的精神力量,也令人击节。

"为有牺牲多壮志,敢教日月换新天。"在修建红旗渠的漫长岁月中,不仅有汗水与血泪,也有以生命为代价的牺牲,那些亲历者的付出永远值得人们铭记。红旗渠总指挥杨贵,置生死于度外,以经受过战争考验和革命历练的大无畏精神,深信"引漳入林"工程是造福于人民的,他带领林县人民以坚不可摧的革命意志与天叫板,与林县人世世代代既定的命运叫板,最终人定胜天。杨贵这种百折不回的坚韧,表现出来的正是共产党人的革命信念和为人民谋利益的高贵品质。在工程建设过程中,普通林县人也一样有诸多可歌可泣的事迹。书里有这样的细节:张买江的父亲张运仁在工地牺牲后,张买江的母亲又把张买江送到工地,让他继承先烈遗志,直到把渠修成。这种前仆后继的精神,也让我们马上想起毛主席在《愚公移山》中说的,"子子孙孙是没有穷尽的"。这种精神,正是愚公移山精神在当代传承的真实案例,这种精神重如千钧。当渠水引到村上时,张买江的母亲在挑了第一担水时,嘴里喊着:"运仁呀,不要惦记了,大儿子把水给带回来了!你再也不用惦记咱这儿缺水了。"张买江母亲地母般的奉献精神,也令人感喟深深。人心齐,泰山移。有这种拼命、忘我的精神,还有什么事情办不好呢?书中这种令人泪湿和动容的细节俯拾皆是。

《中国红旗渠》还有一个特点是图文并茂。有时候,一图胜千言。50余幅珍贵的图片,定格了那些珍贵的历史镜头,也生动再现了那段激情燃烧的岁月,那流金般的人与往事,让读者触摸到那些奋斗者曾经的脉搏与心跳。

红旗渠是林县人民利用自然、改造自然而完成的人类杰作。这条水龙解决了林县人民生产和生活用水,而且引来世界各地人民的关注和景仰,红旗渠早已成为自然和人文相统一的综合景观,吸引着世界各地的人们前来观光旅游,赞叹不已。《中国红旗渠》以它令人感同身受的文字让我们看到,红旗渠精神是中原人自强不息精神的具体体现,也将会是实现中国梦的动力源泉之一。从"愚公移山""精卫填海"的神话传说到红旗渠的真实图景,从中原人文精神到我们共同的中国梦,中华儿女赓续的是一脉相承、生生不息的精神体系。《中国红旗渠》通过书写红旗渠的不朽价值,彰显的正是中原人文精神及中华民族伟大梦想的内在联系。

《中国红旗渠》不仅是一首人类奇迹的赞歌,更是对中华儿女的创造精神与生存智慧的颂歌;是对干群一心、其利断金的生动诠释,是对自强不息的民族精神的呼唤与张扬。于当下人而言,这是对中国精神的时代书写,也是对中国梦的虔敬表达,值得每一个国人从中感受那一腔热血与熊熊的正能量。

(原载《中华读书报》2017年6月14日第8版)

《黄河飞歌》序

2014年,《河南日报》组织"名家眼中的河南美丽乡村"系列活动,吕桓宇给我做了一次专访,我们由此相识。后来,小吕时常会登门造访或电话问候,看到报纸上发有和我相关的文章会专门收集送来。他对文化、写作有着异乎寻常的热情,说是想写一些文化方面的纪实文学作品,希望能够参加一些培训、采风等文学活动,于是在我们组织的文学讲座、文学培训班等活动中,时时会看到他的身影。小吕个子不高,但给人的感觉是精力特别旺盛,他是一个待人诚恳、谦虚、热情、认真而勤勉的人,在今天这样一个浮躁的时代,这样的人并不多见。

小吕在媒体工作,紧张忙碌,很少有属于自己的大块时间。对于他从事创作的说法,我一直觉得只是他个人的美好愿望,并没有太在意。但在这个火热的六月,小吕送来了《黄河飞歌》厚厚两大本书稿,有差不多20万字,拿在手里沉甸甸的。可想而知,作者为此付出了很多艰辛和努力。

《黄河飞歌》是以郑州黄河游览区建设为切入点,描写黄河文化的一部纪实文学作品。恰好,近几年为了写《命脉——南水北调与人类水文明》,对黄河及黄河文化也有些考察和理解,并把这些写进了我的书里。

郑州一直被认为是"火车拉来的"新兴城市。当它被认定为中国八大古都之一时,很多人对此大为不解,满是质疑。

上世纪80年代末,我大学毕业来到郑州的时候,接待外地同学常去的地方就是黄河游览区。它位于郑州西北黄河南岸邙山头一带,京广铁路黄河桥就在它旁边。现在高大的炎黄二帝巨塑是黄河游览区的标志,那时巨塑尚未建成,标志是一尊端坐哺乳女子的雕塑,叫作"黄河母亲"。建这个雕塑的想法固然源于对母亲河的热爱,更具体的原因大约在于,这里原本是一个提灌站,在此抽黄河水以解决郑州市民的用水问题。那时到黄河游览区,对那一排沿山坡排列的巨大黑色水管印象特别深。

郑州引黄河水以用的时候,把取水点选在了邙山头。南水北调中线穿黄工程在邙山头偏西一些的孤柏嘴,由邙山下进入黄河底,在北岸以太极拳和铁棍山药闻名的焦作温县出地面流入明渠。1952年,毛泽东就是在邙山头提出了借南方之水以济北方的想法。再往前,这里其实和隋唐大运河等古代水利工程关系极为密切。想必很多郑州人也和我一样,觉得这不过是一个随意的选择。实际上,之所以如此,并非历史的偶然,而是有着必然的因素。

邙山以前叫敖山。敖山这个名字,据说来自商朝初期,或许更早。郑州之所以被列入中国八大古都,是因为考古和历史学家经过缜密论证,认为它就是商朝早期成汤所建的初都"亳"。"敖"的意思其实等同于现在的"遨",许慎《说文解字》称:"敖,出游也。"现在一说"遨游",大家想到的通常是高大上的出游,如遨游太空之类的,但过去就是指一般的出游。3000多年前商代的先民,准确地说是贵族们,从他们的都城——今郑州商城遗址,来到西北四五十里外的这座小山上打猎、游玩,于是称这里为"敖山",顺带,山南的高地被叫作敖地。到商王仲丁时,他干脆将都城迁到了这里,即后世所称的"隞都"。到周代,敖山仍然是休闲、打猎的好去处,《诗经·小雅·车攻》记载了周宣王的一次打猎行动:"建旐设旄,搏兽于敖"。

原先,考古学家倾向于认为郑州商城是"隞都"遗址。1989年,几位农民在郑州古荥镇南1公里的小双桥村挖土时,发现了一件U形青铜构件,考古专家认为这种青铜构件应为宫殿正门两侧枕木前端的装饰物。考古人员到小双桥进行了三次发掘，发掘出了一个面积达140多万平方米的古遗址。结合考古发现和古文献记载，专家们认为，这里才是商代的"隞都"，而郑州商城则是"亳都"。

从古至今，粮仓又被称为"敖仓"。"敖仓"之"敖"，就是"敖山"之"敖"。早在秦朝之时，这里建起了全国最大的粮仓，因在"敖山"，故名"敖仓"。为争夺敖仓，秦将章邯和陈胜起义军，刘邦和项羽，袁绍和曹操，都是杀得不亦乐乎。

敖仓为什么会建在敖山上呢？因为敖山北边不远处就是黄河，魏惠王开凿鸿沟，引水口就在这里。秦灭魏时大梁被淹，使这里成为重要的物资转运站，敖仓就建在了这里。后来，隋唐大运河在鸿沟故道上修建，引水口还在这里。也就是说，这里其实是天下水运系统的枢纽。为便于转运物资，大型仓库自然是要建在这里的。

自古至今，调水的时候不约而同想到邙山头，当然与此地独特的地理位置密切相关。

中国地势西高东低，分为三级阶梯。敖山，也就是邙山头，正处在第二三级台阶的交界处，邙山头正是黄土高原向黄淮平原最后的伸展。从地理上说，由邙山头—古荥镇—五龙口—桐柏路一线，形成一个台阶，台阶之上是黄土高原，之下则是辽阔的平原。

正是在这里，黄河完成了在峡谷中的奔腾，开始进入平原流淌,由此进入下游。而进入下游的黄河,由于平原上没有天然屏障的阻挡,变得桀骜不驯,河道来回变动。

因此,位于二级阶梯向三级阶梯过渡处的邙山头一带,就成为华北平原引黄河水的最佳选择。随着人类文明的进步,兴修运河以构建天下水运网络显得日益重要。宋代之前,中国的政治文化中心都在以洛阳为核心的这片区域内,向西至于长安,向东至于今郑州一带。运河的修建自然也应该以此为中心。于是,要想连接东南淮河、长江流域,只能在邙山头以西黄土高原与华北平原过渡地带开口引水,导水绕过邙山头,流向东南;要想连接海河流域,也要由此引水流向东北。战国到秦汉的鸿沟、隋唐到北宋的大运河,正是这样修建的。

邙山虽然看起来毫不起眼,但成就古往今来郑州地位的恰恰是它。因为处在中国二三级台阶的交界处,既可东向俯视辽阔的平原,又可西向避开水祸,更能由此控制水利,夏商诸朝为控制水患而联合各部落建立的王朝,自然要将都城选在这里。此后的运河也以此为中心成就了这里的繁荣。甚至在 20 世纪初,京汉铁路修建时也自然而然把跨黄河大桥的桥址选在这里,成就了今天的郑州。现在,南水北调以解京津之干渴,干渠穿黄的地点也同样选在这里。这并非哪个领导拍脑袋的决定,实在是地理所限,不得不如此。

搞清了邙山头的重要位置和历史地位,对黄河就多了份理解,就更能把握中原文化、中华文化的深刻内涵。《黄河飞歌》描写的正是郑州人民建设邙山提灌站,建设郑州市黄河游览区、郑州黄河风景名胜区、郑州黄河生态旅游风景区的过程。应该说,小吕选择这里书写黄河文化,是找到了一个非常好的载体。

《黄河飞歌》以黄河文化为经,以黄河儿女的创业为纬,对黄河文化的博大精深做了深入的开掘和表达。作品记录了郑州邙山提灌站建设的难忘岁月,描写了几代黄河儿女把一座提灌站建设成为一个举世闻名的风景名胜区的奋斗历程。

《黄河飞歌》通过大量第一手采访素材,真实地描绘了一大批黄河儿女不屈不挠、开拓进取的动人故事。作品以故事说人物,以人物说历史,以历史说文化,既有对历史的回顾,也有对未来的展望。可以说这是一部融人物、故事、历史、文化于一体的作品,故事情节跌宕起伏,人物性格生动鲜明,文化内涵深邃博大,读来会给人非常有益的启示。

《黄河飞歌》的作者署名米仓山居,这是小吕为纪念他"天府之国"的四川老家而起的笔名。20多年前,作者从川东大巴山脉米仓山南麓的一个小山村出发,坐长途汽车到达川北重镇广元,再乘火车经宝成铁路翻过秦岭山脉到达陕西,又沿陇海铁路来到中原大地求学。从巴山蜀水到黄河之滨,作者完成了人生一个重要的转折。此后,他刻苦学习,博览群书,不断提高自己的学识学养,并开始从事文学创作。近三年来,作者以超乎寻常的毅力,笔耕不辍,终于完成了这部纪实文学作品《黄河飞歌》。

《黄河飞歌》是一部弘扬黄河文化、中原文化、中华文化的力作,满满都是正能量,可以说是一部弘扬黄河人文精神、讴歌黄河儿女的优秀纪实文学作品。

祝贺作者,并期望他有更多的佳作面世。

写不尽的黄河

——读高旭旺长诗《河之书》

这是一首写黄河的长诗。

写黄河的诗作，从古至今，数不胜数。作为中国诗歌传统的重要源头，《诗经》的开篇之作《关雎》一上来就写到了黄河："关关雎鸠，在河之洲。"那时，"河"特指黄河，足见黄河地位的重要。在中国诗歌最繁荣的大唐盛世，李白留下了"君不见黄河之水天上来，奔流到海不复回"的豪迈诗篇。及新诗兴起，在中华民族生死存亡的关键时刻，我们又听到了"风在吼，马在叫，黄河在咆哮"的怒号。在 21 世纪来临的时候，我们又读到了《幻河》这样书写黄河的宏大诗篇……

诗虽多，但黄河当得起，配得上！

在中国辽阔的版图上，一向被称为中华民族母亲河的黄河并非第一大河，黄河流域也绝非中国唯一有远古人类生存的地区。许多人以此为由，主张把中国境内许许多多的河流与黄河一道,并称为中华民族的母亲河。这种观点虽非全无道理,却反映了对黄河认识的肤浅。黄河是世界上含沙量最高的河流,大量的泥沙冲积出沃野千里的大片良田,为农耕文明的发展提供了基本的条件;同时,黄河的泥沙又常常塞满河道,溢出堤防,给生活在这里的人民造成难以估量的生命和财产损失。因此,生活在这片土地上的人民,需要一个强有力的统一组织来全盘处理水患问题。这使得中国早早成为一个持久统一的国家,建立了可以同等对待各方、能够整合各种资源共同整治黄河,以解除常态威胁的中央集权政府。从这个意义上讲,没有黄河,也许在亚洲东方这片广袤的土地上就不会形成中国这么一个幅员辽阔的统一国家。因此,黄河作为母亲河的意义除了中华民族、中华文化在此发祥以外,也包含着它促成了统一中国的形成这方面的因素。可以说,黄河塑造了中国的国家形态,决定了中华文化的基本观念。黄河的泛滥,既是中华民族孕育和发展的基础,又给中华民族带来了无尽的灾难。反过来讲,没有黄河的泛滥,也许就没有中国这样的国家形态和文化形态。从这个意义讲,爱也好,恨也罢,我们,我们的民族,我们的文化,都是黄河造就的,我们怎么书写都不过分。

　　生长在中原大地的河南人,对黄河有着最为真切复杂的体验。因处在黄河中下游之交,正是控制黄河最关键的节点,河南人由此体会到了一代代王朝定都于此的荣耀,也饱尝了黄河泛滥对生命财产带来的巨大伤害。黄河对河南人从生活到精神的影响是与生俱来难以磨灭的,因而河南的诗人拿起笔时总会不由自主地写到黄河。马新朝写《幻河》,是把黄河作为精神原乡来写的,写得博大、深沉而富有哲思,因而是"幻河";而高旭旺对黄河的再一次书写则来自对这条河流现实的感知。

《河之书》中的黄河是生命之河。《河之书》写的是寒冬将过春天来临的立春时节的黄河,其中有生命的律动和欲望的萌发。在高旭旺的笔下,开春的黄河开始释放自己压抑已久的情感,想要急切地表达自己:

听一种浪涛,冲击

暗礁的声响

或者叫语言。还有

词与词根盘结

发出的尖叫。这时

萌动的青草之色,蔓延

疯长。任意放大

这是苏醒的黄河,这是生命力澎湃的黄河。于是,黄河即以其自身的生命孕育了生机勃勃的万物。高旭旺认为:

河里没有鱼

再长的河,也叫死河

因此,他不厌其烦地反复写到了鱼、水草、水鸟、青蛙、芦苇。这是黄河滋养的生命,正如黄河对中华民族的滋养。

《河之书》中的黄河是苦难之河。黄河进入下游,从中游黄土高原带来的大量泥沙在河床沉积,使黄河成为悬河,成为悬在中华民族头顶的利剑,给中华民族带来了无尽的灾难。于是,高旭旺写道:

震撼山川的雷鸣、电闪

汹汹地,向东排去

一次又一次,一年

又一年,在中原

在开封的百年悬河之上

嘶吼。破碎

黄河的凶险当然不止于此,这里还有三门峡

鬼门的遭遇

和人门的不幸。还有

你在神门的忧伤

黄河带来的灾难一代又一代地重复着,

到后来。一茬一茬

生长着麻木,僵死

甚至,袖手旁观

这就是高旭旺对孕育中华民族的黄河的另一面的认识：黄河孕育着生命，但也给生命带来深重的苦难，但重要的是，在此之后，还有"深不见底的笑靥"。

《河之书》中的黄河是文化之河。黄河不仅孕育了中华民族，更孕育了中华文化。中国传统文化最核心的部分都是在黄河流域发生、发展起来的，因而黄河在华夏子孙的心目中，早已不只是一条自然的河流，同时也是中华民族文化的、精神的长河。于是，高旭旺笔下的黄河，是产生"鱼骨石、甲骨文和杜甫、李白的诗篇""还有白居易、李贺"的黄河，我们今天一切文化的创造，仍然得益于她充分的滋养：

他们的诗和思的高度

奔涌的涛声，从黄河上

把我的内心打开

黄河中下游之交——河洛地区，是出河图洛书的地方，是大禹治水的地方，是中国诞生的地方，是中华文化诞生的地方。从这里开始，中原文化渐次开化四方，使中华文化圈不断扩大。在中国漫长的发展历史中，以中原文化为核心的中华文化传播到哪里，哪里认同了中华文化，哪里即是王化之地，哪里即是中国。也就是说，中国是黄河文化、中原文化开拓出来的。

《河之书》中的黄河是神圣之河。黄河是精神之河，也是现实之河。在现实的存在中,她孕育华夏大地,也曾带给人们苦难,在"物化泛滥"的时代,她同样面临许许多多的问题。高旭旺看到了现实物象环绕的黄河内在的澄澈:

于是,我步入洁白

走近,冰凌之间

触摸天使的唯美。纯粹

此刻。你将润湿的睫毛

轻轻地,放在河流之上

让晶莹的冰体,闪烁

我的清爽与纯粹

高旭旺在诗中表达了对神圣的黄河庄严的情感,但这种情感不是来自"对河神的迷信",而是来自对黄河内在的尊重,来自维护黄河的内在自觉。"我决不污染任何水系,我决不向上帝祈求",高旭旺表达的是以自己现实的努力去保护这条自然的充满生命力的河流的决心。

《河之书》中的黄河是希望之河。高旭旺的这首长诗写的是立春时节的黄河,如果要用一个词来概括其根本主题的话,我觉得是"希望"。诗歌以《关雎》的开篇诗句为题记,因为其中有黄河,更有爱情。《河之书》写立春的黄河,其中贯穿的是"在河之洲"的爱情,春的黄河就是爱的黄河,有爱情,自然就有希望。尽管《河之书》写到了历史的、文化的、现实的、自然的黄河,但诗人表达的重点却是经历了这一切之后的黄河,在经过严寒冰冻的考验之后,欲望的萌发和希望的生长。于是,作品不断重复着诸如青草蔓延、花儿开放、阳光灿烂、鸟儿飞翔、群鱼跳跃、雾霾上飞来的天鹅甚至还有青蛙狂欢这样的意象。而其中反复写到的则是风灯的高悬,诗人要:

擦亮火柴,为你

点亮。桅杆上晃动的夜灯

不管河流多么湍急,不管夜色多么深沉,高悬的风灯永远是指引航向的明灯,永远会给人带来希望。

大多数人对黄河都是从历史的、文化的、自然的背景下去认知,去品味她的伟大、庄严与神圣,或者去诅咒她的暴虐、疯狂与恣肆。而高旭旺作为生长在黄河岸边的诗人,对黄河则有着更为直接的体验和真切的感受,因而在他的笔下,黄河不仅是我们认知中的黄河,更是经验中的黄河、感觉中的黄河,是属于高旭旺的黄河。当然,前面说的这一切也许只是我的误读,只是我所感觉到的、认识的黄河。因为,诗人也好,评论者也好,写的是不尽的黄河,也是永远写不尽的黄河。

(原载《河南日报》2017年9月28日第12版)

全方位记录时代经验

——从"平原三部曲"到《平原客》

《羊的门》《城的灯》《生命册》是李佩甫的长篇小说代表作,合称"平原三部曲"。其中荣获第九届茅盾文学奖的《生命册》通常被认为是"平原三部曲"的压卷之作。但在此之后,李佩甫又创作了一部长篇小说《平原客》。看名字就知道,《平原客》(花城出版社 2017 年 8 月出版)显然是"平原"系列作品的继续,把《平原客》和前面三部作品作为一个连续的系列来阅读,就可以清楚地看到李佩甫创作的内在追求和精神走向。

李佩甫经常说他是把人当植物来写的,他致力于表达在中原大地的文化土壤中人的成长。可以说,挖掘中原文化土壤与人物性格、精神成长之间的内在联系是李佩甫小说的基本主题。在 20 世纪八九十年代,这个主题在李佩甫创作的系列中短篇小说中得以显现,但真正形成自觉的意识,则始自《羊的门》。《羊的门》塑造的呼天成这个形象,是一个村支书,读者基本上可以把这部作品作为反映中国基层政治生态的作品来读。实际上,那时李佩甫已经明确指出,他着力表达的是生活在中原乡村人物的精神生态。《城的灯》着力表现的是从中原乡村走出去的冯家昌的精神成长历程。那个时代,当兵几乎是农民走出土地的唯一选择,冯家昌就是通过当兵离开农村的。《生命册》描写的同样是离开乡村进入城市的这批人的精神生态,不过这时读书考学是农民离开农村的最主要方式。吴志鹏、骆驼就是这样"背着土地行走"的人。

  李佩甫早期的小说,描写的主要是生活在平原乡村的底层人物。其小说叙事的一个基本特征就是"复线叙事",通常用两条平行的线索并列展开故事,塑造一系列人物形象。李佩甫的小说通常不只把笔墨过多地集中在一两个主要人物身上,而是会描摹众多不同性格、不同命运的人物形象,从而在整体上更完整地表现中国社会基本的精神生态。比如《生命册》中的虫嫂、梁五方等,都是这样生动精彩的小人物。从《羊的门》《城的灯》到《生命册》,李佩甫从底层人物写起,视野不断拓展,从普通的农民,当兵、上学离乡的基层公职人员,到企业家、专家,至《平原客》,李佩甫把笔触伸向了从乡村走出来的高级官员。

  对于文学和生活的关系,李佩甫有套"挖井"理论。他认为,要想写好小说,首先要在自己熟悉的生活中挖口深井。简单地说,就是作家应该更多地书写身边熟悉的生活,由此不断地向深处开掘,才能创作出思想深刻的作品。正是基于这样的认识,李佩甫早期的作品多是描写他幼年时在姥姥家的的生活和年轻下乡时所熟悉的平原农村的生活,塑造的多是底层人物。随着生活阅历的不断丰富,李佩甫描写的生活和人物也不断向中低层官员、城市白领、企业精英、知识分子拓展,终至《平原客》开始描写中高级官员。李佩甫有句口头禅:"过程不可超越。"把李佩甫的写作看作一个持续的过程,可以看出,他是从平原乡村底层生活开始,一步步向上拓展,终于塑造出了平原人物的系列群像。李佩甫所描写的主要是诞生于20世纪50年代的人物,这也正如其本人,他们与新中国一起成长,经历了六十余年的风风雨雨,见证了中国社会半个多世纪的变迁。可以说,李佩甫描写的这一系列人物形象,是新中国六十余年发展历程的真实写照,深刻反映了传统农业经济时代和改革开放以来现代化进程中的社会形态、文化形态与大众心理。李佩甫的创作是随着时代一起前进的。对于这一系列人物的塑造,李佩甫显然有着自觉的意识,他由此完成对新中国几十年发展历程全时、全方位的表现,对时代经验进行了有力的表达。李佩甫塑造的平原人物群像,不仅是属于中原的,同时也是中国的。他由此完成对中国当代社会的表现,有着可观的生活宽度,同时又有着难得的思想深度,是对时代经验良好的记录和表达。

在记录时代经验的同时，李佩甫更加重视的是对"平原客"，其实也就是国人精神嬗变的探究。他要以文学作品为沙盘，推演在中国乡土文化、传统文化的土壤中，人能够生长成什么样子。如果说他以前的作品更多探究底层人物生长的话，《平原客》则更多地探究在这块土地上"精英"的生长，其中包括省、市、县各级领导和亿万富翁、破案高手等，他们的成功、失败与毁灭，本质上都与其生存的土壤有着密切的关系。

文化土壤固然对一个人的精神成长有着深刻的影响，但是同样文化背景下的不同人却又有着不同的命运。李佩甫在探索文化土壤与人的精神成长关系的同时，又对人物的命运有着深度的关切，他努力从不同的角度揭示人物命运的变迁。《平原客》着重探讨了不同的人际关系，比如夫妻关系、父子关系、师生关系、同乡关系等，试图从家庭、社会等不同层面的不同矛盾出发，来揭示影响人物命运的不同因素。对李德林来说，他命运的变迁与其婚姻有着密切的关系。与罗秋旖的婚姻和他的老师推荐他当农科大副校长，从而使其走上仕途有着内在的关系；而与徐二彩即徐亚男的婚姻则成为他走向毁灭最重要的原因。李德林的离婚和再婚，跟他农村成长的背景有着密切的关系，但这与他的毁灭有着必然的联系吗？如果没有刘金鼎的推波助澜,事情也许不会演变成这个样子。《平原客》描写了李德林、徐亚男、刘金鼎、谢之长、赫连东山等众多人物,他们相互之间有着复杂的关系和矛盾冲突。李佩甫对这些复杂关系的设置和矛盾冲突的描写,不只为作品故事的展开奠定了引人入胜的基础,更是要以此来探究文化土壤、人物性格、人际环境等因素之间复杂的关联,揭示人物内在精神世界的复杂性,揭示人物命运必然和偶然的微妙关系。

通读李佩甫"平原"系列小说,可以发现,他对时代经验的记录和表达是与时代共同前进的。《平原客》还写到了赫连东山与儿子的矛盾冲突。这是李佩甫在揭示"平原客"精神生态的同时,对生长于城市的"平原二代"的全新书写,他在努力认识成长背景完全不同的新一代的精神生态,表现传统农业文明向现代文明转型过程中两代人观念冲突和行为冲撞的现实。作品也因此对时代经验的记录更加全面、立体。

《平原客》的故事原型来自于一个真实的事件。事实上,对李佩甫非常熟悉的读者会发现,他的作品绝大多数人物和事件都有相对应的原型。这些发生在不同环境、不同人物身上的故事,在李佩甫笔下被重组起来的时候,立刻显示出不同的意义,成为记录和揭示时代经验的典型。多年来,李佩甫一直坚持深入生活,并对生活进行深入的思考和文学化的表达。

单就"平原三部曲"和《平原客》而言,李佩甫通过对"平原"的持续书写,全方位、全程记录了时代经验,塑造了"平原"系列人物群像,为中国当代文学人物画廊增添了许多堪称典型的形象,这是李佩甫对中国文学的重要贡献。

(原载《光明日报》2017年12月18日12版)

道在俗世间

——从冯骥才小说集《俗世奇人》谈起

在天津读书四年,对与天津有关的一切自然就比别处更多出了一份兴趣。因在天津学习文学专业,自然知道作家冯骥才,也读过他的小说,听过他的讲座。后来,我们熟悉的冯骥才作家的名头被提起得少了,甚至不如其画家的名头响,当然更无法和民俗学家的身份比。最近很多年里,我们看到的冯骥才总是以中国民间文艺家协会主席的身份东奔西走,为保护民间文化殚精竭虑、振臂呼号。就在大家似乎淡忘了冯骥才的作家身份时,不经意间,又看到了他的俗世奇人系列笔记小说,那个我们熟悉的作家其实一直不曾远去。

《俗世奇人》最初的版本是作家出版社 2008 年出版的,共收入冯骥才先生创作的 18 篇精短笔记体小说,或者说是小小说,描写的都是晚清时期生活在天津的奇人异士。2015 年作家出版社又出版了《俗世奇人》(二),又收录了 18 篇作品。人民文学出版社则于2016年出版了《俗世奇人》(足本),收了全部36篇小说。作品不只是对话,甚至叙述也用天津话,读来自然有着浓郁的天津风味。《俗世奇人》读来有天津话的韵味,但分明又有着中国传统笔记小说语言的特点,言辞简约却意赅义幽,这与市井的"白乎"有着显著的不同。这是《俗世奇人》于"俗"中显出"雅"来,但它的"雅"从根本上说又不在语言,而在于其精神实质。那么,《俗世奇人》的精神实质是什么呢?我以为从本质上说,《俗世奇人》的几乎每一篇小说写的都是由技进乎道的境界,这就与庄子所追求的大自在的境界、逍遥游的境界有了内在的契合。

《俗世奇人》中有一篇小说叫《刷子李》,写的是刷子李刷墙手艺的精绝。刷子李每次刷墙,必穿一身黑衣,刷完墙,如果身上沾上一个白点,决不要钱。冯骥才通过刷子李徒弟的眼,描写了刷子李刷墙的过程:

只见师傅的手臂悠然摆来,悠然摆去,好赛伴着鼓点,和着琴音,每一摆刷,那长长的带浆的毛刷便在墙面"啪"的清脆一响,极是好听。"啪啪"声里,一道道浆,衔接得天衣无缝,刷过去的墙面,真好比平平整整打开一面雪白的屏障。①

读完这段文字,我很自然地想起了《庄子·养生主》中描

---

① 《刷子李》,见于作家出版社2008年版《俗世奇人》、人民文学出版社2016年版《俗世奇人(足本)》等各个版本。

写的庖丁解牛的过程：

庖丁为文惠君解牛，手之所触，肩之所倚，足之所履，膝之所踦，砉然响然，奏刀騞然，莫不中音。合于《桑林》之舞，乃中《经首》之会。①

两个故事中，一个刷墙，一个解牛，都是俗世生活中靠手艺完成的普通工作，但两人都把自己的技术、手艺上升到了艺术的层面、道的层面。这个境界，是中国传统文化中生活的最高境界、工作的最高境界，也是艺术的最高境界。为什么庖丁解牛的故事几千年来中国人一直津津乐道？因为庄子通过这么一个小小的故事，一下子把生活、艺术的道理给讲透了。所以郭沫若在谈及庄子时说："秦汉以来一部中国文学史差不多大半在他的影响之下。"试想，如果把庖丁解牛的故事单独拿出来作为一篇文学作品，它可以说是中国最早最好的小小说。

20世纪80年代以降，小小说在郑州《百花园》《小小说选刊》的推动下，出现了一片繁荣兴盛的局面，每年问世的作品不可胜数。同时，对小小说文体的规范、定型和争取社会认同，也成为杨晓敏及其团队重要的工作内容。杨晓敏把小小说定位成与包括长篇、中篇、短篇小说在内的"长小说"相对应的一种文体，并对其做了面向大众的通俗化界定。

---

① 出自【清】王先谦《庄子集解》内篇第三《养生主》。

通常,我们认为小小说是从短篇小说中分化出来的,并于20世纪80年代以后逐渐发展成为一种独立的文体。杨晓敏把它看作是与"长小说"对应的一种文体,某种意义上讲是有道理的。对此问题,我曾在《小说文体流变考》①一文中做过辨析。大体来说,在中国文学中,长、中、短篇小说的源头均来自话本,说白了就是讲故事,因此小说本质上是一门讲故事的艺术,其出发点是要把故事讲得精彩、完整。当然,自中国新文学发端以来,西方的小说观念传入中国,对中国现代小说的发展产生了重大影响。特别是现代派文学兴起以来,对经验的表达、内心生活审美、人性的揭示等成为小说表现的重点,作品的故事性似乎被大大弱化,但总体来说小说仍然离不开讲故事。如果从话本小说讲故事的传统来考量,小小说虽然也讲故事,但并不追求故事的过程、故事的完整性,而更在意的是事件背后的意涵,这种追求显然来自于中国"文"的传统。中国这个"文"的传统是与"诗"的传统相对应的,是用以"载道"的"文"。比如《论语》,记录的是孔子及其弟子的言行,大多是只言片语,但其中有一段较完整的记述,即《子路、曾皙、冉有、公西华侍坐》。这段孔子几个弟子谈理想的文字,单拿出来,基本就是一篇很好的小小说。孔子之后,庄子、墨子、列

---

① 何弘:《小说文体流变考》,《南方文坛》2012年第1期。

子、韩非子等人的文章,都爱讲故事,故事背后都有深刻的寓意,所以被称为寓言,也可以说是很好的小小说。此后包括《世说新语》等在内的中国笔记小说,就其优秀者而言,实际继承的就是这个传统。到今天为止,中国好的小小说,特别是被称为笔记小说的这一路,应该说继承的同样是这个传统。而忽视这个传统,只把注意力集中在故事、人物离奇、精怪方面的作品,大都等而下之,很难称为精品。笔记小说、小小说写作如此,武侠小说写作同样如此,像金庸等武侠小说大家,写的是武功的"技",追求的则是由技进乎道的境界。因此,一定程度上讲,小小说其实是以通俗的形式继承了中国"雅"的文化传统。

《俗世奇人》及其续篇,描写了36个人物,每个人物的奇异大都通过一桩离奇的事件表现出来,不管是《苏七块》中苏金散的手艺和规矩、《认牙》中华大夫的认牙不认脸、《大回》中的大回用小孩屎巴巴钓鱼、《泥人张》的贱卖海张五等,绝妙的不仅是故事,更是其中做人的道理、世间的大道。

以俗世的人物、俗世的故事写世间的大道,不是冯骥才先生的首创,继承的是庄子开创的传统。《庄子·知北游》中有这么一段话:

东郭子问于庄子曰:"所谓道,恶乎在?"庄子曰:"无所不在。"东郭子曰:"期而后可。"郭云:"欲令庄子指名所在。"庄子曰:"在蝼蚁。"曰:"何其下邪?"曰:"在稊稗。"曰:"何其愈下邪?"曰:"在瓦甓。"曰:"何其愈甚邪?"曰:"在屎溺。"东郭子不应。①

道在哪里?庄子认为道无所不在,甚至就在屎溺中。这虽然有庄子故为惊人之语的成分,但说的是实话,是真理。道就在我们的日常生活中,就在凡俗的尘世间,如果有一双慧眼,就会在生活的每一个地方发现世间的大道。冯骥才先生的《俗世奇人》正是通过对晚清天津卫市井生活中一个个奇人的书写,揭示了人生、社会的大道。这与庄子所说的精神无疑是一脉相承的。

道在俗世间,我以为这是冯骥才先生《俗世奇人》表达的核心精神,也是他工作和生活中认准的道理。这些年来,他致力于民间文化的保护、发掘,也许正在于他认识到,中国民间文艺不悖于中国的文化传统,这些民间的看似平常、庸俗的东西,包含着中国文化精神的大道,包含着生活和自然的大道。

(原载《文学报》2018年4月26日第16版)

---

① 出自【清】王先谦《庄子集解》外篇第二十二《知北游》。